亨利·安顿爵士（Sir Henry Unton，局部）

佚名画家，作于 1596 年

伊丽莎白时代的军人、外交官亨利·安顿爵士生命的最后时光，在一张奢华的四柱床上度过。床的四周挂着红色的、很可能是天鹅绒的床帏和罩盖，床上铺有好几床松软的床垫，还有毛毯以及套在白色的细亚麻枕套里的垫枕和枕头，床罩也是配套的红色。

马丁·布塞珥（Martin Bucer）和保罗·法吉尔斯（Paul Fagius）的遗体焚烧
约翰·福克斯（John Foxe），作于 1583 年

宗教居于当时人们生活和理解世界的核心位置。教义上的激烈争执和经常性的暴力蔓延到人们生活的各个角落。许多城镇都发生过折磨、处决和焚书事件，牛津、剑桥和伦敦是此类事件的频发之地。

四位贵妇人

卢卡斯·德·赫尔（Lucas de Heere），作于 1574 年

画中贵妇都穿着长裙和长袍。她们的着装表明，通过选配小巧又不太花钱的头饰和领子可以彰显出不同的个性特征。注意看左边那位贵妇，她外装的袖子是用不同面料单独做成的。

专横的讽寓

赫尔罗尼墨斯·努泽（Hieronymus Nützel），作于 1590 年

禁奢法关注的核心问题之一，是人们常常禁不住诱惑，所穿的服装僭越了相配的地位。画中的一个环状领甚至被用来装饰一坨粪便，突出表现了一些僭越之人的卑劣本质。画面前景中，那个魔鬼拨弄着一堆火，在加热那些为环状领定型的平褶棒，让人联想起地狱里的热钳和各种折磨，正在等待着这些僭越者。

爱丽丝·巴纳姆（Alice Barnham）和她的两个儿子（左图）
佚名画家（英国画派），作于 1557 年

在富裕的家庭，孩子最初的读写是由母亲来教，等男孩子长大一些，就改由男教师用拉丁文教授。对一个有追求的家庭来说，拥有一位受过教育的母亲是一种莫大的幸福。

克里斯托弗·哈顿（Christopher Hatton）（右图）
威廉·塞伽（William Segar），作于 1581 年

这是一个都铎时代思想家的画像，是双面板画中的一面，由威廉·塞伽或他画坊中的人所画。不过，高度个性化的内容和布局显然由画中人所授意。除了他的家族血统（纹章），克里斯托弗·哈顿爵士还想让我们了解他的个性和时运（占星术），以及他对炼金术的兴趣（不同的色块）、对艺术的热爱（画家）和对渊博知识的渴求（哲学家）。

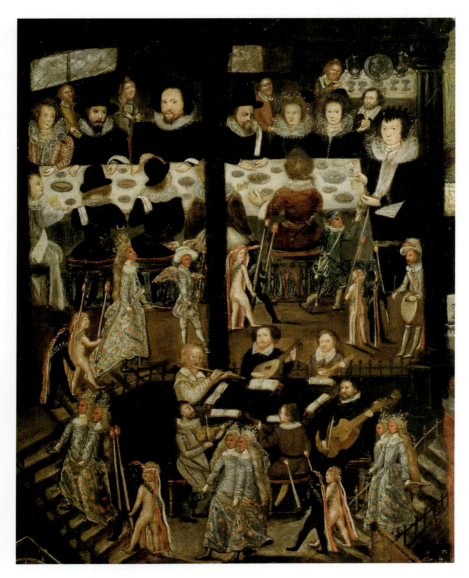

亨利·安顿爵士（局部）
佚名画家，作于 1596 年

桌子摆好，酒水台收拾停当，浆洗仆、礼宾师和其他仆人各就各位。绅士们把餐巾搭在左肩，淑女们把餐巾铺在双腿，一切就绪，准备开餐。

春（上图）
皮特·温·德·海顿（Pieter van der Heyden），作于 1570 年

在低地国家，春天的景象里必有美妙的剪羊毛画面。请仔细看，那些剪羊毛的人的神情是多么专注，羊是多么小，人们甚至可以将其放在膝盖上剪毛。从事园艺的男人们总按照文艺复兴时期的设计风格布置花园，而栽树种花是女人们的活计。

夏（下图）
皮特·温·德·海顿，作于 1570 年

男人们在田间埋头收割麦子时，妇女和儿童紧随其后，捆扎麦秸秆并堆垛。那个正在休息、捧着水罐仰脖豪饮的家伙显然还没有完成既定的工作。

最后的审判
佚名画家，作于 1475 年

索尔兹伯里圣·托马斯教堂的这幅壁画生动地描绘了主教、吝啬鬼和欺骗顾客的酒馆老板娘被放逐到地狱的情景。16 世纪宗教改革前，为教堂创作宗教题材的绘画一直是画师们的主要业务。对于他们来说，失去这些业务无疑会造成经济上的巨大损失。

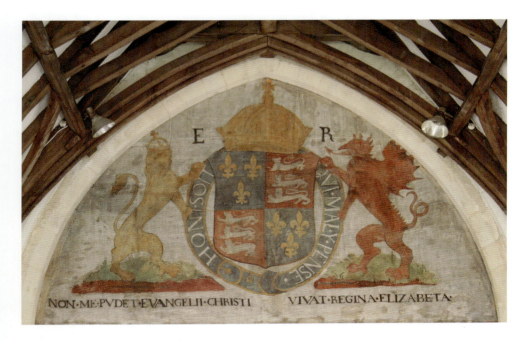

伊丽莎白时代的盾形纹章
佚名画家，作于 1570 年

这个盾形纹章画在卢德汉姆的圣·凯瑟琳教堂的一块画布上。这块画布被悬挂在一个比这幅画还要古老、不再被用作宗教活动的十字架顶部。从技术上讲，这是一种染色画。在伊丽莎白时代，这种染色画价格低廉，在平民百姓家里随处可见，是画师谋生糊口的活计。

加文·古德曼（Gawen Goodman）
佚名画家（英国画派），作于1582年

加文·古德曼是一位来自威尔士里辛的商人。从画中我们可以看出，他想要的可不仅仅是肖像画与他本人相像那么简单。都铎时代的英国派画家都很自信，善于借鉴欧洲画派的技法，并具备自己的风格。

琼·阿莱恩（Joan Alleyn）
佚名画家（英国画派），作于
1596年

琼是演员爱德华·阿莱恩之妻，菲利普·亨斯洛之继女。亨斯洛是玫瑰剧院的老板，开有一间当铺，还与人合伙经营一家淀粉厂。琼穿的是伦敦商人或职业人士之妻的典型着装。

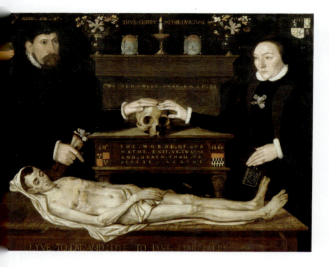

裘德的悼念仪式

佚名画家（英国画派），作于 1560 年

这幅画属于典型的英国式画风，平面构图，强调图案和意义，充满象征意义。除了宗教书籍、骷髅头和惹人注目的尸体外，还有四个具有象征意义的符号：纹章、两个微型的羊毛袋、一根点燃的蜡烛和两瓶精心挑选的插花。如果你能理解这些符号的意义，就能看出画中人的故事了。

4 个地位显赫的绅士在玩普利麦罗纸牌

华威伯爵夫人的代表作品，作于 1567—1569 年

赌博的冒险性，既能彰显绅士的风雅，又能体现雄性的阳刚气概。桌上的许多银币表明赌资不菲。一般认为，图中人物从左到右依次为：1. 弗朗西斯·沃尔辛厄姆爵士，政治家，间谍头；2. 伯利勋爵威廉·塞西尔，伊丽莎白一世的首席顾问，国务大臣兼财务大臣；3. 亨斯顿勋爵，宫务大臣；4. 沃尔特·罗利爵士，探险家，航海家。

伯蒙德西的游乐会（局部）
约瑞斯·霍芬吉尔（Joris Hoefnagel），作于 1570 年

舞蹈尤为年轻人所推崇，无论男女，无论哪个社会阶层。画中人们跳的可能是库朗特舞，类似于图尔迪永舞或吉格舞。

伯蒙德西的游乐会（局部）
约瑞斯·霍芬吉尔，作于 1570 年

镇里有馅饼店、熟食店和酒馆开门营业，人们才有机会买外卖或堂食。

约翰·海伍德（John Heywood）
佚名画家，作于 1556 年

画中男子的装束略显浮夸，里面穿着上衣和宽松短罩裤，外披一件长袍，头巾上又套了一个帽子，吊袜带在膝盖处交叉。吊袜带使他看上去年轻，长袍和头巾则使他具有职业人士的风采。

群猴图

皮特·温·德·博尔赫特（Pieter van der Borcht），作于 1562 年

这幅版画对社会上争相模仿贵族穿着的风潮进行了讽刺。作品展示出仿效者浆洗环状领的真实细节，惟妙惟肖。请注意看，在画的右侧那张台子上放着的含淀粉的根茎，精美的木质整形架。他们正小心翼翼地用手指给环状领上浆。

16 世纪 20 年代的风尚

佚名画家，作于 1528 年

这幅画作不仅反映了 16 世纪 20 年代最高雅的服饰，而且还展示了当时优雅的时尚仪态。注意这位淑女的站姿：双肩略微后仰，超过臀部水平线。而这位绅士则双腿分开，端端正正地坐着。两人都手持物品，不只是因其象征意义，而且也是为了展示手和手臂的优雅姿态。

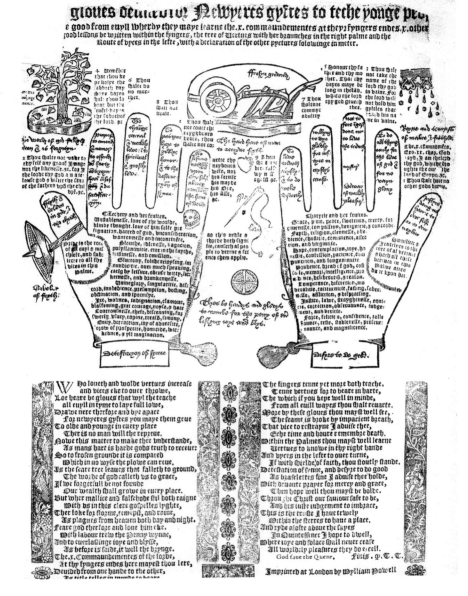

手套形教具

佚名画家，作于 16 世纪 60 年代

这是一种价格便宜的辅助教具，做成了一副手套（常见的礼物）的形状，可以被钉在或贴在墙上。这样的木刻画价格低廉，一便士一双，一个卖苦力的劳工只要省下几品脱啤酒的钱就能买到。

厨师
佚名画家，作于 1495 年

浓汤可以做成各种各样的味道，无论是富人还是穷人都把它当成一道主食。画中的这个男厨师已将一只兔子宰杀好了备用。兔子是养殖的，算是肉类中的奢侈品，不过那时还是以野生的兔子居多。

犁田者
佚名画家，作于 1525 年

耕田是男人的活儿，大多数男人都从事耕田工作。这里我们看到的是一种复杂的双轮犁具，通常被两头牛拉着，适用于耕犁难耕的土地。

牛奶场女工
佚名画家，作于 1526 年

贝里斯太太（Mrs Beryes）春季早晨的日常工作看起来就是这个样子的。她是亨伯赛德郡克里村的一名普通农妇，负责生产乳制品。她系着围裙，正在搅拌黄油。为了避免面纱碍事，她将它挽到头上。她的工作量很大，因为她要把 18 头奶牛的奶制作成黄油。

逗熊
佚名画家，作于 1521 年

一头被绳子拴住的熊被 6 只大狗围攻。英国的逗熊传统吸引了很多人来一起观看这项活动，并参加赌博。

How to Be a Tudor

百年都铎王朝

[英] 露丝·古德曼 ◎著
（Ruth Goodman）

杨　泓　缪明珠　王淞华 ◎译

SPM
南方出版传媒
广东人民出版社
·广州·

图书在版编目（CIP）数据

百年都铎王朝/(英)露丝·古德曼著；杨泓，缪明珠，王淞华译.—广州：广东人民出版社，2018.12

ISBN 978-7-218-13184-9

Ⅰ.①百… Ⅱ.①露… ②杨… ③缪… ④王… Ⅲ.①都铎王朝−历史−通俗读物 Ⅳ.①K561.33-49

中国版本图书馆CIP数据核字(2018)第213048号

BAINIAN DUDUO WANGCHAO
百年都铎王朝

[英] 露丝·古德曼 著　杨 泓 缪明珠　王淞华 译　　　　　　版权所有　翻印必究

出 版 人：肖风华

策　　划：中资海派
执行策划：黄 河 桂 林
责任编辑：梁敏岚 朱 琳
特约编辑：闵耀洋 韩周航
版式设计：吴惠婷
封面设计：安宁书装

出版发行：广东人民出版社
地　　址：广州市大沙头四马路10号（邮政编码：510102）
电　　话：(020) 83798714（总编室）
传　　真：(020) 83780199
网　　址：http://www.gdpph.com
印　　刷：深圳市东亚彩色印刷包装有限公司
开　　本：787mm×1092mm　1/16
印　　张：16　插　页：8　字　数：319千
版　　次：2018年12月第1版　2018年12月第1次印刷
定　　价：55.00元

如发现印装质量问题，影响阅读，请与出版社（020-83795749）联系调换。
售书热线：(020) 83795240

致中国读者的信

　　欢迎大家来到英国历史上最让人着迷的都铎时代，这个时代的思想观念和生活习俗对我影响很大。在这段旅途中有你们相伴，我非常高兴。

　　你们即将看到的是一种我酷爱的生活。我把大量的时间和精力用在研究并体验都铎时代的生活，比如烹煮并享用都铎美食、缝制和穿戴都铎风格的服饰等。我非常享受这一切。

　　我在写作本书的过程享受了很多乐趣，也衷心希望你们喜欢这本书。

露丝·古德曼

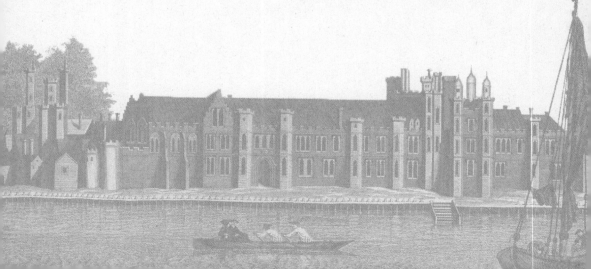

露西·沃斯利（Lucy Worsley）

著名历史学家、"历史皇家宫殿基金会"总馆长

　　露丝·古德曼是"体验式历史"这一领域的女王，并且还将持续很长时间！

吉纳维芙·瓦伦丁（Genevieve Valentine）

科幻小说作家，最新小说《假面》

　　《百年都铎王朝》再现了英国历史上那段耀眼、迷人的时期，提醒我们历史从不像想象的那么遥远。

特雷西·鲍曼（Tracy Borman）

畅销书《托马斯·克伦威尔》作者

　　这部描写都铎时代生活的作品，文笔生动，资料可信。其独特之处在于，露丝·古德曼身体力行，像都铎人一样睡觉、吃饭、洗涮和穿衣，亲身体验了那个时代的生活。有几位作家能做到这种地步呢？

劳拉·米勒（Laura Miller）

时尚网络杂志《沙龙》书评家

本书令人沉迷……人们相信可以从客观的角度看待历史，但其看法仍常常流于片面，对于人的需求和本性的理解，亦是如此……比起《狼厅》（Wolf Hall）中的华贵服饰和豪华宫殿，了解普通人如何辛苦谋生显然更具启迪意义。

蕾切尔·格林（Rachel Green）

作为一名电视节目主持人，露丝·古德曼对与历史相关主题表现出极大的热情，观众会不由自主地追随她的脚步。真是太有感染力了！其书亦然，从第 1 章起，我就被深深地吸引住了。

利兹·米勒·布斯（Liz Miller Boose）

露丝·古德曼不仅研究了都铎生活的诸多方面，而且亲身体验了一把。如果你着迷于几个世纪前的生活，本书将为你打开穿越到过去那个世界的大门。

《纽约时报书评周刊》（New York Times Book Review）

露丝·古德曼这部走进历史的最新力作，给人以思想的启迪和美的享受……它向读者展现了都铎时期的各种生活情景，比如民众在周日下午练习射箭，亨利八世身着深红色绸缎紧身上衣打网球，人们在睡前作祷告等等，使人有身临其境的感觉。

《出版商周刊》（Publishers Weekly）

露丝·古德曼利用翔实的研究资料和亲身体验，再现了历史。她对生活在都铎时代英国人日常生活进行了深入细致的研究，以时间为序，以清晨起床开篇，以入夜就寝收尾，还原了都铎人一天的生活，书中包含都铎人服饰、饮食、教育以及生活的其他方方面面。

《科克斯书评》（ *Kirkus Review* ）

此书是历史学家露丝·古德曼继《成为一名维多利亚人》（ *How to be a Victorian* ）之后的又一力作。通过发掘咨询手册、诗歌、信函、莎剧，甚至烹饪书，作者细腻地刻画了都铎时代英国的生活画面……史实历历在目，栩栩如生。

《卫报》（ *The Guardian* ）

检视 16 世纪生活的怡人之作……

《泰晤士报》（ *The Times* ）

阅读历史书籍，鲜有如此乐趣。

《波士顿环球报》（ *Boston Globe* ）

（露丝·古德曼对都铎生活的）热情，令人振奋，极具感染力。

前　言　从黎明到午夜，从市井到王宫　　　1

第 1 章　在鸡鸣声中醒来　　　1
　　奢侈的隐私　　　3
　　睡觉那些事　　　5
　　一天始于晨祷　　　12

第 2 章　洗，还是不洗　　　15
　　关乎体面，更关乎健康　　　18
　　香气袭人　　　24
　　口腔大小事　　　29
　　梳子与虱子　　　31

第 3 章　穿衣进行时　　　35
　　地位决定穿着　　　37
　　定制服装　　　51
　　英伦时尚　　　56
　　衣服可以少，饰件不能少　　　66

第4章　早餐来了　　　　　　　　　69
　　绅士不吃煎蛋　　　　　　　　71
　　饭前工作　　　　　　　　　　72

第5章　进阶之路　　　　　　　　75
　　无形的阶层分界线　　　　　　77
　　塔瑟的日历　　　　　　　　　83
　　读书，识字　　　　　　　　　86
　　从学徒到匠人　　　　　　　　92
　　帮工与主人　　　　　　　　　96

第6章　午餐礼赞　　　　　　　　99
　　了不起的面包　　　　　　　103
　　四季浓汤　　　　　　　　　116
　　敞开式烤肉　　　　　　　　118

第7章　好好工作　　　　　　　121
　　犁田者的生活　　　　　　　123
　　手艺人的故事　　　　　　　132

第8章　另一半归女人　　　　　141
　　美味奶酪　　　　　　　　　143
　　生意场上的女人　　　　　　148

第 9 章　休闲时光　　　　　　　　　153

全民射箭　　　　　　　　　155

国王爱打球　　　　　　　　161

在墓地开舞会　　　　　　　164

斗杀动物　　　　　　　　　172

不只有莎士比亚　　　　　　175

第 10 章　晚餐桌上的秘密　　　　185

上餐时的小学问　　　　　　188

餐桌礼仪　　　　　　　　　193

麦芽酒 vs 啤酒　　　　　　196

第 11 章　爱在午夜降临前　　　　209

神圣的欢爱　　　　　　　　212

失控的性生活　　　　　　　221

致　谢　　　　　　　　　　　231

译者记　　　　　　　　　　　233

前言

从黎明到午夜，从市井到王宫

在过去25年的时间里，我一直热衷于研究英国都铎时代，尤其是伊丽莎白一世① (Elizabeth I) 统治中期普通人的日常生活。我时常为都铎人的奇思妙想所惊艳，并着迷于现代生活中的都铎遗风。因此，我很高兴能有机会把这份钟爱付诸文字，与大家分享。那感觉就像是在甜品店享受一场盛宴。

都铎王朝的历史漫长而曲折，经历了史上一些最伟大的变革，没有哪本书能够穷尽那个时代生活的全部。因此，本书必然只是一系列快照，反映某些都铎人的日常生活片段。尽管如此，本书仍然是一次用心的尝试，以了解那些先辈们的真实生活、想法和苦楚。

我们就从1485年亨利·都铎② (Henry Tudor) 夺取王位说起。当时英格兰人口不足200万，威尔士约为50万。到1603年伊丽莎白一世逝世时，英格兰和威尔士的人口合计400万左右，其中超过90%的人口生活在农村地区。都铎王朝创立时，伦敦的人口只有5万，最后增至原先的四倍，达到20万。在此期间，伦敦人口始终占英国所有城市人口的一半左右。

---

① 1558年11月17日至1603年3月24日在位，是都铎王朝的第五位，是最后一位君主。她终身未嫁，被称为"童贞女王"。——译者注（下文如无特别说明，均为译者注）
② 都铎王朝的建立者，统治英格兰王国及其周围地区，史称亨利七世。

这群总数不大却精力充沛的伦敦人，成了整个国家的文化源泉，其观念想法和生活方式对英国和其他国家都产生了深远影响。

本书中，我用"不列颠"（Britain）一词代表一个宽泛的文化概念，而不特指英国这个政治实体。在整个都铎时代，苏格兰都是一个独立的王国；威尔士虽受英格兰控制，但直到 1536 年，它才正式和英格兰合并；而英格兰对爱尔兰的控制则充满了艰辛与坎坷。在政治上，它们更像是一个权力集团，而不是一个王国。所以每当谈起都铎王朝，人们大多只会想到英格兰，而且仅限于英格兰南部，因为那里存留了大量相关的历史记录。但是在威尔士、爱尔兰和苏格兰的许多地区，我都能看到它们相似的生活方式以及文化上的紧密联系，只提英格兰显然不够全面。

占大多数的农村人口按照土地拥有状况划分了社会阶层。最上层是拥有爵位的世袭贵族，他们通常拥有几个大庄园，组成多达 150 人的大家庭，并定期往返于各庄园的宅邸和伦敦城内的别墅。贵族之下是乡绅，乡绅拥有的土地面积一般要小一些，在地域上也更集中。严格说来，只有获得盾形纹章的人才是乡绅。但实际上，任何人只要遵守习俗，拥有土地并租给他人耕种，无需进行生产劳作，住房大小合适，衣着得体，同时有适度的娱乐生活，都可以被称为乡绅。乡绅的宅邸里一般有六个以上的房间，家里有数名仆人负责家务。他们穿着用丝绸和毛皮镶边的羊毛绒衣服，晚餐享用三四道荤菜。这些乡绅还会参与地方事务，并担任公职。

人数远多于上面两个阶层的是自耕农。他们耕种的土地大多从贵族或乡绅那儿租来。许多自耕农也拥有部分自己的土地，但所有土地他们都得亲自播种耕作。单纯从财富值来看，一些自耕农比部分乡绅更富有，不过他们的生活更多围绕着农事生产。他们的大多数仆人也不是伺候个人或做家务，而是帮助耕地和照料牲畜。有些自耕农拥有初级的公职，如教会执事或治安官，但从根本上讲，他们是富裕的农民，宅邸有四五个房间，身着质地不错的羊毛绒衣服，食用简单而营养丰富的晚餐。

自耕农之下是佃农。他们耕种租来的土地，土地的规模比自耕农小。佃农家里一般有两个房间，多数劳动力来自家庭内部。在他们的日常生活中很难见到奢侈品的踪迹。在所有阶层中，佃农所占人口比重最高。

最底层的是雇农。他们没有土地，每天都受雇于地位高于自己的邻里乡亲，以赚取微薄的收入。后来，由于生活越来越难以维系，许多佃农也加入到雇农的行列，使雇农数量大增。雇农过着不稳定的生活，一般住在单间的房子里，几乎仅靠面包果腹。

对于占少数的城镇人口，社会阶层的划分则有所不同。从事跨国贸易的商人占据了最高层，担任市长或镇长等要职。他们拥有齐全的仆人，宽敞而陈设讲究的居所，偶尔与拥有土地的名流交往。其他商人形成下一阶层，雇用学徒和仆人，生活水平略高于自耕农，但社会地位和自耕农相当。再下一个阶层是工匠，他们有学徒和家人协助。除了一个工作间外，他们通常还拥有一处两居室的宅邸。最后，和农村地区一样，处于最底层的是按日获取报酬的打工者。

都铎时代的经济本质上是货币经济，物物交换和现在一样罕见，但人们的消费能力与现在完全不同。在21世纪的家庭中，食物开支通常占家庭总收入的17%左右，但在都铎时代，食物开支占据了家庭总收入的近80%。要想了解钱对一个打算买新外套的工匠有何意义，那我们很有必要更多地思考可支配收入，即一个家庭在填饱肚子并付清租金后，还能剩下多少钱。对于一个农民的妻子来说，是买酒或自家酿酒来佐餐，还是让家人喝水将就，她都需要再三掂量。家庭收入中可自由支配的余钱起到了决定性作用。都铎王朝初期，在有工可做的时候，一名男性熟练工每天可以挣得4便士，女性熟练工的日收入大约是其一半。到了王朝末期，男性熟练工的日收入通常是6便士。这些钱仅够一个普通的打工家庭维持基本生存。鉴于大多数人只能勉强糊口，仔细权衡每笔钱怎么花就显得尤为重要。

在这样一种社会架构中，人们艰难度日，并寻求着自我价值。

基于大量有据可查的资料，很多书籍和研究都是针对都铎王朝的精英生活而来，但我对普通人的生活更感兴趣。作为一个需要吃饭、睡觉，并偶尔要给孩子换尿布的普通人，我从一开始就想了解都铎人的日常生活，想了解他们拥有哪些可自由支配的资源，需要掌握什么样的技能，以及他们对这一切的感受。25年前，我找不到任何书籍来了解这一切，即使在社会史得到更多学术关注的现在，相关信息仍寥寥无几。所以，我开始靠自己来再现当时的社会风貌：我搜寻了大量都铎王朝的食谱，并尝试烹制相关菜肴；我学习烧火，剥兔子皮；我手握一本舞蹈入门手册，试着单脚站立，同时竭力寻思下一个动作。照着当时的资料，我尝试得越多，获得的信息也就越多。此外，通过实践，我还发现了一些之前未曾留意的问题，这些问题亟待更深入的研究。一些关于都铎人生活的信息，虽反复被重要的作品引用，却是纯粹的空想。

譬如，有人声称，都铎王朝之所以在食物中添加很多香料，是为了掩盖变质肉的味道。这种说法曾被反复提及，多年来，它一再出现在教科书中，甚至出现在很多重要历史作品的序言中。谢天谢地，现在它已经销声匿迹了。稍有实际经验的人很快就会指出，不管如何掩盖，变质肉的味道都会令人作呕。此外，重新买块新鲜肉要比购买所需香料划算得多。如果常理是错误的，人们不需为了掩盖异味而在食物中加入大量香料，那么真相是怎样的呢？

这些想法促使我查阅了货物进口记录，看看当时有多少香料进入英国；我随后查阅了几本仅存的家庭记账簿，看看香料购买量是多少；然后，我又去查看了当时的物价和工资，并试着按食谱烹制都铎式菜肴。我发现，这些食谱显然不是都铎人的日常饮食，而是集中了最奢侈的食材。如果我想知道普通人吃什么，如何烹饪，以及菜的味道怎样，那我必须得把视野放宽，而不能局限于那些食谱。

我发现自己越来越多地被他们日常生活背后的逻辑所吸引。例如，为什么会有人相信把鲱鱼绑在脚底能治愈失眠？他们真的会这样做吗？这种方法有效吗？我发现，令我感兴趣的是他们的生活全貌，这就是本书涵盖了都铎人一天生活轨迹的缘故。它可以触及都铎人生活的各个方面，领略都铎人的喜怒哀乐。那种生活对现代人来说非同凡响。

在揭示普通人生活方面，遗嘱和遗嘱清单是无价之宝。它们虽然很少包含底层女性的资料，但能让人感觉到什么资源在当时很常见，也体现出了不同社会阶层和地区的人们截然不同的生活状态。有时，这些资料甚至可以让人窥见时人的思想、情感和家庭关系。比如，在留给妻子和 6 个孩子的遗嘱中，白金汉郡奥尔尼镇的面包师约翰·艾伯尔森（John Abelson）就提到他有一个成年的儿子在伦敦；提到女儿伊丽莎白（Elizabeth）智力不正常，抚养她直至终老的兄弟可以得到一大笔财物。法庭记录则是人们在危机时刻的生活速写，包含了时人的信念和行为；证词常常记录着他们的原话；法医的记录谈及困扰人们日常生活的事件和人际冲突；书籍、小册子和写有民谣的纸页促使我们了解社会中教育程度较高的成员，特别是男性成员的价值观和人生经历；甚至是税收记录，也能帮助我们勾勒人们的日常生活，如廉价梳子很普及，胡椒是稀缺之物。

我曾尝试都铎生活的许多方面，经常反复练习自己的技能，提升自己的经验，对我想理解的信息做出不同的解释。我不敢说自己已经知晓一切，但对于都铎王朝的生活面貌，我确实了解得更充分了。这是一场不间断的旅行，我想和你们共享。

How to Be a
Tudor

第 1 章

在鸡鸣声中醒来

当人们清晨醒来，准备起床时，首先要合掌祈祷，画十字，因父及子及圣神之名，阿门。如果诵读一遍《主祷文》(*Pater Noster*)，一遍《圣母颂》(*The Ave Maria*)和一遍《使徒信经》(*The Creed*)，并记住求上帝保佑，那么你会越来越好。

——约翰·菲茨赫伯特（John Fitzherbert）

《农书》(*Boke of Husbandry*)

天还没有亮，公鸡就开始打鸣了。鸡鸣声此起彼伏，人们纷纷从梦中醒来，开启一天的生活。那时，大多数人还过着乡村生活。城镇都很小，其间夹杂着农业用地，大量城里人仍在自家后院里养着鸡和猪。牛和羊散放在城镇公共区域吃草，公鸡和它的母鸡群要么四处溜达觅食，要么待在客栈的马厩里，又或者跑进每周开放一次的牲畜市场。只有伦敦，也许还有诺维奇和布里斯托尔的部分居民可以声称，自己不会受到鸡鸣声的侵扰。

公鸡喜欢在天蒙蒙亮时开始打鸣，此时离东方露出"鱼肚白"还早着。那些等天光完全放亮了才起床的人通常被称为"懒虫"，因为等他们去喂家畜时，后者很可能已大声抗议许久了。大多数人在天色微亮时就已起床，耳边充斥着嘈杂的鸟儿啁啾声和马嘶狗吠声。对他们来说，夏日的一天从凌晨4点开始，而在深冬季节，一天的劳作始于早上7点，因为在漆黑的夜晚起床没有多大意义。

奢侈的隐私

那时，玻璃窗仍然是一种奢侈品，是乡绅和富裕商人的专属。对于大多数普通人来说，清晨的第一丝亮光往往是透过一块油布进入室内的。这块油布微微透光，能遮风挡雨，风再大也不要紧。此外，也有一些人家装了木制的百叶窗——更安全，不过采光不是很好。

装上玻璃的窗户偶尔还能见到，但挂上窗帘的窗户就十分罕见了。在都铎时代，人们往往把"窗帘"围在床四周，而不是挂在窗户上。带着帷幕的四柱床深受时人追捧，它们是房间中的房间，温暖、幽暗且私密，能使人倍感荣贵。

在那些要立遗嘱的人的脑海中，除了土地所有权和现金，床通常是第一个闪现的物件。威廉·莎士比亚（William Shakespeare）把最好的床留给了已出嫁的女儿，把第二好的床留给了他的妻子安妮（Anne）。此举广为人知，有些人将之解读为怠慢，认为这象征着婚姻关系的破裂，但我不认为安妮或是这个家里的其他成员会这样想。事实上，莎士比亚已尽可能地保证了自己的妻子此后能生活得温暖舒适。

许多人曾在酒店的四柱床上睡过，可能有些人家里就置有四柱床，但在现代建筑中，他们不见得能体会到这种床的优越之处。试想一下，在都铎时代的房间里，即使窗框中被镶上了玻璃，房间里也会有穿堂风。都铎时代的住宅内很少有走廊，各个房间都是相通的，若想进入一间房，人们需要穿过其他房间。所以，即使是自己的房间，也免不了有家人走来走去。

此外，仆人和孩子通常睡在同一间房的不同的床上，哪怕是在富裕家庭，也很少有人拥有单独的房间。仆人没有单独的住处，因此，那些大型住宅中的卧室往往最为拥挤也就不难解释了。都铎时代的房间更多是根据性别而不是社会阶层来分配，男孩和男仆住一个房间，女孩和女仆住另一个房间。睡觉时，每个人都缩在自己的床上，床沿四周挂着厚厚的、毛呢质的帷幕。帷幕使他人的鼾声不至于那么刺耳，虽然里面的空气闷浊，但人们往往也能感到温暖，还能躲过窥视的眼睛和偷听的耳朵。

我睡过都铎时代各种形状、大小和材质的床：泥地上随意铺就的秸秆堆；土炕上的秸秆袋；一块块的灯芯草蒲席；木箱床；绳串式活动矮床（装有轮子的小床，白天可塞到较大的床下，以便腾出空间）；各式铺着干草垫子、棉絮、羊毛垫子或羽绒垫子的床。有些床上只有毯子，其他一些床则铺有床单、枕头、垫枕和床罩。部分四柱床中配了木质顶盖，或是布质罩盖。我曾尝试着一年四季睡在这些床上，从28℃到-10℃，从夏天暑气最盛时到冬天下雪有霜冻的日子。我可以自信地说，我终于明白为什么许多都铎人如此看重床了。

越精致的床，价格也就越昂贵。贵族阶层的四柱床通常带有木质顶盖、丝质流苏、多重床垫、细麻布床单和奢华的被衾。仅这样一张床，就可能胜过一个小农的所有家当。

睡觉那些事

生活和工作在这块土地上的自耕农和佃农通常会将就着使用铺有棉絮或羊毛垫子的木制床，而他们的雇工和仆人也很幸运地不必睡在地上了。至于许多没有土地的人，一堆简单松散的秸秆就是他们的铺盖了，这在都铎王朝初期十分常见。

如果秸秆足够干净，那么穿着衣服睡在上面一两个晚上是没有问题的。尽管秸秆要多少就有多少，但这不是长久之计。它会穿透衣服，扎得人生疼，而且老鼠也喜欢出没其间。尤其是在几天后，秸秆开始折断、碎裂，就会愈发刺激人体皮肤。地上的尘埃很可能导致许多人身体不适，同时也使人难以保持清洁。不过，如果你把秸秆装入一个编织密实的袋子，会发现躺在上面的感觉比之前好得多。唯一麻烦的是，你每天都得把袋子摇一摇，因为如果不这样做，"床"很快就会变得凹凸不平。

在都铎时代的英格兰，"床"一词的意思接近于我们今天所说的床垫，所以，这个装满秸秆的大袋子就是名副其实的秸秆床垫。使用木制床架提升它的高度，使其远离地面则是一大改进。床垫会在财产清单和遗嘱中被单独列出。此外，干草床垫比秸秆床垫舒适得多，因为干草是一种更软、更细的材料。值得一提的是，不同种类的秸秆也存在着差异。例如，大麦秸秆就比小麦秸秆更舒适。

许多人不仅对作为主要填塞物的秸秆精挑细选，而且还挑选特定植物的秸秆作为补充，以助睡眠。因此，所有秸秆有着一个共同的名字——"铺床用草"（bedstraw）。最好的秸秆来自于松叶草（或叫蓬子菜），它不仅能让睡在上面的人感到舒适，而且还散发着一股淡淡的青草味，即使已经变得干燥。这种秸秆还有防虫作用，对跳蚤和虱子特别有效。如果松叶草也无法解决虫类问题，那就可以试着放入少量干蒿草。干蒿草散发出的难闻气味具有一定的驱虫效果。定期更换秸秆也能使人感到舒适，且有助于卫生。此外，根据都铎时代的医学理论（现代人也相信），薰衣草有助于改善睡眠。所以，在床头的秸秆中放入一把干薰衣草是个妙招。

在都铎王朝初期，许多人甚至没有自己的秸秆床，只能睡在地上。不过，这并不像听起来那么可怕。许多家庭会先在地上铺一层厚厚的灯芯草，这样一来，床也省了。此外，大部分私人住宅都是通过屋子中央的平炉来取暖，并任由炉子里冒出的烟雾四下散去。

这些平炉有效提高了室内温度，而不像烟囱那样，会流失热量（公元1500年，烟囱主要出现在石墙城堡和修道院里，尚未影响普通人的日常生活）。平炉四周都可使用，因此，人们可以方便地在平炉上烹煮食物。不过，平炉冒出的烟雾往往弥漫在空气中，且位置越高，烟雾越浓。在一间点有炉火的房子里，通常会出现明显的烟层顶，下方的空气清爽透气，上方的空气憋闷呛人。于是，都铎人的所有活动都必须在烟层下方展开。因此，高高的家具对你并无益处，你倒不如坐在地板上，而地板则必须保持温暖、干燥，很适合让人坐在上面或者睡在上面。

有很多文献都曾提及在地上铺撒灯芯草的习俗，从13世纪的诗作到托马斯·塔瑟①（Thomas Tusser）的《治家百诫》（*A Hundreth Good Pointes of Husbandrie*），再到莎士比亚的戏剧均是如此。1515年，荷兰人文主义者德西德里乌斯·伊拉斯谟（Desiderius Erasmus）在一封信中写道："英国房屋的地上通常覆盖着一层白色黏土，上面铺着一层灯芯草，偶尔更换。不过，英国人极不讲究，对底层的灯芯草不管不顾，有时20年也不更换，以致上面都是痰、呕吐物、人尿、狗屎、啤酒渍、鱼碎和其他难

---

① 16世纪英国作家、诗人、农场主。

以形容的恶心东西。"他接着对英国恶劣的、不健康的潮湿空气大加指责。这只不过是一位外国人因不适应英国的习俗和气候而大惊小怪罢了，我们大可不必当真。事实上，我们可以把他的话当成是对现代人铺设的地毯的描述。地毯的表面需要定期清洁，但饮料确实会溅在上面，宠物和儿童也常会闹些意外。久而久之，地毯的底部就会越来越脏。

我是从实验中了解到铺撒灯芯草的实际情况的。我最早参与的实验展开于环球剧院，由于都铎时代有关于伦敦舞台铺撒灯芯草的描述，因此，我和同事受这些描述的启发，花一大笔钱购买了新鲜灯芯草，把它们铺撒在木制舞台上。很快，我们就清楚地看到这些灯芯草带来的问题：长长的灯芯草会钩住演员的裙子。于是，我们将灯芯草切短了一些。这样做有一定效果，但演员在上面走动仍然很困难。最后，我们猜测可能是草铺撒得太薄，需要加一条边来固定，就像路边的镶边石那样。

在制作一个有关建造城堡的节目时，我有机会再一次拿灯芯草进行实验。我们建造的是一所木结构的房子，只有一间房，地面是泥土地，房中央设有平炉。房子附近有一片沼泽地，里面长着许多灯芯草。我采摘了许多灯芯草，并发现一束一束地铺比散乱地铺的效果好得多。我必须铺得平整，且至少需要铺上两英寸厚。最终，被固定在地面上的灯芯草比在剧院舞台上要规矩多了，我的裙子从来没被勾住过。灯芯草一旦晾晒变干，就会逐渐变成淡黄色，并磨损断裂，变成灰尘般的碎屑。但如果偶尔洒点水使之潮湿，它将会保持柔软的触感、淡绿色的色泽和类似黄瓜的清新气味。洒水还有个额外的好处，就是可以确保火花落在上面时，灯芯草不会燃烧起来。不过，千万不要过度洒水，只需每隔几天用喷壶稍稍喷点水即可。

当我把灯芯草铺到6英寸厚时，它们就成了一张充满弹性的床。睡在灯芯草上真的舒适极了，它是良好的隔离层，地面的寒冷对我毫无影响。只要再配上一两条毯子，我就能睡得非常安稳了，丝毫不需要其他的床上用品。事实证明，都铎时代的就寝习俗确实有其道理。这些习俗在中世纪时期和都铎时代早期的文献中都有详细记录。当人们提及大多数家庭睡在大厅地上时，我可以自信地说，这就是他们睡觉的方式。想象一下，如果睡在床上，每天要铺床、叠被，还得思考白天把被子枕头搁哪儿，这得多麻烦呀。地上铺了灯芯草，所有问题就迎刃而解了。一个柜子可以存放六七个人的毯子，白天的活动空间到了晚上就可以用来睡觉，多方便，你只要拿出毯子便是。

建造城堡节目持续了 6 个月，在节目接近尾声时，我检查了灯芯草的状况。首先，我得申明：尽管不是所有人每天都睡在这些灯芯草上，但我和同事使用它们的次数确实很频繁。从早到晚，在上面又是坐，又是走，又是站，还要工作。此外，我们还在那里烹饪了许多食物，喝了很多酒，各种泼洒的情形当然都有发生。中途还有一只母鸡移居进来，在我们的灯芯草垫上孵出了一窝小鸡。这群鸡把屋里搞得一团糟，但我们并不想赶走它们。更甚者，还有一只老鼠试图偷袭粮食柜，尽管从表面看不到任何痕迹。东西如果落入灯芯草中，我们既看不见，又闻不到，自然也就不去想了。在那儿居住期间，我们从未看到鸡粪之类的脏东西，或闻到任何臭气。

最后，到了大扫除时，我本以为垫子底部会有令人恶心的脏东西，结果什么都没有。那下面很干净，气味清香，既没有虫子，也没有被啮齿动物撕咬的痕迹。地面清洁，散发着泥土特有的气息，底层的灯芯草已经部分分解，成了一种干巴巴的、纤维状的草屑。没有任何霉菌或黏糊糊的东西。这间房 20 年后会变成什么样子，我不知道。但正如伊拉斯谟所暗示的那样，只有在短期居住的房子中，人们才会长时间不打扫垫子底层。我很清楚，无需太费力，都铎人就能保持铺撒灯芯草的地面的干净和舒适。

不过，随着 16 世纪来临，晚上睡在地上的人越来越少了。在一波席卷全国的家装改造浪潮中，平炉越来越少见，相反，烟囱林立，随处可见。有了烟囱后，房屋被分隔成多个房间，此时再睡在地上就会很糟糕：烟囱能将烟雾导向室外，但冷空气也随着烟囱进入房间，地面变得冰凉。所幸床架使人远离地面，免受冷空气的侵袭。当然，你也不必担心睡在高高的床架上会呼吸困难，因为烟雾早已顺着烟囱飘散而去。

许多人甚至会在床架上铺一些灯芯草。在木箱床，或者说配有坚实木质底座的床架上铺些灯芯草当床垫，效果很不错；在绳串式活动矮床上铺灯芯草，则效果更佳。绳串式活动矮床逐渐成为主流，很可能是因为它的制作成本更低。先做一个开放式床架，沿着它的四边钻孔，然后用绳子纵向穿过每个孔，来回串起来。接着，用绳索横向穿过每个孔，并将纵向绳索绑紧，就形成了方形网格状、带点弹性的绳床。如果绳索松了，整个绳床就会下垂，睡在上面的人将患严重的背痛。所以，绳子的松紧对于睡个好觉有着十分重要的作用。许多留存下来的活动矮床都有一个木栓，方便人们再次拧紧绳子。尽管铺在上面的松散灯芯草偶尔会掉到床下，但大部分灯芯草编织垫不仅铺得很平整，而且能将压力均匀地分散在整个床上，使睡在上面的人不会被绳子勒得难受。如果你愿意，还可以在垫子上面多铺一些松散的灯芯草或者秸秆。值得一提的是，由于木制床架悬空，你不必费心去铺灯芯草。到了都铎王朝末期，铺灯芯草的做法迅速消失。

羊毛床垫是继秸秆床垫之后的一大进步，多见于自耕农和佃农家庭。同样只是一个紧密编织的大袋子，但这一次，袋子里塞满了羊毛，而不是秸秆。如果你只是随意地把羊毛塞进袋子，那它很快就会结块、变硬。与秸秆床垫不同，羊毛床垫不会因为摇一摇就恢复其柔软性和疏松结构，相反，它很快会纠缠成团。因此，我们必须花点时间来做真正的羊毛床垫。

首先，在桌上铺一块厚实、编织紧密的麻布或亚麻布。

其次，在上面均匀地铺上一撮又一撮精心梳理的羊毛，使其纤维顺着同一个方向；随后，铺上第二层羊毛，使其纤维方向与第一层呈 90°，羊毛梳理得越彻底越好。

再次，还得将一块同样大小的织物覆于其上，再把各层缝到一起，每隔两英寸左右就密密地缝上几针，以便将羊毛固定住。

最后，用三四英寸宽的长布条把开口的一端全部缝上，达到整洁的效果。

不用说，羊毛比秸秆贵，制作羊毛床垫花费的工夫也比制作秸秆床垫的要多，因此，大多数人都会精心打理羊毛床垫，以使其持久耐用。此外，在秸秆床垫上铺上一层羊毛床垫，还能够解决床垫与绳索或木板之间的摩擦问题。

舒适度最高的是铺着羽毛垫子的床，贵族、乡绅、富有的商人以及自耕农都以拥有此类床垫为荣。这次依然是塞得满满的大布袋，不同的是，含羽毛填塞物的大布袋需要编织得特别紧密，否则羽毛会不时地钻出来。羽毛像秸秆一样，只需用力抖一抖就能恢复蓬松和柔软，因此没有必要缝得像羊毛床垫一样结实。

羽毛床垫不仅最柔软，也最暖和——当你躺在羽毛床垫上时，身体周围的热量更容易保持。如果在羽毛床垫下再加上一张床垫，其柔软度和保暖程度会更好。和许多其他的物品一样，羽毛床垫的质量也参差不齐，关键在于羽毛床垫的充绒量——一般来说，羽毛越多越好。细小松软的羽绒比大羽绒好，绒鸭的绒毛最暖和，也最柔软。不过，由于绒鸭是海鸟，其绒毛很难在英国大多数内陆地区见到。

有了这些床垫，睡在床上当然就不会很难受了。从秸秆到羽毛，所有种类的床垫都与我们身上盖的羽绒被同等重要。如果一个人有很多种床垫，他甚至可能上铺下垫，安眠其间。

所以，从理论上来讲，都铎时代最好的床应该包括以下物件：木制四柱床架、结实的木制床头板、厚实的织物盖被和围在四周的厚重床帏。这类床的底部是绷紧的绳索，上面铺着厚厚的新鲜灯芯草垫，并撒上了些许薰衣草置于灯芯草垫之上。

然后是羊毛垫，上面再铺上两床羽绒被，质量更好的一床放在最上面。遇到这样柔软、温暖而又舒适的一张床，恐怕连公主也不会挑剔了。最后，再配上最优质的亚麻床单、亚麻羽毛软垫和枕头，还有毯子和刺绣的床罩，就形成了全套组合。

睡在这样的床上，确实很难做到鸡鸣而起，但是有多少都铎人拥有这样的床呢？我们很难确定。如果某人的遗嘱或遗产清单里列入了床架、床帏和床垫，那我们就能知道他在离世前拥有这些物件。但如果没有列出，我们也无法确定他们不曾拥有。例如，床垫可以归属于某一大类，有人只简单提到"我所有的家庭用品"。此外,真正立遗嘱的都铎人,其实只有很少一部分。

可以确定的是,都铎王朝末期的床垫数量比初期要多得多。显然,富裕的人更可能拥有这样的床垫。1587年,住在埃文河畔斯特拉特福的托马斯·泰勒(Thomas Taylor)和莎拉·泰勒(Sarah Taylor)是城里一对非常普通的夫妻,他们的经济还算宽裕,但不富有。他们结婚已超过14年,有5个孩子存活——弗洛伦斯(Florence)、安妮斯(Annis)、威廉(William)、乔治(George)和琼(Joan),另有4个孩子夭折。托马斯从事布料贸易,在西浦街的房子里有一家小工厂,织好的布在送染前会先被送往这家工厂进行缩水、剪切(经过工厂的处理,质地疏松的胚布会变得紧致,防风防水的效果也得以提升)。

托马斯和莎拉有一张组合式大床(包括床头、床柱和床帏),一张装有脚轮的矮床和其他3张床。放在木制床架上面的床上用品包括5条羊毛垫、5个床罩、5个软垫、4个枕头、2条毯子和4条床单。对于一个七口之家来说,这些床上用品已经够多了,然而,仍不是人人都拥有一套,更谈不上富余。

可以想象,托马斯和莎拉共用一张四周围着床帏的大床,躺在一条羊毛垫上,枕着一个软垫。他们还享受着一条床单、两个枕头和一个床罩。其中3个孩子可能有自己的床、羊毛垫、软垫和床罩,另外两个孩子可能不得不挤在一起了,因为最小的琼只有一岁多。她或许暂时睡在婴儿床上,或与父母一起睡,但无论如何,大多数孩子肯定是没有床单的,只能凑合着睡。

与此同时,一位名叫凯瑟琳·索尔兹伯里(Katherine Salisbury)的妇人也来自斯特拉特福。她的女仆只有一个毛絮床垫、一条毯子和一张盖被。当把她家各个房间的物品一一列入清单后,我发现,她的房间里有一个床架和一张装有脚轮的矮床,客房里有一张全固定床,但在女仆房间里,明显没有任何床架。这就意味着,即使在16世纪末期,仍然有许多人睡在地上。

一天始于晨祷

晨祷是一件很私人的事情，通常需要单独进行，且一般是大声祷告而非默祷。虽然祷告的语言和内容经历着根本性的变化，但在整个都铎时代，一天始于晨祷是不变的习俗。在很长一段时间里，基督教对宇宙的解释①几乎没有受到过挑战，但在追溯自身的本质时却遇到了难题。该难题不仅是最热门的话题，更是剧烈冲突和动荡的源头：从天主教到新教，再回到天主教，然后又改为新教。一直以来，两个教派都在变化，并经常同时发生变化。人们甘愿为之承受贫困、被社会抛弃，甚至直面死亡。

1490 年，约克郡的金匠约翰·科兰（John Collan）在去世时，遗物中有一本拉丁语的祈祷书，价值仅 6 便士，是当时一个打工者大约两天的收入。这本书如此便宜，可能只是一本破烂的旧书，也可能是刚从印刷商威廉·卡克斯顿（William Caxton）的厂里生产出来。该厂的第一本祈祷书就印制于那一年。

对于一本新印制的祈祷书，无论它出自卡克斯顿的印刷厂，还是欧洲大陆，6 便士的定价都算得上公平合理。约翰·科兰可能就是依据这种基本版本的《主祷文》周而复始地祷告，在黎明时分吟诵略微简化的赞美诗。或许，每天早上起床后，他是在独自祷告，又或许，他带领着全家人一起祷告。无论如何，他都会大声朗读这些拉丁语。他很可能已将这些词语熟记于心，只是偶尔需要一点书面提示。

随着 16 世纪的到来，这种相对便宜的祈祷书变得更为常见。在英格兰，新的版本正由维金·德·沃德（Wynkyn de Worde）印制；在欧洲大陆，有些版本专为英国市场设计，主要在巴黎和低地国家②印刷。对于乡绅和富商来说，这些新书提供了一种传统的晨祷方式，后者曾是神职人员和贵族的专属。而对于其他人来说，晨祷意味着要背诵一系列《主祷文》。

约翰·菲茨赫伯特的建议（本章开篇）写于宗教改革之前，完全符

---

①基督教认为地球是宇宙的中心。

②指荷兰、比利时和卢森堡。

合时人的习惯。他建议人们应该大声诵读拉丁语中最为人所熟知的求神赐福祷告语——"因父及子及圣神之名，阿门"，同时按传统在胸前画十字。他还建议，除了《使徒信经》之外，人们还可以选择性诵读《主祷文》和《圣母颂》。一天的生活始于晨祷，这一普遍现象在菲茨赫伯特的建议中被隐晦提及。这一建议并非一本灵修书的节选，也非教育文献的摘录，而是源自一本关于农业和农耕技术的书。菲茨赫伯特通过这本书向家庭主妇提出了该建议。

当亨利八世（Henry VIII）脱离罗马教会后，晨祷开始经历一系列变化。晨祷的变化最初并不大，但在 1545 年，正式的祈祷书出现后，祷告语中涉及教皇、托马斯·贝克特（Thomas à Becket）的部分被删除，"炼狱"一词被取消，圣母玛利亚不再像以前那样受推崇，人们也不再使用其他祈祷书。透过那些幸存于世的祈祷书，我们经常可以看见部分被擦掉或画掉的痕迹。

在爱德华六世①（Edward VI）统治期间，英语版的《主祷文》逐渐取代了既定的需死记硬背的《主祷文》，官方的祈祷书也变得与后来的《英国国教祈祷书》（Book of Common Prayer）十分相似。到了玛丽一世（Mary I）统治期间，与 1545 年拉丁语版的祈祷书相似的书籍重新出现。之后，随着伊丽莎白一世的地位逐渐稳定，既定的《主祷文》开始失去主导地位。宗教文献变得与长篇散文或布道相似，能让人们就某一主题即兴发挥。

1577 年，教育家休·罗兹（Hugh Rhodes）在他的《教养手册》（Boke of Nurture）中告诫孩子道：

> 五点钟，不要耽搁，如常起床；
>
> 睁开眼，感谢上帝赐予一夜安眠；
>
> 愿上帝亦保佑你茁壮成长，万事如意，
>
> 一切越来越好。

①都铎王朝第三任君主，英格兰与爱尔兰的国王。九岁时继承王位，但由于体弱多病，在位六年便去世了。

　　都铎人晨祷的观念根深蒂固，但此时并没有统一规定的《主祷文》。诵读精挑细选的教义可以鼓励人们施行正当的行为，坚持正统的信仰，但新教改革派热衷于推行一种更个人化、更直接的方式来拉近与上帝的距离。许多人已逐渐认识到，死记硬背的《主祷文》阻碍了人们在情感和思想上与基督教教义的结合。他们认为，更好的方式是探寻自己的内心，思索自己的祷告语，想出对自己有意义并易于理解的内容。他们认为，自由自在的祷告可以提供更深层次的精神体验。

　　针对这种形式更自由的祷告，许多人都渴望获得指导。1584 年，安妮·惠特希尔（Anne Wheathill）写成了《有益于健康的草本植物》（*A Handfull of Holesome Hearbs*）一书，它的不同之处在于：作者是一名女性。书中就不同的情境给出了一系列供诵读思考的祷告语。

　　这些祷告语谨慎遵循着传统，符合英国教会的教义，可作为晨祷的开首语。其中较短的祈祷语可轻易地在 5 分钟内读完。它的结束语是这样的："我亲爱的父神就在这里！求圣灵为我指明一切。对于你，荣耀而神圣的三位一体——圣父、圣子和圣灵，现在和将来都将永远得到所有的荣誉和赞美，阿门。"尽管新教徒可能用英语祈祷，形式也很自由，但其间传统天主教祈祷的旋律依然清晰可辨。

How To Be a Tudor

第 2 章

洗，还是不洗

对于

你的第一位诗人，

请不要让他缺少

一件干净合体的衬衫。

因为

洁净的衬衫，

不仅是我诗歌的主题，

更是我生活的情人。

———约翰·泰勒（John Taylor）

《洁衣颂》（*In Praise of Cleane Linen*）

　　都铎人做完祷告后，就该沐浴更衣，迎接新的一天了。在都铎时代，人们还没有独立的浴池，洗漱沐浴都是在他们的卧室里进行。如前所述，他们的卧室并不私密。理论上来说，他们应该在穿上日间的衣服之前，把头发、皮肤和牙齿清洗干净。

　　用肥皂水洗澡是件危险而愚蠢的事，因为当皮肤泡在热水中时，毛孔会张开，疾病将通过皮肤的毛孔进入人体内。在可能出现鼠疫、汗热病和天花等流行性疾病的不良环境中，只有傻瓜才会这样做。医生托马斯·莫尔顿（Thomas Moulton）在《1545 年的健康宝鉴》（*This is the Myrrour or Glasse of Helth of 1545*）中指出："不要洗澡或者烤火，也不要让自己流太多汗，因为流汗意味着人体皮肤的毛孔张开，这将为有害病毒入侵体内，感染血液提供可乘之机。"莫尔顿告诫人们：不要待在空气不流通的地方；远离沼泽、水池、皮革废料或者散发着气体的粪堆；让身边的空气保持新鲜芳香；尽可能让皮肤的毛孔密闭；尽量用衣服遮住全身，不外露皮肤；起床后和用餐前要用干净的冷水清洗双手和面部，以清除皮肤表面的污垢。

　　病痛常被认为是因体内某种失调所致，而传染病则是被外来物入侵的结果。这些入侵者滋生于霉烂变质之地，然后像种子和孢子一样飘浮在空气中。如果这种不洁空气透过皮肤渗入人体，就会破坏我们的身体内部，导致疾病产生。有害气体进入体内的方式有几种：口腔和鼻子是入侵的主要途径，我们要对饮食保持警惕，远离散发臭气或空气不流通的场所；皮肤上的毛孔是第二途径，但只要养成良好的卫生习惯，就可以让皮肤成为阻止病毒入侵的坚实屏障。除了会沾染外界的污垢和疾病，人体本身也会排泄分泌物。这些肮脏的分泌物必须尽快被清除，如果它们留在皮肤上，可能会被皮肤重新吸收，从而导致疾病产生。

关乎体面，更关乎健康

人体可通过皮肤分泌物质，因而，干净的衣服对身体健康至关重要，尤其是接触皮肤的内层衣物。内层衣物的衣料最好不要用羊毛、皮革和丝绸，因为不易清洗。理想的亲肤衣料是亚麻，用亚麻织物做成的男装或女装衬衫、罩衫、内裤、紧身裤、环状领、护腕、衣带、头巾和帽子等，都可以定期进行清洗。贴身衣物换得越勤，你的身体就会越干净，越健康。亚麻衣物的吸收性很强，能像海绵一样主动吸收皮肤分泌出来的汗液和油脂。因此，换洗内衣不仅可以去除那些可能危害人体健康的废物，还能使衣物主动吸掉身体产生的分泌物，改善体内的自然循环，强健人的体魄，促进其健康。

诗人约翰·泰勒模仿英雄史诗的形式，为一位名叫玛莎·莱格（Martha Legge）的洗衣女工写了一首《洁衣颂》。这首诗不是赞美干净衣物给人们带来的健康生活，而是强调亚麻衣物能提供的卫生水准：

> 请记住，洗衣女工的辛苦和伟大，
>
> 她的劳动，成全了你的整洁芳香。
>
> ……
>
> 是她，让你保持衣着洁净，气味芬芳，
>
> 否则，你会像野兽一样臭烘烘地活在这世上。

　　无论是年轻的律师（诗中莱格夫人洗的衣服，就来自于那些在中殿律师学院①学习的年轻律师），还是从事着其他职业，一个人如果像野兽一样散发臭味，必然不会在社交场合中被接受。人人都想拥有清香的气味，想尽可能消除自己的体臭，于是干净的内衣成了多数人消除体臭的利器。

　　亚麻布还可用来有效清洗身体的污垢。在《健康的城堡》（*The Castle of Health*）中，托马斯·埃利奥特（Thomas Elyot）爵士建议人们早上洗漱、沐浴时，加入一个搓澡的环节："用亚麻布搓擦身体，先轻轻地擦，再逐渐加大力度，最后快速、大力地擦，直到皮肤稍微肿胀泛红。不仅要上下竖搓，左右横搓，还要打着圈搓。这能保证身体得到彻底的清洁。"搓澡的目的是趁着毛孔打开时彻底清除体内毒素，因为肌体产生的污垢将被粗糙的亚麻布给带走。"搓澡布"虽不值钱，但偶尔也会出现在人们的物品清单中。

　　多数人似乎只有两三套内衣。许多人会将部分衣物写入遗嘱，赠送给他人，并将其余的衣服列入遗产清单。那些订制的昂贵衣服常被称为"最好的礼服"或者"上等的黑色紧身衣"。不过，被遗赠的衣物有时候在品质上有着很大的差别。威廉·雷恩（William Lane）生活在1588年的埃塞克斯郡查德维尔镇，他的遗嘱中列有两件粗亚麻布衬衫（粗糙、厚重）、一件荷兰麻布衫（质轻、雪白）和一件"婚礼衬衫"（这或许是他质量最好的衣服了）。他是当地一位相当富裕的自耕农，拥有的衣物比大多数人都多。他常备的衬衫至少有四件：一件穿在身上，一件换下待洗，一件用于参加礼拜，还有一件用于其他特殊场合。我们不清楚他是否还有其他衬衫，也许有一些因为质量不够好而未能列入遗嘱。

　　贵族和富有的绅士有时拥有几十件衬衫，每天至少更换一次。如果参加剧烈运动，他们更换衣服的次数还会增加。而普通穷人就另当别论了。1570年，年轻的亨利·布里奇沃特（Henry Bridgewater）只是个仆人。除

―――――――――――
①中殿律师学院是英国伦敦四所律师学院之一，负责向英格兰及威尔士的大律师授予执业认可资格。中殿律师学院的历史可上溯至公元14世纪，学院取名自当地历史上曾经存在的圣殿骑士团总部。

了应拿的工钱，他所有的财产只有两个箱子、一把弓、几支箭和几件衣服。我们十分确信，他已经把所有值钱的衣物都写入了遗嘱，因为其中甚至包含他正在穿的一件皮革上衣和一条紧身裤。在这份遗产清单中，他还列出了三件帆布衬衫——两件新的，一件旧的。这种帆布衬衫大多是主人提供给家中仆人穿的：质量不错，价格适中，耐洗且经得起繁重劳动的磨损。

通过这份遗产清单，我们可知家仆比普通的体力劳动者穿得要好。亨利很可能会换着穿这些衬衫，一件穿在身上，另一件则待清洗。他极有可能每周换洗一次，在星期日上午换上干净衣服，一直穿到下个星期日才换洗。1501 年，爱德华（Edward，第三代白金汉公爵）曾在伦敦逗留一段时间，他当时的洗衣账单反映了同样的情况。在七个星期的时间里，爱德华公爵共洗了 16 件衬衫、6 条头巾和 5 条亚麻床单，而他的两个随行仆人仅洗了 11 件衬衫。很显然，公爵换洗衣服比仆人要频繁得多。

慈善机构逐渐意识到，有必要为他们收留的人员提供内衣。伦敦史密斯菲尔德镇的圣巴塞洛缪医院①（St Bartholomew's Hospital）会为男性病人提供衬衫，为女性病人提供罩衫。对于到医院寻求救助的病人和穷人来说，这种措施非常必要，因为他们在入院或出院时，大多处于身无分文的悲惨境况，有时甚至连件像样的蔽体衣服都没有。该医院为住院病人提供衣物，主要是考虑到亚麻织物的去污和治疗效果，而为出院病人提供衣物，则更多是考虑到了社交礼仪。在伊普斯威奇市有一家图里基金会（The Tooley Foundation），它的主要业务是运营养老院，为人们提供长期看护服务。这家养老院会定期购买布匹，批量制作紧身裤、衬衫和罩衫等，供被收容的男女使用。

1577 年的一份账单表明，该基金会一共购买了 52.25 厄尔②长的帆布，每厄尔 11 便士；缝制了 19 件罩衫、4 件衬衫和 3 条床单，缝制费共计 5

---

① 坐落于伦敦，是一座历史悠久的医院。它还因为是柯南·道尔爵士笔下福尔摩斯和华生医生第一次见面的地方而出名，这里也是新版 BBC《夏洛克·福尔摩斯》（Sherlock Holmes）的主要取景地之一。
② Ell，亦写作 el，是旧时英国等欧洲国家量布的长度单位，1 厄尔等于 45 英寸。现代荷兰 1 厄尔等于 1 米。

先令①8便士。该基金会还记录了洗衣费支出，意味着这些衬衫和罩衫已足够让被收容者换洗了。尽管帆布衬衫不是最柔软、最舒适的衣服，但它已达到了社会普遍接受的卫生水平。

从这个例子我们可以想象，亚麻内衣是卫生和体面的重要标志，但不是人人都能穿得起。所有的衣服都很昂贵，即使衬衫和紧身裤比上衣和礼服便宜，但它们仍是一笔不小的支出。从图里基金会的账单可以看出，在16世纪末期，购买一件全新的帆布衬衫大约要花两先令（这是根据当时布匹的价格和缝制费计算出的。1厄尔的布料11便士，一件衬衫需要两厄尔的帆布料）。一件八九成新的二手衬衫值1先令6便士，一件破损严重、只适合做抹布的衬衫只值两便士。面包是当时最便宜的食品，1便士可买上一根，而那时候的工人干一天活才挣6便士。所以，他们要从家庭预算中省两先令来买一件新衬衫，那得等多长一段时间啊！

设想一个五口之家，每周每人工作6天：父亲挣回3先令，母亲纺纱、织布挣得1先令，最大的孩子大概11岁，也挣1先令，那么总收入为60便士。假如他们自己不种粮食，那么一家五口一周仅吃面包和喝水就要花掉35便士。如果把喝水改成喝一小杯啤酒，或每天喝一次浓汤，那他们就所剩无几了，甚至付不起房租。如此一来，添置基本衣物就成了一件很奢侈的事情，需要他们有额外的经济来源，比如一小块能种植作物的田地。

假设每个都铎人都拥有生活所必需的衣服，那他们真能靠更换贴身衣服来消除体臭吗？生活在都铎时代的人，是否都臭气熏天呢？为了保持身体健康，免受邪毒或秽气的侵扰，人们更换内衣却不洗澡，这种有些矛盾的做法是否危害到了他们的健康呢？

这种做法我曾尝试过两次。虽然生活在现代社会，我仍然坚持了4个月没洗澡。竟然没人察觉！有一招还挺管用：在亚麻内衣外面套上天然纤维的外衣。当时，我贴身穿了一件细亚麻布的罩衣，套了一条现代款的连衣裙，外表看起来并没有异样；下身穿一条细亚麻料的短罩裤，再套一条优质加厚针织的不透明紧身裤（含有少量弹力纤维）。我每天都更换罩衣

①英国的旧辅币单位，1先令等于12便士，折合人民币0.7元。

和短罩裤，晚上睡觉前会用亚麻巾擦身体。尽管我很久没有洗澡，但我的身体，包括我的双脚没有一点异味，我的皮肤甚至比往常还要健康。这就是都铎时代的富人能够达到的卫生水平，现代人也可以悄悄这样做。不过，我们没法知道，具体有多少都铎人完全遵循着前面所提及的做法。

拍摄电视节目时，我试着在具有都铎时代特点的环境中去实践这种做法，把都铎人日常生活中穿的服饰全都穿在了身上。在此期间，我扮演了一名在农场干活的工人，穿上厚重的粗麻布罩衣、针织短罩裤，很少更换内衣。虽然在户外从事重体力劳动，也常常出没于火堆附近，但我发现一周只换一次亚麻罩衣不仅只有我能接受，和我一起做节目的同事，包括那些更习惯现代生活的摄影师也都能接受。在那6个月里，我只换了三次针织短罩裤，每星期换洗一次头上的亚麻头巾与贴身的罩衣。虽然有些味道，但它们大多被更浓的柴火烟味所掩盖。我的皮肤依然保持着良好状态。很显然，这种体验更能代表都铎时代大多数普通人的生活状态，从换衣频率、生活习惯到内衣材质等。

我的一个朋友兼同事则尝试了另一种做法——只洗澡，而不换洗衣物，最后的效果与我的有着天壤之别。他按现代人的生活习惯，每天至少洗一次澡，使用各种现代的沐浴产品，却穿着一件亚麻汗衫（外衣），几个月也不换洗。结果，他整个人臭味熏天，让人无法忍受，看上去也邋遢极了。

很多当代作家推测，在都铎时代的英格兰，人们一定会因为不常用热肥皂水洗澡，而像无家可归的流浪汉一样臭不可闻。这与都铎人整洁的外表形成了巨大的反差，因而作家们大做文章。对于这种主观臆断，我要给予反驳。16世纪，人们相信亚麻衣服有清洁身体的作用。实践证明这种观念是有一定道理的。毫无疑问，换洗衣服的作用十分显著：让衣服的气味在清洗前后大不一样。我们要明白：保持干净整洁、体味清新对都铎人而言非常重要。慈善机构希望确保他们收留的人员符合社交礼仪，主人也想让他们的仆人衣着得体。当然，在某些特别困难的时期，人们可能会散发出"野兽般难闻的臭味"，但那是因未换洗衣服所致，而并非是不洗澡。显而易见，换洗衣服是影响个人卫生的最大因素。

尽管如此，仍有一些都铎人用水洗澡，甚至泡澡。切斯特市的浴池一直运营到 1542 年，而直到 1546 年，伦敦泰晤士河南岸的那些公共浴池仍在营业。大约在同一时期，约翰·利兰（John Leland）在他的英格兰旅游指南中，描述了位于巴斯镇的三个古罗马浴池，他在造访巴斯镇时每天都会去：十字浴池（The Cross Bath）是温泉浴池，供那些身体有伤疤和患皮肤病的人使用；另一个叫热水浴池（The Hot Bath），与十字浴池一样，离医院不远，光顾者大多是平民；国王浴池（The King's Bath）位于市中心，里面有一条拱顶长廊，沿拱廊设有 32 个洗浴间，可供男女分开使用，受到乡绅们的青睐。

这样的公共浴池具有许多功能：一些人想利用它们改善健康，比如，放松过度紧张的肌肉等；而多数人将它们视为上好的社交场所，在那儿可以会见朋友，也可以懒洋洋地消磨时光，甚至可以喝点酒；还有一些人去那里是为了嫖妓。这些浴池似乎成了人们身体和精神相互感染的场所。这是公共浴池的特性，许多人聚集在一起，赤身待在蒸气弥漫的环境中。因为这里涉及性交易，梅毒一度肆虐（在 1490 年以前，这种病毒鲜为人知）。因此，这些公共浴池没能成为多数老百姓日常活动的一部分。

男人和男孩们有机会在江、河、池塘和其他户外水域裸体游泳（社会要求成年女人和女孩端庄稳重，所以她们不能跟风）。游泳被认为是一种强身健体、充满乐趣的活动，同时能清洁身体。1592 年 8 月的一个下午，约翰·斯特里特（John Strete）和约翰·杰雷特（John Jerret）在苏塞克斯郡蒙特菲尔德的一个水塘游泳时，因误入深水区而溺亡。验尸官的报告清楚地记录了他们下水的目的。他们俩都是普通工人，据说出事时，他们正光着身子在洗澡。这不是特例，类似的悲剧在都铎时代各地验尸官的报告中多有记录。

相比于公共浴池，私人浴池要安全得多，不会影响人体健康。最著名的是亨利八世专为自己修建的两个全新浴池。一个建在伦敦的汉普顿宫，另一个是蒸汽浴池，建在里士满宫。据记载，他女儿经常享用里面的设施。至于那些喜欢蒸汽浴的普通人，则有个不那么花钱的做法。这个做法最初由一些医生推荐而来，如威廉·巴雷（William Bullein）的《健康的治理》（*Government of Health*）就曾对此做出详细介绍，之后休·普拉特爵士（Sir Hugh Platt）在《女士们的快乐之法》（*Delightes for Ladies*）中将之推广。休爵士是一位绅士，他对身边发生的事情和后来被称为"科学"的东西怀有浓厚的兴趣。他曾撰写过有关蒸馏法、食品保鲜技术以及食盐特性的文章。休爵士解释说，洗蒸汽浴之前，人们需要准备一口带盖的铜锅、一根铅管、一些面粉、一个鸡蛋白、一个火炉子、一个上方带金属环的浴盆、一条大床单和大量合适的药草。首先，在浴盆的底部钻许多小孔，然后在铜锅盖上钻一个大大的孔，以便连接铅管的一端；接下来，将面粉和鸡蛋清混合，调成糊状，用一些糊状物将锅盖和铅管连接处密封好；然后，将装满水和新鲜药草的锅置于火炉上，盖上锅盖，用剩下的鸡蛋面粉糊将缝隙密封；接着，把铅管的另外一端置于浴盆的下面，使带有药草味的蒸汽从铜锅沿着铅管向外排出，通过浴盆底部的众多小孔进入盆内；最后，把金属环固定在浴盆上方，将大床单用金属环悬挂起来，使之自然垂落，形成一个帐篷状的"密室空间"。休爵士特别提醒，女士在洗蒸汽浴时要确保这个"密室空间"不进风，因为"洗浴时，皮肤上的毛孔张开，暴露在空气中，穿堂凉风会让人身体感到不适"。

药草在蒸汽浴中起到重要作用，有益健康的药草香气可以通过皮肤毛孔进入体内。这是一种将药物输入人体的保健方式。不过，这样的沐浴方式只限于部分贵族和少数成功商人。不过，即使是这些精英人士，也不是每天都能体验。

香气袭人

皮肤上的毛孔不是各种气体进入人体的唯一通道。通过鼻孔，蒸汽浴中的药草香气也能进入体内。那个时代的内科和外科医生都相信，鼻孔每次吸入空气时，香气也会随之进入体内，并且借助鼻孔顶部两个小小的乳头状器官，直接进入包围着大脑的"神奇网络"中。然而，现代解剖学研究表明，这两种组织结构在人类身上并不存在。人的鼻孔内没有乳头状组织结构，大脑里也没有什么"神奇网络"。16世纪，人类的解剖研究仍十分罕见和原始，因此，外科医生在确认绵羊的大脑四周有网状结构后，错误地认为所有生物都具备牲畜屠宰场里那些熟悉的组织构造。毕竟，我们体内的大多数器官和组织结构的确与其他物种十分相似。因此，空气质量最为重要，而气味，无论好坏，都可以改变人体内的平衡，从而引起疾病或者产生其他影响。例如，人们相信迷迭香可以直接作用于大脑，激发记忆功能；薰衣草则有助于使狂热的大脑冷静下来。

1485年，整个英国只有两三百人买得起沐浴用的香精油。到了1603年，尽管拥有一小瓶香精油的人数达10万之多，但仍然有两三百万人用不起它。

对于大多数人而言，香气直接来源于天然植物。植物的香气比较清淡，没有那么浓烈。这些天然植物包括紫罗兰、薰衣草、香草和蓬子菜草等。托马斯·莫尔爵士（Sir Thomas More）在他的书房窗下种了一篱笆墙的迷迭香。在看书写作时，窗外会飘来阵阵香气，使他文思泉涌。他建议其他学者也试试种植迷迭香。此外，迷迭香时常出现在一些重要仪式上。譬如举行婚礼时，在新娘去往教堂的路上，会有人走在新娘前面，双手高举一束迷迭香，以让新娘记住婚姻誓言。如果家里条件允许，人们还会给花镀上金。

在葬礼上，迷迭香也有其特殊意义，即让人们记住逝者。一束干的迷迭香花枝，表示持续永恒的纪念。孩子的洗礼命名仪式中也要用到迷迭香，目的是让所有到场的人不忘自己对孩子做出的承诺。在家里，人们常用薰衣草为卧室添香，因为薰衣草安神的特性有助睡眠，这一习惯一直延续至今。穷人家把薰衣草掺在稻草垫枕里，而富人家则在床架上挂几束。人们会在存放床上用品的箱子里放几袋薰衣草香包，久而久之，床单和枕套便充满了香味。许多人把艾菊、芸香和苦艾之类的天然杀虫药撒在地上，或是掺在草床垫里，以便让室内充满草药气味。据说这些气味既能提神醒脑，又能净化空气，还能驱散讨厌的害虫。

如果房间因某种原因散发着异味，如卧床的病人待过，那就可以用烟熏消毒法进行清洁和净化。简单的做法是烧几束新鲜的迷迭香和马乔莲，分撒在房间各处，让香草的气味弥漫每个角落；也可以烧一盆炭火，每隔一段时间烧一小把香草，使房间香雾缭绕，驱逐异味浊气。1568 年，一位掌玺大臣（Lord Keeper）访问伊普斯威奇市，该市摆宴席①款待他。伊普斯威奇市显然非常重视这位大臣的来访，为了保证宴会的完满，人们买了大量上乘的美酒、糖果以及价值两便士的香水。

罗伯特·达德利（Robert Dudley）负责管理女王的马匹，是女王最喜欢的御马官。1558 年，他共花费 1 英镑 7 先令 9 便士购买香草，并将其撒在自己的房间以净化空气。他曾提到，将艾菊根和雏菊根混合，将有明显的驱虫效果。他还用玫瑰和其他花制造出芬芳的香味。薰衣草的香味有可能使人昏昏欲睡，如果是为白天穿的衣服熏香，应该首选马乔莲，因为它闻起来特别香，能给人带来"愉悦"。玫瑰也常用于衣服熏香。为了使香味更持久，有人出钱请药剂师配制小香袋，在里面装上香草磨成的干粉末。这种干粉末通常是将鸢尾草根和有香味的草叶及其花瓣碾碎后混合制成。

香袋里也不全是草本植物。在都铎王朝早期，最独特、最有名的香料是教堂里使用的特制焚香。但这种焚香制作成本太高，大多数乡村教堂每年只能使用两次，即在复活节和圣诞节使用。不过，在富裕教徒的葬礼上或是由宗教协会资助的圣徒纪念日上，焚香仪式也会如常举行。这种焚香的主要原料是从近东国家进口的乳香。它那异国渊源、圣经典故及昂贵的费用，使它与宗教的神圣性紧密相连，因此通常被用在宗教场所，而不是家庭场所。特制焚香的香味很特别，与日常生活中的普通香味截然不同，专门用以辅助祷告和冥想。

人们对教堂焚香的兴趣起源于都铎王朝早期，而逐渐消退于 16 世纪。这种精神体验对那场席卷欧洲的宗教改革②意义重大，同时也引发了很多

①这里的宴席不是指有大鱼大肉和各种蔬菜的大餐。在都铎王朝，"宴席"（Banquet）这个词指用糖果、蛋糕、奶酪、坚果、水果和一两杯酒等招待客人。
② 16 世纪欧洲基督教国家出现的教会革新运动，也是欧洲新兴资产阶级在宗教改革旗帜下发动的一次大规模的反封建的政治运动和民族独立运动。

人对改革的争议：一些人认为，香气能使人与上帝更近，帮人把祈祷带到天堂（传统的观点）；另一些人则认为，香气是一种感官享受，会分散祷告者对理智的专注（德西德里乌斯和路德等神学家的观点）。

1485年，富豪们使用的植物精油大多从西班牙和葡萄牙进口的成品，但是在16世纪早期，有关蒸馏工艺的知识已在药剂师和受过教育的社会精英中传播。随着本土精油产量的增加，精油的价格开始下降。而无论是过去还是现在，生产蒸馏"香水"都要比制造植物精油容易得多。此外，利用同等量的香草、花瓣和香料水等原材料制作出来的蒸馏香水，比生产出来的植物精油要多50倍。因此，蒸馏香水价格低廉，产销量都很大。

例如，1590年，一位名叫约翰·坎伯兰（John Cumberland）的商人在伊普斯威奇开了一家商店。店里的植物精油存货总价值为5先令，而蒸馏香水的存货总价值为1英镑6先令。店里精油的具体数量不详，但玫瑰蒸馏香水的数量多达4.5加仑[①]。这些蒸馏香水不仅可以食用（以玫瑰香水居多），而且可以药用，譬如做成气味芳香的洗手液、洗脸液，或者洒少许在亚麻衣领、环状领和手帕等靠近鼻子的地方。生产蒸馏香水的设备投入不多，只需要掌握基本技术即可。

蒸馏器可以用各种原材料制成，如锡、铅、铜、玻璃和陶，其中陶制蒸馏器价格最便宜。器皿基本上都是圆锥形。金属或玻璃器具的顶端通常有一个弯曲的细小管子，用来将冷却后的蒸馏液导入接收容器中。至于那些陶瓷器皿，其内部由于上釉，变得非常光滑；它的外表没有上釉；底座沿边有一圈小槽，用来收集冷凝蒸气，蒸馏液便是顺着边槽开口处流入收容罐中的。

香水制作工艺的第一步，是将香草泡入水中。玫瑰香是当时最受人欢迎的香味类型，我们就从它开始介绍。虽然迷迭香、薰衣草和百里香的制作方式也相当简单，但制作玫瑰香水才是我最擅长的。任何有香味的玫瑰都可以用来制作香水，但最好的品种是大马士革玫瑰（Damask Roses）。这种玫瑰的香味最浓，是在16世纪20年代引进英国的新品种。采摘玫瑰

---

①容（体）积单位，分英制加仑和美制加仑。1加仑（英制）约等于4.55升。

花瓣最好是在清晨，此时的花瓣还沾满露水，用它们制作出的香水能释放出最多的花香。将采来的花瓣铺在床单上稍稍晾干，之后，把每片花瓣底部连接花萼的那个白色尖尖掐掉。接下来，将晾干的玫瑰花瓣装入玻璃罐中，往罐里加水，密封瓶口，再将瓶子拿到户外阳光下。次日，将第二批采摘、晾晒好的玫瑰花瓣装入干净的玻璃罐中。然后，把前一批花瓣拧汁过滤，并将过滤后的汁水浇在第二批玫瑰花瓣上，再将这个瓶子密封好置于阳光下。重复该步骤 3 ~ 4 次后，将玻璃罐的液体倒出来，盛入碗中。最后，将碗置于文火上方，把蒸馏器或蒸馏罐放在碗上。

与水相比，玫瑰精油只有在更低的温度下才会蒸发，如果你能熟练而精确地控制温度，就会得到凝结的纯玫瑰精油。如果你对温度掌控得不够精确，水和油就会一起滴入收容器皿，而你将得到玫瑰香水。缠绕在金属管、玻璃管或陶器顶部的布条要定期浇注冷水，这有助于气体精油和水汽凝结。那时没有温度计，第一遍用蒸馏器时，很难获取纯净的玫瑰精油。不过，一个简单的分离法能使同批精油的产量提升许多：将玫瑰精油混合物倒入一个细长的玻璃瓶中，把它竖立放置；待玫瑰精油浮在顶部后，小心地将其倒入另一个小瓶内保存。那时有专门针对药剂师、学者和贵妇人等不同群体的制作说明书，上述的方法和技巧，均在说明书中有详细描述。

玫瑰精油作为一种去除身体异味的香水，在亨利八世的宫廷里用得最多。鉴于都铎时代的标志是一朵合二为一的红白玫瑰，所以国王和皇室成员大多使用玫瑰香水。他们购买大量的香水，不仅供个人使用，也做节日庆典喷洒场地之用。除了饱含浓郁的爱国情怀外，那些抹在皮肤上的玫瑰精油还可以用作催情的药剂。玫瑰的香味能给人带来愉悦之情，此外，其具有让人感到温暖和振奋的特性，能加快身体的血液流速。环状领上喷洒几滴玫瑰香水，就能令人轻松惬意，而皮肤抹上玫瑰精油，则能唤醒人的欲望。装满玫瑰精油的香水瓶是绝佳的贵族式爱情信物，其做工精致，包括普通香水瓶和喷雾式香水瓶等，往往由最昂贵的材料制成。

伊丽莎白一世统治末期出现了一种复合型香水，由包括麝香、香猫香和龙涎香在内的多种原料混合制成。它逐步取代玫瑰精油，成了宫廷皇室成员和上流社会人士使用的香水。这种香水的原料需要进口，价格昂贵，因而使用者甚寡，而玫瑰香水更亲民，为越来越多的消费群体接受。例如，休·普拉特爵士就曾记录一个制作喷雾式瓶装香水的配方：需将甘松（一种药草）精油、百里香精油、柠檬精油、丁香精油和一粒麝香等香料滴入一个银勺中，再加些玫瑰蒸馏香水混合而成。制作完成前，你如果觉得麝香味不足，还可以将其用量增加一倍。

喷雾式瓶装香水没有固体状香盒使用普遍。香盒的做法其实很简单，只比薰衣草香袋的做法复杂一些。首先，把香草和香料混合一起，做成蜡质香丸或香块，如果有植物精油，也可以添加到香丸（块）里；然后，将合成的固体香丸（块）放入带孔的木制盒或金属盒内，用细绳拴挂或携带在身上。香草和蜡都是本土生产，自然要比进口香料和树脂便宜很多。一名在亨利八世的旗舰上服役的男子，就曾将这种香盒带到船上——人们在旗舰残骸的主甲板上发现了他的香盒。这名男子佩戴了一把宝剑，他的香盒就系在剑鞘上。女性会用细绳将香盒系挂在腰带上。当她们行走时，香盒会随裙子不停摆动，散发出来的香气就像教堂里的熏香一样飘散在她们身体四周，形成一道屏障，阻止邪气靠近身体。如果不穿裙子，这样佩戴香盒只会妨碍双腿的行动。因此，男士佩挂香盒的位置要比女性高很多。此外，细绳要留足长度，这样在遇到特别难闻的气味时，他们可以将香盒举到面部附近。

口腔大小事

清新的口气备受欢迎。牙缝里的食物残渣、身体健康欠佳和牙中的"蛀虫"（与蛀牙有关）等，都被认为是引起口臭的原因。都铎人早晨起床后的第一件事就是用清水漱口，这与清洗手部和面部同样重要。在餐后用牙签剔除残留的食物残渣是一种礼貌行为，然而，几乎所有礼仪指导都强烈反对人们用刀叉或手指剔牙。罗伯特·达德利使用的是一次性牙签；牙签由他的男仆定期批量购买。1558 年，他为此花费了整整 10 先令。

许多洁牙粉都有芳香口气和增白牙齿的功能，而灰烬（Soot）在这两方面都有着极好的功效。灰烬可以这样收集：用蜡烛的火焰燃烧干净、光滑的物体表面，例如镜子、玻璃板或陶罐釉面等，然后用手指或小布块收取光滑表面的灰烬，将其擦在牙齿和牙龈上，起到磨白和除臭的功效。在尝试多种护齿法后，我发现自己很喜欢这种都铎式的方法，因为此法既可以除去牙齿菌斑，又不会损坏牙齿或牙龈。白垩粉和盐也可用于清洁牙齿，它们有轻微的除臭作用，但效果不如灰烬好。

约翰·帕特里奇（John Partridge）是一个写作范围宽广的作家，他曾就牙齿漂白、清洁和染色等话题写过一些文章。他认为，迷迭香木的灰烬的洁齿效果最好。他建议人们将布的摩擦力和灰烬的清洁效果结合起来：将灰烬收集起来，放在一小块亚麻布上；再将这块亚麻布扎成一个小袋子；最后用这个小袋子擦洗口腔内部。值得一提的是，香木的灰烬就像其他家用清洁化学品一样呈碱性，这意味着你必须事后冲洗口腔，否则你的牙龈会因受到碱的刺激而感到疼痛。

伊丽莎白时代的贵妇们经常使用的配方书中，我们找到了制作洁牙粉的方法。这种洁牙粉不是用来除口臭，而是为口腔添香。丁香是其主要成分，一个原因是丁香可以缓解疼痛；另一个原因是，丁香能释放出很浓的气味。这种气味等于告诉别人，你已经用某种东西清洁过牙齿了，就像现代牙膏中的薄荷气味一样。其他原料成分包括用来保持牙齿光亮的雪花石膏粉末，以及用来去除口腔异味的麝香和香猫香等。

在都铎时代，没有任何资料提及过牙刷，但是有资料提及牙布。牙布与小块的亚麻手帕很相似。人们用牙布来擦净自己的舌头和牙齿，然后用水漱口，并将牙布冲洗干净。那些特别在意牙齿外观的人，可以去理发店找外科理发师①（Barber Surgeon）。外科理发师甚至能用"浓硝酸"（Aqua Fortis）为顾客漂白牙齿。在《女士们的快乐之法》中，休·普拉斯爵士告诫人们，如果过多使用硝酸，那你可能需要"借一副牙齿来吃饭了"。

①现代外科学开创于19世纪末，起先经常由受过培训的理发师代理执行手术，因此，在今天的许多英联邦国家，外科医生被称呼为"先生"（Mister），而不是"医生"（Doctor）。

硝酸是一种强酸，它可以剥落牙齿上的珐琅质表层，使牙齿变得更洁白。硝酸还会损害牙龈。当然，如果非常小心地使用，把它视为牙齿增白剂来用，也坏不到哪去。但是如果被错误或反复使用，牙齿将变得很容易脱落。外科理发师的日常工作包括拔牙、理发、修面、放血和小手术等，在使用硝酸方面非常专业。他们工作时，手要保持稳定，不能抖动，而且要善于应对神经质的病人。

梳子与虱子

1568 年 9 月，理查德·泰耶（Richard Tye）的"神恩号"（The Grace of God）商船停靠在伦敦港。此船从法国的鲁昂港起航，穿过英吉利海峡来到英国。船上运载着由 16 名商人采购的货物，大部分是画布和纸张，但一位名叫约翰·牛顿（John Newton）的商人，购买的是 12 篓梳子（每篓有 144 把梳子，共有 1728 把梳子）。无独有偶，在这同一艘货船上，一位名叫汉弗莱·布龙（Humphrey Broune）的商人，也采购了 20 篓每把价值 0.5 便士的梳子。另外，还有一位名叫约翰·查林纳（John Challener）的商人，其货物是 3 篓黄杨木梳。

就在几天前，停靠在"神恩号"附近的"玛丽·安号"（The Mary Ann）商船，曾卸下 26 篓每把价值 0.5 便士的梳子。在此之前的 12 个月里，总共约有 90 000 把梳子进口到伦敦，其中约 46 000 把是由商人理查德·帕特里克（Richard Pattrick）带来的。帕特里克显然占据了梳子贸易的主导地位。如此巨大的数目表明，梳子作为整个国家个人卫生保健的一部分，已经非常普及。按照这个规模，即使其他港口没有进口梳子，英伦岛上也不生产梳子，每年常规的进口量就足够让每个人一生中使用两把梳子。

很多由理查德·帕特里克等人进口的梳子，都被指定为"1 便士货品"或者"0.5 便士货品"。根据零售店商的库存清单，这些梳子尽管价格不一，但均供货充足，且不会特别昂贵。一些梳子自带皮套，而另一些则装在小木盒里。制作梳子的原材料包括黄杨木或牛角、骨头或象牙等。市面出售的大多数梳子，两侧都能梳头，其中一侧的梳齿间隔较宽，另一侧则非常细密，能够篦除跳蚤和虱子。1545 年 7 月，"玛丽·罗斯号①"（The Mary Rose）在海上沉没，当时，亨利八世在岸上眼睁睁看着它没入海中，沮丧至极。当该船的残骸被打捞上来时，人们在船上发现了 82 把梳子，有的在水手存放私人物品的小箱子里，有的与人体遗骸在一起。除了一把梳子外，其余的梳子都是由黄杨木制成。都铎时代关于健康或礼仪的指导手册一致建议，人们每天起床后至少应梳理一次头发，在白天，最好也每隔一段时间梳理一次。

许多现代作家都认为，都铎时代的英格兰人身上长有跳蚤和虱子。我不知道他们为何会有这种看法。那个时候的梳子的确都有篦虱子的设计；部分图画（特别是都铎王朝后期的图画）也确实描绘了妇女查看孩子的头部，帮助孩子消灭虱子的情景；一些文章也讽刺过那些身体肮脏、满身虱子的人。但是这是否能说明大多数都铎人身上都长有虱子呢？事实上，大多数都铎人只是害怕被感染瘟疫的跳蚤叮咬，而不是因为自己身上有跳蚤。有时候，即便你偶然接触某个动物，也很可能会被间接感染。因此，我们不能把黑死病的肆虐作为身上爬满虱子、跳蚤的证据。用梳齿细密的梳子仔细梳篦，是一种非常有效的去除头虱的方法。每日梳篦可以防止虱子在头发中立足。我们再一次看到，一种古老的保持个人卫生的方法延续至今，只要真正使用，仍然很奏效。

不幸的是，有些人没有使用或不能使用这种方法。梳子很便宜，随处都可以买到，但总是有一小部分人，连梳头都是一种奢望。牢狱中的囚犯常被称为"虱子鬼"。1608 年，发生在英国诺维奇市的一个故事令我们唏嘘不已。按照契约，女仆玛丽·达芬（Mary Duffin）为主人服务的同时，主人也要为女仆的健康负责。然而，据市长的法庭诉讼记录，主人让女仆达芬"穿着邋遢，身上长满虱子"。威廉·巴雷在《健康的治理》中称："这

---

① 1509—1511 年建造而成，曾受到亨利八世国王的偏爱，被形容为"海洋上一朵最美的花"。这艘船的诞生标志着英国海军已由中世纪时的"漂浮的城堡"转变为伊丽莎白一世的海军舰队。1545 年，它在索伦特海峡不幸沉没，成为世界五大著名沉船之一。

个国家的平民，如马车夫、打谷者、挖沟人、矿工和庄稼汉等，很少花时间洗手，所以看上去脏兮兮的。他们也很少花时间梳头，所以头发上不仅沾满了棉絮、羽毛、稻草等脏东西，还成了藏污纳虱的巢穴。"

在法院取证时，年仅 12 岁的玛丽·达芬显然是遭遇不公平、不合理对待的受害者。她的主人无视她的卫生健康，因而法庭解除了她与主人的契约，将她判给安·巴伯（Ann Barber）做学徒，希望新主人给她基本、得体的穿着。顺便一说，威廉·巴雷那番对普通平民的言论，含有轻视和误解的意味。他没有当面询问平民，只是主观臆断地认为他们不讲究卫生：既不洗手，也不梳头。然而，明眼人都十分清楚，只要他所说的"平民"干的是翻晒稻草、喂牲口或拉煤这样的活计，他们就没法讲究卫生。不管早上干活前他们打扮得有多么整洁漂亮，干完一上午的体力活后，他们都会变得灰头土脸。

1598 年，伦敦人汉弗莱·理查森（Humphrey Richardson）因被公开称为"虱子鬼、流氓、无赖、恶棍"而十分恼怒。跳蚤和虱子虽然是人们生命中的一部分（从"玛丽·罗斯号"上获取的遗骸物品中也发现了跳蚤），但理查森恼怒的反应表明，人们仍费尽精力地想消灭那些跳蚤。

都铎人很少洗头发，但并非从来不洗。人们偶尔会在夏季或者取暖条件好的室内洗头。不过，他们只能用具有药草香味的冷水冲洗头发，因为热水会使脸部和头皮上的毛孔打开，对健康不利。在都铎人心里，哪怕只是用冷水洗头也很危险，冷水的刺激会搅乱人体内部平衡，使人着凉感冒。

米歇尔·德·诺特达姆①（Michel de Nostredame）也被称为诺查丹玛斯（Nostradamus），他大部分时间定居于法国，曾担任多年的宫廷御医。除了那些充满了神秘色彩的预言之外，他还在 1552 年出版了一本养生保健的小册子。这本册子中记录的都是供贵族和王室成员专用的奢侈品，其中两个是有关头发和胡须染色的配方。一个是将毛发染成金色，另一个是

---

①法国籍犹太裔预言家，精通希伯来文和希腊文，留下了一部以四行体诗写成的预言集《百诗集》（Les Propheties）。有研究者从这些短诗中"看到"对不少历史事件（如法国大革命、希特勒之崛起）及重要发明（如飞机、原子弹）的预言。

把灰白毛发染成黑色。两个配方都要求在染色前，先用碱性洗液将毛发清洗干净，因为"如果毛发上有油脂或脏污，那么着色效果会变得很不好"。然而，碱性洗液的腐蚀性强，会使头发变脆、头皮受损。以强碱性溶液为原料制成的皂液，对人体毛发的影响相对温和，但也不能经常使用。

How To Be a
Tudor

第 3 章

穿衣进行时

把爱变得如此神圣的美丽缪斯，
她赤身露体，不着任何衣物；
但我会用我的这支笔为她披上
连时尚界都艳羡不已的装扮：
她的希望之帽，她的美丽衣带，
她的手艺斗篷，她的欲望紧身衣……

——约翰·戴维斯爵士（Sir John Davies）
《古林奇十四行组诗》（*Gullinge Sonnets*）

都铎人洗完手和脸，穿上干净的亚麻内衣，梳好头发，刷完牙，是时候开始穿衣打扮了。

地位决定穿着

在都铎时代，男人穿的衣物，可以昭示他的社会地位。如果穿错衣服，后果不堪设想。那时的法令明文规定，只有特定社会阶层的人，才允许穿某种面料和颜色的衣服。无知会让人无意间惹上官司。1483 年颁布的法令规定：金黄色布料和紫色丝绸为王室成员专属；只有拥有骑士或以上头衔的人，才能使用天鹅绒布料；对于为小农、打工者及其妻子服务的仆人阶层来说，他们所穿的衣服的布料，每码①价格都不得超过 2 先令。衣服的剪裁和风格不仅能宣告男性的职业、专家身份或精英地位，还能表明他们的信用。由于没有正规的银行系统及系统的商业信用评估，穿着体面的人更容易获得物品和服务。因此，那些寻找工作的人常常会特意穿上得体的衣服。

如果用现代的标准来衡量，那我可以肯定地说，都铎时代的衣服和衬

①计量单位，1 码约等于 0.9144 米。

衫都非常昂贵。制造服装的成本高昂，特别在加工原材料方面。以羊为例，都铎时代的羊比在现代田野里放牧的羊要小得多。依据图画（都铎时代的图画）中的羊与放牧人的比例、对羊骨的考证和大户人家对屠宰羊的称重记录，我们可以断定，当时的羊体型较小。都铎时代的羊群没有额外的饲料，仅放牧于高地牧场和越冬耕地，自然不像现代饲养的羊那样长得膘肥体壮。所以，它们的羊毛更少，也更轻。直接比较羊毛的重量很可能有误差，因为在现代社会，羊毛都是被一次性剪下，整体称重的，而在都铎时代，称重出售的通常仅包括来自背部和臀部的质量最佳的羊毛。尽管如此，16 世纪的 1.5 磅的羊毛，显然无法和 21 世纪 12 磅的羊毛相比。

每年 5 月底，当天气转暖时，牧羊人会将羊群赶到溪流和池塘里洗澡，然后再赶到干净的牧场上去，让羊毛自然沥水、晒干。剪羊毛是一项大规模的活动，需动用当地所有的劳动力。现代的电动剪毛刀，可以让澳大利亚和新西兰的专业剪羊毛手在一日之内剪数百头羊；而在 16 世纪，技术同样熟练且勤勉的人一天只能剪 30 头羊。羊毛一经剪下，就会被分类、卷成筒状，然后打包待售。在加工成布料前，人们需要梳理羊毛，清除里面的草、树枝或其他污物，解开打结或缠在一起的地方。这项需要手工完成的工作使许多妇女和儿童忙得不可开交。接下来，人们将羊毛缠绕在简易的纺锤上（后来用手工纺车）纺成线。此项工作也多是由妇女和儿童来完成。12 个熟练的纺纱工开足马力工作，才能为 1 个织布工提供充足的纱线。极少有女性能够摆脱纺纱的工作。就像面包烘焙或啤酒酿造一样，纺纱是女性的一项日常工作。她们或为家中自用，或为赚取几个便士。

织布主要是男人的工作。男人首先需在织布机上仔细布置经线（经线是布料长度方向的纱线。布置经线是将经线穿过织布机的各个对应部分，仔细地固定到经线梁上），然后才能开始织布。尽管不同类型的布匹幅宽不同，但通常一次织造的布的长度为 22 码。织出这个长度的一块布，可能需要一个人花费 6 个星期的时间。织成的布还需要进行后续加工。大多数织物要洗涤和上浆以做收紧处理，提高其抵抗风吹雨淋的能力。染工在纺纱之前得将羊毛染色，即给纱线染色，或给织好的布染色。织物应该在还没干的时候放在拉幅机上进行拉伸，以达到法定尺寸（尺寸不合格的布可能会被没收，对于布匹的每个小瑕疵都有相应的罚款制度）。毛织物经过梳理和修剪，表面会起绒，摸起来十分舒服、柔软。

这是一个复杂的行业，涉及购买各种工具和机械，需要投入大量资本和熟练的专业工人。羊毛、纱线和布匹本身从一个车间转到另一个车间，中间经历了多次买卖。各个环节的人都需要靠他们的劳动谋生，每个人都相应增加了布料的成本。

因此，布料在都铎时代属于昂贵的商品，许多男人在用他们辛苦赚来的钱置办衣物时，都需要仔细斟酌。为了能买上几件像样的衣物，一个男人需要做好几份工作。买衣服时，他主要考虑以下几个因素：一是能够御寒，遮风挡雨；二是耐磨损，最好能坚持到他买得起替换衣物的时候。此外，他的衣物需要在社交场合得到认可——不会因为太差而被人看轻，或因为过于奢华而成为人们的笑柄。

许多男人都渴望得到一件礼服。礼服可以短及膝盖，也可以长及脚踝。礼服从肩膀上垂下来，就像罩袍一样宽松。都铎时代曾同时流行着几种风格的礼服，而随着时间的推移，其逐渐转变为全袖和直袖风格。在从事强体力活动时，人们若穿着这种不合体的、宽松的衣服将会很麻烦，此外，这种礼服在制作过程中较费布料，因此并不是农耕劳动者或铁匠日常能穿的衣服。事实上，它是那些拥有体面工作和额外资源的人的标志。大多数绅士的衣柜里都有几件这样的礼服，而律师、牧师、市议员和学者在日常工作中就穿着礼服。稍短一些的款式被认为适合年轻男士穿，不会影响其日常走动。庄重、严肃的人则会选择全长款式。财力有限的铁匠或打工者，可能会购置一件礼服作为自己最好的衣服。

从菲利普·亨斯洛（Philip Henslowe）的记载中，我们可以看到礼服高价的本质。亨斯洛主要经营的是剧院，其副业是经营一家当铺。大部分被典当的物品都是礼服。例如，1594年5月13日，"布尔德斯（Burdes）先生抵押了一件罗缎礼服，其外镶有丝绒，内衬有羊毛，抵押金为3英镑10先令"。两天后，"一件黑色男士礼服，无衬里，细平布（Broadcloth），抵押金为 13 先令"。很显然，它们都是高价物品，易出售。人们只有在必要时刻才会选择卖掉它们。这两件礼服中的第一件是由绸缎制成，丝绒条缝在下摆、前襟和领子周围，里面衬有优质的轻质羊毛。即使对于成功的商人来说，这件礼服也是一种奢侈品，其抵押价值充分说明了这一点。第二件礼服虽然做工简单，便宜很多，但它是由当时一种昂贵的羊毛布料——细平布制成。对于成功的手艺人来说，它仍然相当贵重。

当男人们立遗嘱时，礼服往往是唯一需专门遗赠的衣服。毕竟，一件礼服是由那么多好布料制作而成的，而且还可以被裁剪，以用作其他物品。礼服代表着人们的地位和成功，因此，人们也为其倾注了最多的情感。对于那些升任市政府要职（如市议员和市长）的人来说，礼服尤为重要。它成了这些人的官方制服，采用指定的颜色、布料和装饰品制成。都铎人鼓励市政府要职人员在处理一切公事，甚至只是普通出行或闲逛时，都穿礼服。在埃克塞特市，市长穿大红色的礼服和披风（Scarlet，这个词可以代表高品质的羊毛布料或大红色，或二者兼而有之，因为大多数羊毛布料都被染成这种颜色）。居于市长之下的其他官员穿紫罗兰色的礼服，而市议员则穿黑紫色的礼服。颜色越亮，生产成本越高，市政府官员的等级通过礼服的颜色显露无遗。一些城镇不仅要求市（镇）长穿特定的礼服，甚至会要求他们的妻子也穿相应的礼服。

1580 年，温彻斯特^①曾颁布一项法令，要求所有市（镇）长立即为他们的妻子购置大红礼服。在一些城镇和城市，人们可以在肖像画中看到市（镇）长的妻子穿着这样的礼服。在其他人的遗嘱和记账簿中，这一点也多有提及。如今，我们很少会关注这种礼服，所以可能很难体会都铎人有多么喜欢它，也无法理解他们穿着礼服时的自豪感。

简易礼服并不是人人都会穿，但它可以满足大部分人的需求，因而变得相当普及。礼服的质地、衬里、裁剪及装饰品的细节变化，几乎可以划分出无数个社会等级。与由细平布制成的礼服相比，起绒粗呢礼服就不值

①英格兰南部城市，位于南唐斯丘陵（South Downs）边缘。在英格兰王国时代，人们将首都迁往伦敦之前，温彻斯特曾是英格兰的首都。

一提；而在绸缎面料礼服面前，细平布礼服就相形见绌。例如，理查德·布雷特（Richard Brett）是英格兰东南部埃塞克斯郡莫尔登镇的一名法警。他的羊毛礼服内衬为"羔羊皮"。羔羊皮是当时最便宜的毛皮，是法律为非绅士等级男性制定的，可以使用的最好毛皮。理查德家境殷实，在遗嘱中，他留下了三套独立的宅邸和几块土地。如果可以选择，他本可以购置一件做工更精细、更华丽的礼服。斯蒂芬·卡特罗（Stephen Caterall）是埃塞克斯郡莱厄德拉黑教区的一名牧师。在 1567 年所立遗嘱中，他把两件礼服都描述为"长款"，这是与神职人员相匹配的风格。

在礼服里面，男人要穿紧身衣和紧身裤。亨利七世（Henry VII）统治初期，这些衣裤紧贴身体，使男人的线条分外突出。紧身衣通常还具有另外两种功能：一是使上身保暖，二是连接紧身裤。在历史上的这一时期，紧身衣裤一般不外露，而且在一些正式场合中，如教堂、市场或其他公共场合，还要遮掩得更严实些。如果一个男人穿了紧身衣而没穿礼服，他会在外面罩上一件上衣。只有当男人们甩开膀子干活时，才会脱掉外套，露出里面的内衣。

与早期紧身衣搭配的，是长及脚踝的紧身裤。在紧身裤的顶部，即裤腰处，有一排成对的孔，以便人们将紧身裤和紧身衣连接起来。裤腰的松紧可以根据个人喜好调节，但这种调节需要一定的技巧。如果你不打算走动，就可以系得紧一些，将两件衣服完美贴合在一起。这样，你看上去就会非常优雅、利落。如果你系得太松，身体就会暴露出来，场面将相当尴尬。那些从事挖掘工作或需大幅度弯腰工作的人，经常会忽略衣服背部的连接，并将前部的连接最大限度收紧。不过，当他们站起时，裤子后面就会不整齐地悬着。

老布勒哲尔①（Bruegel the Elder）关于佛兰德地区的农民的画作特别善于表现这种现象，虽然画中人的裤子被衬衫遮挡了一部分。将衣服前部系得松一点有助于防止行走或跑步时的拉拽，人们通常会依靠衣裤的连接带来维系紧身裤。在 15 世纪的绘图手稿中，你可以看到贵族青年着装中

---

① 16 世纪荷兰画家，欧洲独立风景画的开创者，同时被誉为专画农民生活题材的天才。

的这种改进。值得一提的是，一旦他们找到完美的方法，就会将两件衣服永久连接在一起，使之成为完整的一套。这种套装有点像连体衣，很方便穿脱。

连体紧身裤对膝盖施加的压力，可能比普通裤子施加的压力要大。当人们穿着普通裤子坐或跪时，裤腿可以在脚踝上下自由地移动，但是当穿着连体紧身裤（类似今天的连腿裤）时，这种自由感就必须由裤子的其他部分来提供了。因此，连体紧身裤通常会在膝盖处做得比较宽松，它的布料也可以拉伸，以便人们运动。年轻人都希望向世人展现他们美好的一面。如果在膝盖下系一个吊袜带，将宽松的部分限制在膝盖区域，并使紧身裤贴合小腿，那么他们的愿望就达成了——至少能秀出他们的小腿肌肉。将一小块布缝在裤子的前开口处，现代拉链的雏形便诞生了。

不过，幸亏当时并无填充垫，否则，每个人的着装看起来都会很夸张。连体紧身裤比紧身衣、外套和礼服破损得更快，因为它受到运动压力的冲击要更大。很显然，穿上这种连体紧身裤时，脚和腰部就要遭殃了：周围很可能产生孔洞。不过，连体紧身裤修补起来既便宜，又简单，仅需小块的边角料。大部分都铎人都曾缝补过连体紧身裤的裤脚，或者将之改成了无脚裤。德国符腾堡州的克洛斯特博物馆（Kloster Museum）曾展出一条制作于1495—1529年的连体紧身裤，其由亚麻布料制成，结实耐用，为自然色。有迹象表明，它曾经有脚裤，但因磨损严重，后来变成了无脚裤。

大多数亨利七世统治时期的男性彩色图画，我们都是在配有插图的手稿中找到的。这些漂亮的图画描绘了一个由身穿紧身裤、打扮花哨的年轻人所组成的世界。不过，这些都是理想化的男人形象，旨在表现当时的完美与和谐，因为男人的身形美也是内在纯洁和虔诚的体现。紧身裤的颜色也具有象征性，例如，绿色代表青春活力，红色代表激情。许多插画师甚至会有意识地描绘皇家和贵族宅邸中的制服的特定颜色和纹章。其中一些描绘纯属幻想，与实际的服装毫不相关，一些带有异域情调，还有些蕴含着历史和神话的印记。

文字记录与插画师的描绘有所不同。我们通过对16世纪上半叶一些遗嘱的分析，发现在遗赠的紧身裤中，只有少数提到了亮色。在遗嘱中提到紧身裤颜色的，主要是更富有的社会成员，并且城里人多于农村人。不过到目前为止，遗嘱中所提及的紧身裤大多是黑色，其次是白色。仅有的几种亮色是在贵族的遗嘱中找到的。当然，并不是每个人都会提到他们的紧身裤；即使提到了，一般也不会提到颜色。或许其他紧身裤并未染过色，只是普通的米色、灰色和棕色。另外，织物本身也会变色。1520年，当莱斯特兰奇（Lestrange）家族为他们的厨师置办紧身裤时，他们采购了"毛毯呢"。1558年，罗伯特·达德利为他的厨师购置了赤褐色的呢料。这两种布料都很便宜、结实，有一些毛，编织得很疏松，因此弹性很好。不过，这些布料实在太笨重了，无法制成光滑、时尚、优雅的紧身裤。

很多肖像画中的亨利八世都是端端正正地站着，两脚分开，眼睛直视着我们。他的着装充分显示了16世纪中叶紧身衣、紧身裤、外套和礼服的款式特征。制作这种礼服需要许多布料，大多数男士都买不起，但让价格更适中的长袍敞开衣襟，露出里面的内衣则很容易仿效。因此，紧身衣和紧身裤引起了社会各阶层男士的关注，法律也更注重男性服饰的细节。亨利八世热衷于服饰上的微调和法规的更新。登基不到一年，他就颁布了四部《服饰法》（Acts of Apparel）中的第一部，为在国王身边做事的人，以及上层社会人士制定了详细的服饰法规，但其规则几乎对每个人都产生了影响。在这片土地上劳作的绝大多数人，包括牧羊人、打工者和小农，被禁止使用任何类型的进口布料，此外，他们也被限制使用较便宜的本地产羊毛制品。他们可以穿由细平布（每码价格不超过两先令）制成的上衣，使用每码不超过10便士的布料制作紧身裤。

《服饰法》解决了困扰历届都铎政府的许多问题。国际收支就是其中之一。进口布料只能给少数人使用，有助于防止大量资金外流，还能支持国内产的纺织品。除了对国家现金流的疑虑外，这项法令还隐含着对个人债务的强烈担忧。购买奢侈的进口布料被认为非常不可取，因为这会让人们陷入不必要的财政危机。通过禁奢法，政府还试图防止人们过度沉溺于奢侈的纺织品而走向自我毁灭。

实际上，这些限制法规对许多人来说并不构成任何问题，因为他们几乎买不起最便宜的布料，但是如果有人在遗嘱中遗赠了一件质地非常不错的细平布礼服，该如何处理呢？还有一种可能，有人购得了一件最初由富人拥有的二手衣服，虽然已经穿旧了，但它是由还不错的料子制成，那又该如何处理呢？此外，来自爱尔兰的进口羊毛非常便宜，普通劳动者完全买得起，但是如果他们穿了这样的衣服，理论上讲就是违法。

价格限制对颜色也有影响。将布料染成亮红色、纯黑色、深蓝色和嫩绿色，其成本高昂，会拉高一些粗陋布料的价格，使之超过法律的规定范围，所以不染色仍然是成本最低的选择。价格适中的颜色包括源于蓝色的浅蓝色，源于红色的橙红和源于黄色的芥末黄。

更便宜的布料通常来自质量较差的羊毛，法律强制农工穿这种布料制成的衣服。不过，农工愿意使用这种面料也有一些非常实际的原因。起绒粗呢是一种蓬松的布料，编织得相当松散，其中一面有凸起的绒毛。该布料暖和、透气，防水性也很好，在垂直悬挂时很容易晾干。它是由粗糙、廉价的羊毛纺织而成，含有大量的"粗毛"纤维，即更长、更粗、更硬的羊毛。如果遇到下雨天，拥有这种羊毛的羊不会被淋得全身湿透，雨水会快速从羊毛上滑落。在这层羊毛下面，是更短、更柔软、更卷曲的毛，可以很好地保持体温。因此，起绒粗呢外套看起来毛茸茸的。这种外套不太好上色，一般都保持原本的灰色或棕色，穿上它的感觉很棒。将布料染成赤褐色是件容易的事，因为它比绒粗呢布料要柔软，而且有更多的"褶皱"，但它的防水性较差。所以，赤褐色的布料多用于制作紧身衣和紧身裤，而不常用于制作礼服和外套。帆布也被用来制作紧身衣，因为有时结实耐磨比保暖更重要。例如，那些从事拉纤绳工作的人就会从帆布紧身衣中受益颇多。帆布很少染色，它原本是米灰色，但随着时间的推移，会在日晒雨淋中慢慢变成乳白色。都铎时代，大多数人主要采用起绒粗呢布料、帆布和赤褐色布料制作衣服。

在穿着上，水手与那些穿着毛茸茸外套的"旱鸭子"有着天壤之别。他们穿不起绒粗呢外套和赤褐色紧身裤。他们的服装在质地和裁剪上与众不同，很容易被认出。"航海服"出现在那些水手的记账簿上，看上去像是长及膝盖的罩衫。约翰·怀特（John White）曾在水彩画中描绘水手与新大陆（即美洲大陆）土著居民打交道的情景。水手穿着笔挺、长及地面的长袖外衣，后者像罩衫一样，将他们的下半身全部遮住。他们有时会扣上外衣的扣子，有时只是套着头穿上。密织帆布比其他布料制成的衣服要更防风、防水。伦敦博物馆里有一件衣服，是由亚麻布涂上焦油所制成，它可能就是这些航海服之一。用亚麻籽油浸泡帆布是另一种防水方法，让水手们可以直面各种恶劣天气的挑战。水手通常穿无袖夹克，但有时也会穿皮革紧身衣和紧身裤。那位大名鼎鼎的船长马丁·弗罗比舍（Martin Frobisher），曾三次带领探险队寻找自大西洋至太平洋的西北通道。1577 年，一幅质优价高的画作描绘了他的皮革夹克和马裤，以纪念他的航行经历。

然而，法律并非一成不变。到 1533 年，随着经济和社会现实的变化，在亨利八世颁布的第四部《服饰法》中，各项规定变得更加详细。普通人购买紧身裤布料时，每码最多可花费两先令，而且也可以使用进口的帆布和绒布。同样，布料价格上涨后，大量亚麻布也进入英国。不过，新法律把普通人分成了两个阶层——只有农夫可以使用两先令的布料，而他们的仆人和学徒所使用的布料，每码不能超过 16 便士。

新法律认可了新时尚，即将紧身裤分为两件衣服。大腿以下的部分可称"长袜"（Stockings）、"长筒袜"（Hose）或"袜子"（Nether Hose）。长及大腿的服装则被称为"紧身裤"（Hose）、"上层袜"（Upper-stocks）或"宽松短罩裤"（Trunk Hose）。这两种衣服可以重叠，方便运动。膝盖以上的部分对织物的弹性没有那么多要求，因此，上层袜可以由更多种类的布料制成，裁剪可以更讲究，装饰也可以更多样。我最喜欢的是萨克森尼州的选帝侯奥古斯都①（Augustus）在 1552—1555 年穿过的一条黄色上层袜，质地为针织丝绸。它出自工匠精湛的技艺，流淌着时尚的奇思妙想。皮革

①此处指乔治一世的父亲欧尼斯特·奥古斯都（Emest Augustus）。1692 年，他被推选为汉诺威选帝侯，但直至 1708 年才被批准担任选帝侯。萨克森尼州现归属德国。

裤长及大腿下部，就像老式的全长紧身裤一样，给人一种既熟悉又舒适的感觉。上层袜的布料非常精细，人们一定花费了数周时间来纺织它。它模仿已有的饰袋设计，将极薄的黄色丝绸衬料加到裆部（即用垫布让裆部隆起），在前面形成了突出的遮阴袋。根据书面记载，这位选帝侯和亨利八世有好几条这样的上层袜。

这种夸张的、带有装饰的遮阴袋，在中下层人士中并不普及，因为它与权力、威严和男子汉气概相关联。不过，士兵们属于另外一个群体，要通过遮阴袋突显他们的勇气和士气。在一些城镇中，穿着花哨衣服的流氓恶棍时常招摇过市，他们佩戴的刀剑将挂在腰带上的盾牌（一种小手盾）撞得叮当乱响，夸张的遮阴袋就像可以免除他们的罪行似的。工匠和农工的身上很少会有这种引人注目的遮阴袋，不过从伦敦沃喜普街区发现的一些衣物碎片表明，部分地位更低的人曾使用较小的、斜纹织布的遮阴袋。

爱德华六世对服饰特别关注。1552 年，他亲自起草了抑奢法案。伊丽莎白一世也在统治期间颁发了一系列诏令——其随着时尚变化以及进口服装、对跨阶层混穿衣服的僭越现象的出现而变化——增添新的规范项目，或订立更严格的罚则。1562 年，即伊丽莎白一世登上王位的第四年，她颁布了禁奢法，首次对男士紧身裤的"怪异和荒诞"表示了担忧。该法单独提到令人无法容忍的新紧身裤款式（双重裤袜），明确指出：法院以外的任何人都不宜穿这种紧身裤，因为它穿在大人①（Lord）们身上是时髦，而穿在木匠身上则显得可笑。底层人士效仿绅士的穿着，不仅会使他们本人丢脸，也贬低了他们所模仿的衣服。

将服饰作为划分社会阶层的标志自有其道理。无论一名男性是工匠还是专业人士，是主人还是仆人，是土地所有者还是承租人，是父亲还是儿子，人们认为都可以通过服饰，从视觉上判断他的财富及地位。如果你从一个人的穿衣戴帽得知了他的身份，你就会知道应该如何与他打交道，应该向他表示多少尊重，是应该鞠躬，还是应该脱帽致意。你还会知道，是否应该与他建立业务关系，是应该向他求助还是应该雇用他。在这样一个非常

①在英国是指法官、主教或某些男性贵族成员。

珍视他人尊重的社会中，穿错衣服很容易引发暴力事件。在都铎时代的法院记录中，充斥着因尊重和荣誉而产生的争吵和打斗案件。我们以苏塞克斯郡的验尸官于 1596 年记录的两个月的案件为例。4 月 13 日，杰弗里·金（Geoffrey King）打了托马斯·霍恩（Thomas Horne）的头，导致其死亡；罗伯特·霍尔（Robert Hall）在 4 月 26 日使用马鞭抽打亨利·斯迈思（Henry Smythe），致后者死亡；5 月 9 日，约翰·阿尔蒙（John Almon）将一个不让他从街上通过的人杀死；同一天，理查德·诺里斯（Richard Norrys）被理查德·罗姆尼（Richard Rumnye）刺伤了面部；5 月 31 日，威廉·费纳（William Furner）在理查德·克姆博（Richard Kymber）的肚子上捅了一刀，导致其死亡。

截至 1574 年，所有服饰法的限制只适用于男性，因为男人的社会地位对公共生活的影响最大。只有男人才有可能拥有土地，享有城市自由，成为陪审团成员，在教会中引领教民，为国家而战，上大学等。而且在大多数情况下，男人都是一家之主。鉴于男人在诸多方面起着极大的作用，有助于维持社会秩序，有人认为需要以明确的方式对其予以承认。服饰就成了体现这些想法的最佳方式，甚至包括不那么起眼的帽子。伊丽莎白时代晚期的一首民谣很好地说明了这一点：

> 瓜皮帽，水手帽，
>
> 这里还有商人帽，
>
> 神圣的医生帽和律师帽，
>
> 九位缪斯戴着相同的冠帽，
>
> 做鬼脸的小丑帽子，
>
> 维修工的漂亮帽子，
>
> 任何帽子，不管是什么样子，
>
> 某种程度上都是身份的标志。

人们通过一个人佩戴的帽子就可以判断出他是一名医生、律师还是一个乡下人，是一个小丑（帽子上有铃铛）、水手（戴着粗毛线帽）、教士还是一名商人。

大多数帽子都是先用四根针织成圆形，再填塞东西使之几乎完全防水的。事实上，1577 年通过了一项法令，规定所有 5 岁以上，绅士等级以下的英国男子（绅士的仆人除外），星期天都要戴一顶羊毛针织的加厚帽子。不过，法令并没有规定帽子的颜色或形状。幸运的是，有几十顶这样的帽子留存下来，但是劳动者的其他服装就没那么幸运了。大多数留存下来的帽子都呈圆形、扁平状，有的一边有帽檐，有的则两边都有。这些帽子能够留存，与它们所埋藏的位置有关——泰晤士河的前滩泥是保存帽子的极佳防腐介质。在《诚实的妓女》（*The Honest Whore*）中，托马斯·德克[①]（Thomas Dekker）这样写道：

> 平顶帽适合搭配城市人穿的礼服，
>
> 头盔适合搭配铠甲，王冠适合搭配国王。

肖像画、木刻和其他图画也印证了这一点：有名望的商人、市议员、协会官员和市长都戴这样的帽子。大多数是昂贵的黑色帽子，不过幸存下来的帽子有各种各样的颜色：红色、蓝色以及黑色。这表明，其中的一些可能是普通工匠和普通商人的帽子。

其他希望显示自己专业身份的人，经常会在自己的平顶针织帽上加一块黑色头巾。在"玛丽·罗斯号"上，人们就从医疗理发师的私人物品箱中发现了这样一块黑色丝绒头巾。它是从一块布料上裁剪下来的，被打了 10 个褶皱，每个褶皱上都缝了穗带。在小汉斯·荷尔拜因[②]（Hans Holbein the Younger）1540 年所画的《亨利八世及其医疗理发师们》（*Henry VIII and the Guild of Barber Surgeons*）中，几位医疗理发师就戴着这样的帽子。

---

①英国剧作家。他写了大约 40 部戏剧，其中部分是与别人合作的作品。德克还是一位技巧娴熟、富有魅力的抒情诗人，擅长描写伦敦的生活和风尚。

② 16 世纪德国最后一位著名的画家。小荷尔拜因以擅画肖像著称（因其父与他同名，故称他小荷尔拜因）。他在英国度过了大半生，成为亨利八世的宫廷画家。

与此同时，士兵们喜欢"瓜皮帽"。这些帽子也用针织出来，做过填塞，但在形状上类似于简单的"无檐帽"或顶部有绒球的羊毛帽，唯一不同的是，它的顶部没有绒球。水手的绒线帽也是织出来的，但在松散的绒线上面覆盖了一层粗毛线，这样一来，帽子就不易被水打湿了。农村把犁人头上戴的则是小而圆的阔边毡帽。

如果一名水手或农夫僭越了法律，那该如何处理呢？在大丰收之年，农夫置办点"高档货"来装装门面，如一条丝绸帽带或一条黑色羊毛绒线紧身裤，又该如何处理呢？这样的农民似乎不太可能被起诉，但事实上，还真有一些人被起诉了。例如，1565 年，一位来自埃塞克斯郡的裁缝理查德·贝特（Richard Bett），因为其紧身裤的大小问题被判有罪；同年，在伦敦从事仆人工作的理查德·沃尔温（Richard Walweyn）因为穿了"一条超级丑陋、超级巨大的紧身裤"而被捕入狱。这是严格遵循 1562 年颁布的诏令所提出的指控。但即便是在当时，人们也意识到，严格执行禁奢法几乎不可能。首先，许多人都被禁奢法排除在外，不仅包括女性，还包括传教士、侍候国王的人、富人的仆人、在城镇政府机构中任职的人、大学毕业生、大使、演员和音乐家等。因此，想要辨别穿着黑色毛绒线紧身裤的人是否僭越了法律，还真有点棘手。迫于社会的压力，大多数人选择保持"适宜"的标准，但总有人愿意在时尚界推陈出新，展现个人风格，还有一些人乐于操纵大众对服饰的理解，诈取钱财。

利用服饰行骗是骗子惯用的伎俩。在大多数人会依靠服饰来展现地位和财富的社会，服饰很容易蒙蔽人们的双眼。如果你穿着一套贵重的黑色礼服来到一家小酒馆，业主会非常热情地把你请进他的私人客厅，铺上最好的桌布，摆放上最好的锡制器皿，拿出美酒和糖果来招待你。而你，则完全可以将这些东西装进袋子里，然后从窗户爬出去，溜之大吉。1552 年，一本揭露骗术的书以匿名的方式出版。据称，该书描写的是伦敦犯罪分子利用欺诈和计谋实施犯罪的故事。该书通俗小报式的写作风格吸引了大量读者，一时间，市面上产生了一大批类似的作品。在阅读这些关于骗局、灌铅骰子和出老千的描写时，读者可能会将信将疑，但书中对这类案件的基本细节描写确实是真实的。犯罪分子通常会利用服饰引起目标受害者的注意，然后再引诱他入圈套。"当我在圣保罗大教堂里闲逛时……我遇到了一位绅士。他穿着漂亮的丝绸礼服，一身的珠光宝气，有三四个身穿艳丽衣服的仆人在他身边伺候。"受到这样一位名流的关注，受害人深感荣幸。在教堂里，受害人原本不会与穿着普通衣服的陌生人说话，但他无疑是对"穿着漂亮的丝绸衣服"的人产生了信任，并陪同他来到一家小客栈。他们在客栈里玩骰子赌博游戏，下高额的赌注。当然，他最终被敲了竹杠。

伦敦的圣保罗大教堂是衣冠楚楚的小偷经常出没的地方。他们专门对毫不知情的乡下人下手。这些小偷先用绅士的风度取得乡下人的信任，然后偷走乡下人口袋里的钱，或将其带到暗藏机关的赌博场所，以便一步一步地实施抢劫。当时的俚语将这种欺诈戏称为"捉兔子"（Cony-catching，"Cony"一词原指小兔子，引申为容易受骗的傻瓜）。在《骗术大揭秘》（*Notable Discovery of Cozenage*）一书中，罗伯特·格林（Robert Greene）写道："捉兔子的人往往会穿着贵重的礼服，装成行事优雅的绅士或好人……当他们看到一个质朴的乡下人，穿着一件当时乡下人都会穿的赤褐色或起绒粗呢外套，旁边放着一只袋子时，其中一个捉兔子的人会说，'我们有兔子可捉啦。'"

大多数欺诈犯罪都会利用服饰来行骗。无论犯罪分子打扮成高于原本的社会地位的人，还是低于原本的社会地位的人，都能误导他人。肯特郡的一名治安官托马斯·哈曼（Thomas Harman）在《流浪者告诫》（*Caveat for Common Christos*）中提到，尼古拉斯·詹宁斯（Nicholas Jennings）因为穿着破烂的衣服乞讨而受到起诉。事实上，他拥有一件黑色起绒粗呢外套，一条新的白色紧身裤，一顶细毛毡帽和一件弗兰德斯产亚麻布料制作的衬衫。这些衣服的总价值为16先令。白天，他游走在伦敦街头，上半身只穿一件无袖的破旧皮质背心，腿上几片脏兮兮的破布绑在一起，戴的头巾血迹斑斑。他手里拿着一顶破旧的毡帽作为讨饭碗，声称自己是一名羊角风（即我们所说的癫痫）患者。他利用破旧衣物博得人们同情的行为激起了民愤，也使他自己变得声名狼藉。人们给他戴上枷锁，让他交替地穿破旧衣服和贵重衣服，游街示众。人们甚至在感化院的墙上张贴了一幅图画作为"警示碑"，而匿名出版的《捉兔者的伎俩》(*Grounde-worke of Conny-Catching*) 一书也进一步加深了他的耻辱：书中有一幅木刻画，描绘了他身穿两套衣服的形象，并将他称为可怕的伪君子。

定制服装

在都铎时代，成衣属于稀缺商品。帽子、长筒袜和手套都是成品，可以直接购买，但其他衣服则大多需要人们定制或自制。裁缝店里预备的布料种类通常不多，用于做衬里的各种织物也比较有限，所以人们在置办新的紧身衣时，往往需要去其他地方自行购买布料和装饰品。人们根据各自的财力，到绸缎店或市场挑选在颜色、质量和价格等方面较合适的布料。不过，人们可挑选的范围并不算大，因为任何绸缎店都不可能拥有所有种类的布料。绸缎商们不愿意冒险，在买进布料时倾向于在较便宜的面料中选择几种流行的中性色调，或几匹华丽的布料来做样品。当然，城镇越大，可供选择的余地也就越大，因为潜在顾客群越大，商家资金周转得就越快，也就越能满足顾客的不同品味。因此，伦敦凭借其自身优势，吸引了整个欧洲大陆以及国内各种各样的布料供应商，在布料贸易中占据了主导地位。不过，在伦敦以外的其他城镇，绸缎商就很难获得种类齐全的面料供应了。

人们在购买制作衣服所需的布料时，需具备一些专业知识。他们不仅要了解布料的质地、品质的差异，还要知道哪些布料适于做外套，哪些布料适于做紧身裤。如果人们不想浪费钱，那就得不断尝试和摸索，或者在购买布料时，带上几个有经验的人。选定布料后，人们会找裁缝商榷款式，制作一件自己满意的衣服。裁缝首先会量布，但他使用的尺子不是上面标有测量单位的卷尺，而是一条长的羊皮纸带。裁缝会在上面做一些 V 形标记。每个裁缝用的尺子可能会有所不同。接下来，裁缝就需要在布料上合理地打样，尽可能多地节省布料。这是他重要的工作之一。按照惯例，节省出来的布料都归裁缝所有，裁缝可以自己留着用，也可以卖出去。人们对此心知肚明，因此，他们会尽可能购买适量的布料。边角余料又被称作碎料或废料，可用于打补丁或做填充物，还可以作为造纸的原材料。

不过，裁缝最初考虑的恐怕并不是如何节省布料，而是如何根据布料的长度和宽度，设计不同的衣服款式，但是他们并不关心衣服是否合身。维多利亚和艾尔伯特博物馆①（The Victoria and Albert Museum）收藏的一套黑色丝绸衣服，就反映了裁缝和顾客间的这种微妙关系。这套衣服正在快速腐烂：黑色染料在 400 年间已破坏了衣服的纤维，每一次轻微震动都会使衣服扬起微小的粉尘。由于这套衣服太脆弱，目前已无法展出，更糟的是，我们没有有效的方法能阻止其继续腐烂。我很荣幸可以近距离地研究它，并尝试在它永久消失之前，揭开它的神秘面纱。

17 世纪初，这套衣服的主人在面料挑选上下足了功夫。紧身衣主要由黑色丝绸制成，袖子处镶嵌着银线，上层袜为黑色天鹅绒，衬里为天蓝色丝绸。这是当时的最新款：前襟浆得笔挺，高高的衣领，腰部有下摆，肩膀处有泡泡袖。更不寻常的是，除了主袖，它还有副袖。这些袖子只是从肩膀处垂下来，并没有什么实际功用。它的主人也许只是想炫耀那镶嵌着银线的黑色丝绸。整套衣服上都覆盖着饰品，我几乎可以肯定，它们和衣服是分开制作的。制作者不是裁缝，而是职业刺绣工；它们也并非是编织出来的，而是拼接起来的组合件：将黑色丝绸布条黏于裁好的长条帆布的顶部，并将其拧成一股股黑色丝线，再缝到帆布的表面上，使之形成重复的图案。这是一些藤蔓图案，采用了缎纹针脚和法国结刺绣法。黑上加黑，使衣服充满了质感，丝绸表面上幻化的光线，华丽而内敛。

从残存的衣服碎片来看，裁缝显然是个行家里手，能用最好的布料制作出最新款式的衣服；当然，裁缝也有一些帮工。如果想在衣服各处节省

①简称 V&A 博物馆，以维多利亚女王和艾尔伯特公爵命名，专门收藏美术品和工艺品，包括珠宝、家具等等。在英国，它是规模仅次于大英博物馆的第二大国立博物馆。

几个便士，他就没那么多时间去花心思设计了，因为第一阶段的工作必须非常仔细，才能省出更多的布料。首先，用于制作紧身衣的黑色丝绸被裁剪成有两个拼接处的前片。拼接处可被后来的装饰品隐藏，这样，裁缝就能从中挤出更多布料。最终的结果是：每英寸布料节省出十六分之一英寸。上层裤没有用很多的黑色天鹅绒布料，因为我们注意到，它是由小块的边角料缝缀而成，中间有很多不规则的孔洞。

裁缝设计好后，就会将工作交由几个帮工来完成。他们应该是分工协作，每个人只负责独立的一部分，这一点我们可以从缝合方式的细节中猜出来。负责做领子的人先将两层纸板放在两片帆布之间，缝出一定的弧度，再添加黑色丝绸和奶油色丝绸衬里。拉襟、下摆、袖子、花边带和腹部件都是独立的部分，用各种材料填入其间。

在缝合所有的部件时，裁缝会将不必要的针脚全部隐藏起来。然后他会用装饰品覆于其上，掩盖缝合处的针脚。或许是裁缝的订单太多了，又或许是顾客来去匆匆，他们都对此视而不见。这是我所见过的制作速度最快的高级时装。边角料自不必说，肯定是归裁缝所有。但只有技术娴熟和经验丰富的裁缝才确切知道，他如何才能节省出更多的布料。不知是谁偶然将三个别针缝在了裤子的束腰带里——它们现在仍在里面。

但我们的故事还没结束。那个匆忙取走衣服的顾客很快又回来了：马裤尺码不对。他可能没注意到那三个别针，但他可以肯定的是，衣服的长度有误：每条裤腿需要再加长5英寸。最初用来做裤子的黑色天鹅绒已经没有了，所以只能用另外一件衣服剩下的碎料来拼缀。黑色的装饰品也所剩无几，幸运的是，裁缝还有一些类似的饰品，虽然款式略有不同——事实上是三种不同的款式，但由于它们都是黑上加黑，宽度大体相同，一般人也不会察觉。在仔细缝合这些伪装饰品时，裁缝不得不做出妥协：尽管它们都与底部的设计完美融合，但为了增加长度，他不得不在新的下摆上打上小褶。

是他的测量有误吗？这通常是最不可能犯错误的地方，此外，其他地方也没有问题。因此，这也许只是为了回应时尚的呼唤。可以想象，这位匆忙做了衣服的顾客，肯定不经常去王宫。这套衣服他一年只穿一两次，就回乡下去了。当他下次要去王宫时，他会想："噢，没关系，我还有那套新衣服，那就够啦。"但令他烦恼的是，在过去的几个月里，时尚潮流的风向变了：膝盖以上的上层袜已经不流行了。他回到裁缝店，对裁缝说："你爱怎么改，就怎么改，我可没有时间去琢磨它。"

如果人们无法量身定做衣服，那该怎么办呢？内衣可以在家里做；衬衫的形状很简单，只是几片长方形，很容易打样和裁剪。把它们做成衣服所需的缝纫技能，是女性和很多男性通识教育的一部分。然而，在家里做外套要冒很大的风险。外套的形状通常较为复杂，当人们花大价钱买好布料后，如果裁剪失误，就会给他们带来很大的损失。因此，许多中下层人士会把布料拿到裁缝店去做。裁剪费只占布料成本的一小部分。

对于既不去裁缝店，也不在家做衣服的人来说，购买二手服装也是个不错的选择。二手服装在社会各阶层的市场都很大。人们并不觉得穿了原本为别人做的衣服有什么不好，甚至连贵族也毫不介意。衣服可以遗赠给他人，可以当成礼物送人，可以拿去典当，可以买卖，甚至可以抵一部分工钱。紧身衣最初是为乡绅做礼拜时设计的，配有内衬、硬化材料、穗带和纽扣，是他们最好的衣服。在他们死后，紧身衣可以遗赠给他们的兄弟或侄子，后者稍加修改，就可以穿了。当一件衣服磨损后，人们可以摘掉它的纽扣和穗带，把它送给仆人。换了新纽扣后，仆人可以穿一段时间，再将它卖给上门推销的小商贩。几个星期后，它或许会被转卖给一位农夫。等妻子清洗干净后，农夫就把它穿在了身上。它变得越来越破旧，污渍和补丁越积越多。直到有一天，农夫认为这件衣服太破烂时，他可能会再次将它转手卖出去。这一次，也许是卖给一名从事季节性工作的农场工人。到最后，历经10年，它可能早已过时，褪色严重，但因为质地优良，仍能够御寒。更甚者，它还带有一点褪色系服饰风潮的意味。

伦敦的二手服装市场以猎犬沟渠街①的郎雷恩小道为中心。在这里，人们可以买到各种质量的衣服，从宫廷贵族奢华的礼服，到老旧破烂的起

————————————
①位于伦敦金融城，有很多街道集市。

绒粗呢学徒工外套不等。你可以简单地清洗、修补这些衣服；或者修改它的尺寸，让它们变得更合身；也可以添加纽扣和装饰，让它们变得更时尚或更实用。一件商人款式的旧礼服是工匠最好的选择，而磨损严重，修补过多次的工衣，是最贫穷的人能够买得起的唯一的衣服。

都铎时代，大约有四分之一的遗嘱会提到将衣物遗赠给自己的家人、仆人和朋友。人们通常将自己最好的衣物遗赠给最亲近的人，而那些被描述为"旧的"甚至"最糟糕的"的衣物，有时也会被赠给其他人。例如，在1576年的艾塞克斯，托马斯·佩尔（Thomas Peyre）把他最好的外套留给了一个名叫约翰·本顿（John Benton）的亲戚。他还把一件蓝色的制服大衣和一条最好的裤袜遗赠给了亨利·诺顿（Henry Norton）。托马斯·博彻（Thomas Bocher）得到了佩尔最好的起绒粗呢外套。另外两个男人各自得到了一件旧外套，而约翰·哈伯德（John Hubbarde）得到了一条旧紧身裤。就在1574年，罗伯特·盖恩斯福德（Robert Gainsford）将他的紧身裤分给了他的仆人：纳撒尼尔·爱略特（Nathaniel Eliot）和威廉·费尔斯特德（William Felsted）都得到了一条赤褐色紧身裤，约翰·吉尔伯特（John Gilbet）得到了最好的白色紧身裤，而约翰·奈斯（John Nice）得到了"最糟糕"的赤褐色紧身裤。不是每个得到遗赠的人都会穿那些衣物。事实上，男人有时会将衣物留给女人，反之亦然。很明显，他们是打算让接受遗赠的人把衣物重新改制或者卖掉。在没有银行的社会里，紧身裤可以压箱底，直到通过出售或典当变成现金。

那些拥有华丽服饰的人可以筹集到大笔资金：在16世纪90年代后期，伊丽莎白剧院（The Elizabethan Theatre）的经理菲利普·亨斯洛借给克劳奇先生（Mr Crowch）3英镑10先令，后者以他妻子的礼服做担保；菲利普还将一笔同等数目的款项借给了布尔德斯先生，后者是用一件镶有天鹅绒和黄色粗羊毛织物衬里的绸缎礼服做担保。这样一笔钱是当时伦敦一名女佣18个月的工资，但只是这些衣服转售价值的三分之二。即使是那种最糟糕的二手紧身裤，也有望以4先令的价格出售。不要小看这笔钱，在现代生活中，有谁会轻视两周的工资呢？

英伦时尚

我从用亚麻布制成的罩袍开始说吧。这种长袍是在家里缝制而成，前后襟呈长方形，两侧是两块三角形的布料；臀部和下摆处打上了褶，以展现女性的婀娜多姿，下摆长及小腿中部。这是一种内衣，面料既方便洗烫，又适宜直接接触皮肤。穿上它，女人就不用再穿衬裤（至少英国女人不穿）了。一些外国的（特别是意大利的）女人会穿短裤，类似于男人穿的那种。但即使在欧洲大陆，这些短裤也可能被视为与风尘女子有关。穿着像男士那样的一层衣物，会让人有轻浮和罪恶的感觉。圣保罗（St. Paul）在《圣经》（Bible）中阐述的那些应该被禁止的思想，可能对此起了重要作用。

罩袍给人带来了端庄、卫生和舒适的感觉。女人起床后要做的第一件事情，就是套上这样一件衣服。在现代，即使天气再热，穿上亚麻布衣服也会感觉到凉爽。可以想象，在乍暖还寒的早春2月，如果一起床就穿上这样的衣服，身体会是何种感觉。在贵族或皇室成员的家里，衣服通常会先由仆人在火前烤热，再递给女主人穿；但对于绝大多数的人来说，避免寒冷的最好办法是自己把衣服拽进被窝，焐热了之后再穿。

接下来，我要谈一谈女人穿的紧身裤（类似于现代的袜子）。虽然男士的紧身裤属于外衣，可以直接外穿，但女人的紧身裤大部分都被隐藏起来了。它们看上去也更短。与长筒袜相比，它们更像袜套，最多长及膝盖。紧身裤有亚麻布的，也有粗纺毛织物的，但随着时间的推移，越来越多人开始穿羊毛针织的，只有富翁才能穿得起丝绸的。亚麻布紧身裤比较耐洗，既舒适又干净，可以单独穿，也可以在外面再套一条裤子穿。羊毛紧身裤无论是由纺织布料制作的，还是由针织而成的，都不耐洗。纯羊毛在吸脚汗和抑制细菌方面效果奇佳。如果你习惯穿含有一定人造纤维成分的现代袜子，习惯穿鞋底是合成材料制成的现代鞋子，脚臭和真菌感染就有可能一直伴随着你。但如果穿上纯羊毛袜子和皮鞋，脚臭和脚气绝不会找上你。这两种材质都可以让脚汗快速蒸发，对产生臭味的细菌有抑制作用，尤其是羊毛，对于喜欢附着在人类皮肤上的真菌有良好的抑制作用。

　　除了手和脸之外，脚是身体中最常被冲洗的部位。居住在伦敦的有夫之妇桃乐茜·克利夫利（Dorothy Clevely）与一位女士关系亲密。1575 年，她在与那位女士同床前，会让女佣朱迪思（Judith）帮她洗脚，并找出一套干净的罩袍，因为"如果她的脚散发恶臭，她的罩袍不干净，那位女士就会很不情愿跟她睡在一起"。她的话表明，当时的人对脚臭确实很介意。脚比胳膊和腿更需要照料，因为经常走路，人的脚比较容易弄脏。在穿紧身裤前，人们需先把脚洗干净。羊毛紧身裤不如亚麻紧身裤结实，但也可以清洗。不管怎样，对这些小件衣物进行定期清洗并非难事。用布料制作的紧身裤没有针织的弹力大，可能形状有些粗糙，会在脚踝处松散地垂下。女人的紧身裤并不外穿。

　　因此，如果把每一处都做得很紧身，可能更具有吸引力，但这样一来，穿脱就成了困难。此外，无论是布料制作的紧身裤，还是针织的羊毛紧身裤，一旦穿在身上，人的脚底就会立刻感到不对劲——因为闷热、潮湿和不断的踩踏，羊毛纤维被黏合在一起。我的女儿很不情愿缝补裤袜，她只是时不时将一些梳理过的羊毛塞进鞋子，等待羊毛自己黏合到裤袜上去。这非常有效，但请不要等到裤袜上有了破洞才行动，当脚底的布料变薄时就立即加入羊毛，只有这样，新羊毛才能与残余的布料黏合起来。

　　上述这些紧身裤都需要由系在膝盖下方的吊袜带支撑起来。好的吊袜带应该有一定的弹性，一定的宽度，要么能用搭扣扣紧，要么能系紧（但不用打结）。松散编织的羊毛布边条和羊毛花边带效果都不错。正如在伦敦博物馆展出的 16 世纪中期的那款针织吊袜带，是由平针织法织成，效果奇佳。嘉德勋章①（The Order of the Garter）的成员至今仍在穿带搭扣的吊袜带，而在沿泰晤士河的考古挖掘和泥浆中，我们也曾发现许多小扣子。这些扣子可能大多是吊袜带上的。我已找到系吊袜带最舒适的方法：首先，把吊袜带的一端折叠起来，形成一个 3 英寸的环，并将这个环垂直地放在

①起源于中世纪，是授予英国骑士的一种勋章。它是当今世界上历史最悠久的骑士勋章和英国荣誉制度最高的一级。嘉德勋章最主要的标志是一根印有"Honisoit qui mal y pense"（心怀邪念者蒙羞）的金字的吊袜带。

腿的外侧，使有环的一头在上，两端在下。然后，取出长的一端，围着腿缠绕两次，缠绕时仔细地穿过环，将袜带压住。最后，将长的一端掖到组合绑带下面，不用打结就可以使裤袜很舒适地固定住。当你移动时，它还有少许的活动余地。

这样，身体上就完全覆盖了一层可洗的衣物。在皮肤和外部世界的污垢之间，罩袍和紧身裤一起形成了一道屏障。这些衣物还可以保护贵重的外套免受身体分泌出的汗水和油脂的侵袭。在整个都铎时代，这些衣物作为直接接触皮肤的个人保护层、第二皮肤和款式保守层，几乎都保持不变。虽然袖子的形状、刺绣的风格和花边的样式经常变来变去，但紧身衣裤的款式基本上没有改变，其现实意义也没有产生变化。

1485 年，都铎王朝初期，女人会在罩袍外面罩一件长裙。这是一种全长的带袖子和系带的衣服，紧贴人的上半身，在腰部收束，以突出女性的柔美。通常情况下，最理想的穿法是：在它的外面再穿一件礼服。礼服在形状和面料上与长裙颇为类似，重点是它有两层，不仅保暖，还能展示于人。作为最外层、最引人瞩目的衣服，礼服的面料一般要比长裙的好。但比炫耀礼服布料更重要的是，炫耀你不仅有礼服，还在礼服下穿了长裙。因此，礼服的领子开得较低，或袖子较短，都是为了炫耀里面的衣服。中等质地的长裙加礼服的组合搭配总是比质地不错的单件长裙显得更为庄重。礼服通常只在正式场合穿，如去教堂（非常冷，需长时间站着不动）、接待客人和去市场。当然，在寒冷的冬天，你不得不穿上所有的衣服。

在早晨，穿上长裙是一件颇费工夫的事情。人们通常认为，只有那些有女佣服侍的女性，才会穿背后系带子的长裙。不过，劳动女性的带子也没有系在前面。女性可以自己穿上和脱掉背后系带子的长裙，诀窍是采用螺旋式系带法。少数保存完整的女性服装向我们展示，长裙上有许多挤在一起的带子穿孔（如果穿孔分布太广会导致大的褶皱，既不美观，也不舒服），这构成了流畅的长裙系结方式。

值得注意的是，这些穿孔并不是对齐的，而是呈犬牙交错状。所以，与鞋带的系法不同，长带子的系法是连续的螺旋式上升：将带子的一端系在一排穿孔的最下面，再用另一端穿过这些孔。如果带子足够长，你就可以穿得非常松，在背部留下一个四五英寸宽的缝隙。这样，长裙就变成了相当宽松的袍子，能让你直接从头上套下来。长裙套上身后，只要再次抓住带子没有经过固定的那一端，使劲一拉，带子就会收紧。脱掉长裙的过程正好相反，要先松开带子。你可以将手伸到腰的后部去解开带子。带子松开后，你就可以交叉双臂，将长裙拉过你的头顶，脱掉它。

长裙是很好的工作服。当人们从事某些体力劳动时，即使周围没有什么挡风物，穿这样一件衣服通常也足够保暖了。长裙是由质优、结实、耐磨的羊毛布料制成，可以隔热、挡火花，可以防止篱笆和树篱上的尖片和荆棘扎伤自己，可以禁住植物汁液的刺激，可以抵御太阳的灼烧，也耐得住工具、犁和推车的摩擦。袖子一卷，围裙一系，人们就可以做饭、洗碗、挤奶和洗衣服了。在泥地或小溪中干活时，你也只需将裙子简单地挽起，一点也不会妨碍工作。

女性的头饰也很重要。年轻的女孩可以披散着长发，直到她们结婚的那天为止——因为头发是少女纯真的象征。伊丽莎白一世就选择了在加冕仪式上扎起头发，并宣誓效忠于圣公会①（Anglican Church）。不过，在日常生活中，大多数年轻的女性都和已婚妇女一样，会扎起头发。都铎时代没有现代意义上的发夹，束发用的都是普通的编织装饰带或发带。束发主要有两种方法：扎成马尾辫或编成辫子，既可以扎成单辫，也可以扎成双辫。我们在年轻女孩，甚至是圣徒的画像中都看到过这两种方法。

现在，让我们从单辫开始说起。如果你愿意跨越欧洲，并稍微向后推移一段时间，就会发现一例幸存下来的单扎马尾辫。这个马尾辫属于一位死于1617年的捷克共和国的年轻女性，她的坟墓在2003年被打开。虽然听起来有些可怕，但不得不说，这的确是一个奇迹。她的金发被梳理得十分整齐，垂直方向垫了一根棉衬垫，一条长缎带将棉衬垫和头发一同束起，扎成了马尾辫。缎带的两端被均匀地缠绕起来，彼此交叉，一直绕到头发

---

①是基督新教三大主流教派之一，由英国国王亨利八世创始并作为当时英国的国教，由英国国王担任教会最高首脑。

和棉衬垫的底部。最后，这个又粗又长、扎紧的发辫被盘绕在她的头上，上面还戴了一顶帽子，给人以一种奢华的感觉。

头发是女人至高无上的荣耀。有了棉衬垫的填充，发辫给人一种浓密的错觉。当然，不用棉衬垫，仅用自己的头发扎绑也可以，但这样一来，发辫就没那么引人注目了。单扎的发辫可以用像帽针一样的长饰针固定起来，如果用两支交叉的饰针，则会更牢固。值得注意的是，15 世纪末 16 世纪初，许多家境殷实的女性会将两个银簪遗赠给他人，有时也会遗赠两个骨质或木质的抛光发簪。编辫子会使头发没那么光滑，但比起简单地挽发髻（即使没有现代头绳，挽髻也可以轻松做到），它要好打理得多。

自己编辫子比较容易。都铎式的辫子与我们今天的普通辫子没多少区别，只是在编发时，先将一条发带加入其中的一束头发，将之编入其中，再用这条发带在辫子的末端打结扎牢。就像我在前面说的那样，最后，你需将发辫盘在头顶，用饰针固定住。

双马尾辫和双辫子的扎法与前述的基本一样，只需简单地将头发分成两大束。但这一次，你需要在每一条辫子的末端留下长长的发带。两条发辫可以在颈后交叉，然后拉过头顶，再在头顶交叉。之后，在将发带的两端系在一起前，将它们向下拉，并不断交叉。最后，当头发交叉完毕时，发带仍留有很长。虽然你没有挽髻或盘头发，但这种扎法非常牢固，很合适那些运动量大的人。

将头发盘在头顶后，你需要将帽子或者带子扣在头上，它们能起到固定面纱的作用。最简单的方法是：将一根 2 英寸宽的卷边亚麻布带子水平地缠在头上，并固定好。这种带子必须具备合适的形状和大小，并覆盖额头上方的发际线。之后，你需将一块简单的亚麻布或羊毛布披在头上，并固定到这根带子上。你看起来是否具备时尚感，主要取决于你如何固定头巾或者面纱。1485 年，许多妇女仍然选择把头巾或面纱拉拽得很平滑、齐整，但在几年后，由于既便宜又时尚，尖尖的山形或墙状的款式风靡乡村地区。只要将头巾对折，压在某种重物下一整夜，它的顶部就会形成一条突出的折痕，若在上面轻轻别上两个饰针，它就成了最新的款式。宫廷里的款式与之不同，但仍能让人联想到它。

16 世纪 80 年代，伴随着新材料和新技术的诞生，全新的服装出现了。宫廷里，伊丽莎白一世穿着带有白色轮状褶领的长裙，通过紧身胸衣和硕大的鲸鱼骨裙撑凸显着她纤细的腰身。这种风格依赖于一系列的服饰创新。正如菲利普·斯塔布斯（Philip Stubbes）在《剖析世风之败坏》（*The Anatomie of Abuses*）一书中所描述的，上过浆后，衬衫领子上的褶皱花边就会膨胀成真正的环状领。1564 年，这种技术从低地国家传入英国。鲸鱼骨在加入被胶水浆过的帆布和芦苇束后，作为一种支撑物和硬化织物，不仅能让袖子和撑裙显得更大，而且能让裙子更精致。同时，来自欧洲大陆的梭结花边，为英国增添了另一种服饰技术，而针织业也发展为英国的一个主要行业。

虽然环状领能让人立刻联想起整个都铎时代，但这其实主要是伊丽莎白一世在位时的标志性服饰。那么，有多少人确实穿过这种带环状领的衣服呢？从画像和文献来看，1564 年前后，上浆技术在英国已经十分成熟，这种环状领在贵族和地位较高的绅士中十分普及。例如，1565 年，伍斯特伯爵夫人（Countess of Worcester）在去世时，将一些衣物遗赠给了她的女儿和侄女，后者是待字闺中的安·布朗（Ann Browne），得到了"所有亚麻衣服、工作服、小礼服、环状领和袖套"。环状领直到 16 世纪末才被普通人群提及，其大多为都市人，如在班伯里生活和工作的铁匠爱德华·哈德利（Edward Hadley），他的名下有两个环状领、一些银纽扣和一小堆书。在乡村地区，环状领似乎止于绅士阶层。事实上，伦敦才是环状领之都。1569 年，一名女仆在从圣巴塞洛缪医院出院时，从院方手中取回了衣服，其中就包括"三个环状领"。这为洗衣女工和女佣增加了很多工作，因为她们不得不做更多的清洗、上浆和整理环状领的工作。市长、市议员和富商发现，环状领是社会认同的时尚铭牌，可以将他们朴素的黑色礼服映衬得分外靓丽，显示他们作为富有公民的身份特征。

虽然环状领可能已成为身份的标志，但它们并不是很昂贵。半码细麻布（即做衬衫所需布料的四分之一）就能够做出一个。对女人来说，这是相当简单的事情，她们工作中学会的缝纫和上浆技能，使她们为自己做多少个这样的领子都不成问题。专业裁缝埃德蒙德·派克欧沃（Edmund Peckover）为纳撒尼尔·培根（Nathaniel Bacon）家缝制环状领，收取的费用是 3 先令 8 便士。纳撒尼尔是尼古拉斯·培根（Nicholas Bacon）爵士的兄弟，后者是伊丽莎白女王的掌玺大臣。因此，纳撒尼尔一直以来都购买着最好、最精致的环状领，而裁缝收取的费用也就代表了此类服饰的最高成本。对于高级款式的服饰来说，这已经非常实惠了。要知道，仅一件普通的粗斜纹布紧身衣，纳撒尼尔就付给了埃德蒙德 2 英镑 2 先令 4 便士。剧院经理菲利普·亨斯洛和伊丽莎白时代著名的演员之一爱德华·阿莱恩（Edward Alleyn）都曾涉足环状领生意。他们为一家制作环状领的公司提供资金，而这家公司的合作伙伴约翰·奥克利（John Ockley）和尼古拉斯·达梅（Nycolas Dame）则负责提供各种大缸和设备。此外，剧院本身就是这家制作环状领的公司的主要客户，环状领对于舞台上丰富而重要的角色来说必不可少。

多年来，我缝制了有 40 ～ 50 个环状领，为它们上浆，把它们塑造成不同款式，也染了几种不同颜色。我缝制的环状领有车轮那么大的，也有手腕那么细小的，有分层的，有松软的，还有鲜粉色的。在我看来，这些环状领展现了伊丽莎白时代服饰的精致程度及其所要求的劳动和技能水平。环状领都是用一条长亚麻布裁制而成。通常情况下，裁缝不会把布的长度剪短，而会沿宽度方向剪裁，使纬纱①沿着经纱②表面滑移。这样，布匹上就会出现明显的线条感。你需要拼接几片布料以获得所需的长度。如果你要缝制最基本的环状领，那至少需要 1 码半的厚实布料，或者是 12 码长的薄布料。而在后来的 17 世纪，最精细的荷兰布料需要近 20 码。当将这些布料拼成一个长条后，你必须将所有织物打褶。先沿着这个长条布料的一边打一些非常小的褶（十六分之一英寸），然后沿着

①一卷面料，幅宽的是纬纱，幅宽的方向为织物的纬向，用于纬向的纱称为纬纱。竖着的纱则是经纱。
②沿织机长度方向延伸的一串纱，由此纱纺成织物沿长度方向的线，常常捻得比填纱紧。

未经打褶的一边缝三排平行的平针^①。这些组成平针的缝线不可超过四分之一英寸。

当你拉拽三排平行的线时，布料上就会显现微小的褶。在这个阶段，你最好花一点时间用手指仔细梳理织物，使其变得稍平整、均匀，再将它缝到领口上去。这是一个简单对折的亚麻布条，长度足以绕脖子一圈。环状领被折叠在原边上，便于平针针迹藏于内部。每个微小的褶都被缝在领子两侧的领口上，每个褶缝一针。这项工作很繁琐，只有缝得均匀，领口才不至于扭曲、褶皱。你可以沿着褶线，进一步缝合领口的内边，这有助于将所有布料牢固地缝制在一起。领子的两端也需要稍作整理，添加些扣眼、系带或风纪扣。这样，环状领就完成了。不过，缝合工作虽然结束了，但你还不能立即穿上环状领，因为它还得上浆，并用平褶棒加热熨平。

任何含淀粉的植物都可以用来上浆。谷物最容易得到，但也可以使用几种不同的植物根茎（马铃薯除外，因为直到16世纪，普通的马铃薯才传入英国，用昂贵的舶来品生产淀粉太浪费了）。我已经将防风草、甜芹和风信子的根茎归入可用来上浆的植物中。首先，你必须洗净植物，再将它煮上几个小时，待它释放出淀粉。然后将黏浆状中较软的部分过一遍筛子，筛出的纤维物质丢弃不要。接下来，将最好的淀粉煮一次，并通过更细的筛子过滤。通过这种方式，你就能得到一种胶状物质，后者可以直接使用，也可以在薄纸上铺开晾干，制成干浆料。干浆料可以捣成细粉并储存，在使用前，先用少量开水化开干浆料。

在这个阶段，你必须选择上浆的颜色。白色最常见，也有人使用黄色、粉红色和蓝色。上浆后的环状领从彩色的淀粉中获得了柔和的色调。在1576年的一幅画中，出现了浅粉色（一种在都铎时代与男性青年有关的颜色）的环状领，一个不知名的男孩手里拿着一本书和一些花。他的紧身衣也是粉红色的，隐约露出一点红色的衬里。阿尔比·范阿尔瓦（Ulbe van Aylva）是一位来自荷兰弗里斯兰省的加尔文^②信徒。1578年，一位无名

---

①最常用、最简单的手缝方法，常用来做不需要很牢固的缝合，以及褶裥、缩口等。
②加尔文宗（Calvinists）亦称"长老会""归正宗""加尔文派"。是基督教的新教三个原始宗派之一。

的德国画家为阿尔比画了一幅肖像画。在画中，他身着深褐色的紧身衣和棉直贡呢紧身裤，配有浆过的粉红色环状领。在17世纪的前几年，黄色浆料特别时髦，但在安妮·特纳（Anne Turner）的政治丑闻出现后，黄色浆料迅速失宠。安妮与萨默塞特郡的伯爵和伯爵夫人一起被判犯有谋杀托马斯·奥德伯里（Thomas Overbury）爵士之罪。1615年，安妮被处以绞刑。她喜欢黄色环状领的嗜好在此类事件的小报上多有提及，备受公众关注。与此同时，蓝色开始与卖淫者相关联。伊丽莎白一世曾命令伦敦市长向伦敦人转达她的旨意："陛下希望她所有的臣民都不使用蓝色浆料或穿蓝色的服饰。"由于服饰本身不带颜色，颜色是在浆料中产生，且可以被洗掉，因此，彩色环状领中的颜色可以今天是粉色，明天就换成白色。

　　环状领的定型也要取决于上浆。你可以把要定型的布料套在手指、窄棒或宽棒的周围。窄棒或宽棒可以是圆形的，也可以是像尺子那样扁平的。首先，将干净的环状领浸入浆料中。理想的状态是将有褶皱的部分完全浸透，不让领子的其他部分上浆，因为浆过的部分会僵硬，让人感觉不舒服。浸湿后，有褶皱的部分需要在手指间不断地揉搓，以均匀分布，并去除多余的浆料。如果跳过这个环节，衣服很可能不仅有斑点，还有难看的结块，导致有些地方僵硬，其他地方松软。当浆料开始变干时，用手指揉搓就成了一种必要，可防止亚麻布料黏在一起，并产生其他褶皱。一旦浆料变干，你便可用玻璃磨平石对之进行抛光，这时，亚麻布看起来就会很有光泽。这是一个非常漫长的过程，你需要花费3~4个小时，顺着布料纹理一点点打磨。打磨褶皱的内部也是件很烦琐的事情，但如果你仔细尝试了，会发现效果比未抛过光的环状领好得多。

　　最后，你需要加热平褶棒，完成定型工作。早期的平褶棒是用抛过光的木头制成的，使用时，需用它们用力拉紧亚麻布，压出形状来。然而，木棒很快就被金属棒所取代，后者可以像烙铁一样在火上加热。在使用平褶棒之前，你要把环状领放在沸腾的水壶上一两秒钟，使之变潮湿。每一次熨烫，都需要将亚麻布紧紧地缠绕在平褶棒上，并用手指压在上面，保持几秒。在每次的上浆过程中，你也可以使用大小和形状不一的平褶棒。

当环状领上有明显的图案，如抽丝刺绣或雕绣时，你塑造出的不同样式的环状领将为之增色。例如，今天你可以用宽棒定型最上面的方形图案，用较小的平褶棒定型底部的曲线；而第二天，你可以反过来突出较小的圆形图案。随着上浆的完成（通过将各个褶皱集合在一起），环状领便定型了。

当然，你有时也可以用几小块蜂蜡定型。先用手指将蜂蜡搓圆、暖化，然后捏合、挤压以将亚麻布牢固地粘合在适当位置。这些蜂蜡会在你清洗环状领的同时被全部洗掉，这时，领子就可以获得新的浆料和褶皱样式了。更常见的黏合方式也许是用饰针，特别是对那些大而宽的褶皱而言。这种样式在伊丽莎白时代的英格兰非常流行（荷兰人喜欢更小、更紧致的样式）。饰针从外部向中心放射状地插入，不仅可以将褶皱固定，而且能使之持续更长的时间。

制作环状领需要大量时间。制作精致的褶皱和抛光的亚麻布可能需花上一整天，即使是一个简单的、不抛光的小领子，也至少需耗费几个小时。幸运的是，除非你不幸遇到了暴风雨，否则，一个浆得很好的环状领可以让你持续穿戴好几个星期。但真正的问题是，穿那么久，领子会变得多脏啊！

在穿着环状领时，你需格外小心。脖颈周围的那些东西限制了你转头的能力，因此，你不得不整个躯干都跟着转动。事实上，时髦的伊丽莎白式服饰也抑制了腰部的转动，所以你的每一次转身都必须从脚开始。它迫使人们遵循一种彬彬有礼的行事风格，这是端庄、有教养和成熟的标志。吃东西也成了问题，但这并不是指吃东西的方式，而是怕吃东西时弄脏了领子。面包或蛋糕屑掉在环状领上很不美观，若弄上污渍，则更加糟糕。

因此，环状领的穿戴者需要非常严格地遵循都铎时代的餐饮礼仪，慢慢地将小块食物送入口中。手腕褶皱飞边比颈部褶皱飞边更难穿戴。为了不弄皱飞边，你的手臂不能放在餐桌上，也不能放在膝盖上，或悬在身体的两侧。若让前臂一整天都远离身体，你将会非常辛苦。因此，都铎时代的绅士们可以把手放在臀部和剑上，这多少减轻了他们的一些压力，但非常不适合女性。

衣服可以少，饰件不能少

都铎人应对服饰匮乏的方法之一，就是购置许多小的、独立的衣服和饰件，将之组合搭配，拼成不同的全套服装。女人拥有的衣服和饰件（虽然极少有人拥有全部），可能包括礼服、外套、披风、连衣裙、外裙、衬裙、内衣、三角胸衣、前幅、袖套、无袖上胸衣、方巾、十字布、头巾、兜帽、头纱、面纱、围巾、披肩领子、围裙、罩衣、丝袜、吊袜带、腰带、装饰带和上装饰带、马甲、厚手套、头花、保护罩、鲸骨裙撑、法衣、头箍和帽舌。

事实上，仅两件礼服和三条外裙，就足够搭配成很多套衣服了。但是如果一个女人拥有一对或两个单独的袖套，并能把它们装在一两条外裙上，那她就可以花更少的钱，实现更多的搭配了。前幅是一块三角形的衣饰，顶部可以系在或用别针固定在腰部，底部与裙底齐高，在礼服前开口的地方露出来。衣裙配上前幅后，给人的印象截然不同。伊丽莎白女王有很多衣裙可以与袖套、前幅搭配，变换出各种样式。当她有多余的袖套时，就会让女仆拿去用。三角胸衣是更小的三角形饰件，它可以固定在身体的前面，上及领口，下及腰部，也是在礼服的前开口处露出来。如果一个女人的身材因为多次怀孕而走形，三角胸衣露出的大小，也会出现不同的视觉效果。头饰尤其多变，因为它可以由多个更小、更简单的部分组成。你可以用圆形发带或三角形发带束好前额的头发，用头巾或帽子将其余的头发包裹起来。

方巾（一块正方形或三角形的亚麻布）、头纱（一块不同形状的亚麻布）和面纱都可以给头顶塑造出不同的风格，你也可以选择戴兜帽。头花（打褶或绣花的丝带饰品）可以遮盖头饰和头发之间的接缝。兜帽可以另外配帽子，以便上翻到头顶或头的一侧。装饰带是可以钉在兜帽上的装饰条，通常镶有奢华的珠宝。虽然装饰带和头花很昂贵，但普通的亚麻布方巾、头纱、面纱、十字布、头巾和帽子却很便宜，一般的妇女都买得起。因此，都铎女人可以用各式各样的饰件装扮自己。

衣服和饰件选定后，就该考虑如何将它们固定起来了。女人主要是靠别针，因此，她们还需要支付买别针的钱。在16世纪80年代，她们只需花2便士，就可以买到1000个小而细的别针，而更长的礼服别针则从每千个6便士到每千个3先令不等。除了国内制造的别针，都铎人还通过安特卫普港进口大量别针。例如，1567年5月，当"本杰明·李号"（The Benjamin of Lee）停靠港口时，船上装载了374打别针（约450万个）。这是件再平常不过的事了。都铎女人需要多个别针来固定她的头饰，即使只是一条搭在肩膀的简单方巾，也需固定到位。那些对更精致的围巾有偏爱的人则需要更多的别针，哪怕是最基本的环状领，她们也需要用大约50个别针来固定。为防止衣服肆意飘动，女人们甚至也会将其固定在适当位置。穿戴实用的亚麻袖套就像手臂上的围裙似的，能保护外裙和礼服的袖子不被弄脏，也可以用别针固定起来。

16世纪末，当鲸骨裙撑流行时，女人们的裙子被折叠、固定起来，形成山脊状，从水平方向转为垂直方向。这些褶皱每天都由别针固定在适当的位置，拥有三角胸衣和前幅的人希望它们能遮盖下面更普通的织物。普通劳动者的妻子可能只需要几个别针，而宫廷里的女人可能在任何时候都需要上千个别针。尽管精心保存，一些别针还是会不断丢失。掘泥工人在沿泰晤士河筛泥沙时，就曾发现大量都铎时代的别针，包含了各种长短和粗细。

系带也是女性常用的饰件。她们用发带绑扎头发，用长长的系带将外裙系为一体。紧身胸衣需要用到穿孔系带。这些系带是编织而成的，非常结实、耐磨（因为系带要反复穿过孔眼）。亚麻有色织带是做吊袜带和发带的极佳选择，但用于穿孔的系带则最好是圆形——通常是套在手指上编织的。丝绸系带既美观、闪亮，又结实、光滑，而且下层人士也买得起。它们是在市场、集市上做生意的人，以及上门推销的小商人最重要的销售产品。威廉·戴维斯（William Davis）的小商店位于白金汉郡温斯洛镇僻静的市场里。1588年，他有9盎司①的丝绸系带，每盎司16便士，此外，

①英制重量计量单位1盎司约等于28.3495克。

他还有 13 码另一种质地的系带和其他 4 种零星的系带。它们可以做成非常精致的求爱礼物。

金属尖头系带更具阳刚之气，是在短的皮革、布料或编织物两端铆接了金属。像鞋带一样，这些系带穿过孔眼，将男性服装系为一体。它最重要的功能是将紧身裤和紧身衣连接起来。在都铎王朝早期，它用于连接袖套与衣服主体。这些金属制品做工精致，但由于可以大批量生产，价格并不高。只需将金属薄片切割成形，然后在上面打两个孔，再将该薄片卷起，你就能得到基本的圆柱体或圆锥体。之后，将金属尖头套到编织物的两端，让一根金属线穿过其中一个孔，穿过编织物，再从另一个孔穿出。接着，剪掉金属线的一部分，用锤子用力将两端的金属砸平，这样，小铆钉就制作完成了。金属尖头系带成品按打销售。1588 年，威廉·戴维斯在他的温斯洛商店中，备下了 3000 个别针和 14 打金属尖头系带。而就在 1584 年，在伊普斯维奇一个更大的镇上，约翰·塞利（John Seely）在自己的商店里存储了 1500 个别针和 12 打金属尖头系带。这些在当时是十分常见的日用品。

纽扣也是非常具有阳刚之气的饰件。它是身份地位的象征，金、银，甚至是钻石镶嵌的纽扣均流行于贵族之中。他们会在紧身衣的前襟钉满贵重的纽扣。都铎时代就有一件这样的黑色丝绸紧身衣，其前襟有 41 个扣眼。有证据表明，在它那浆得很硬的衣领上曾有 4 个扣袢。每只袖子（从前臂到手腕）都用另外 7 个纽扣加以固定。遗憾的是，衣服上的纽扣已经消失不见，或许衣服主人早已将它们拿掉，准备放在另一件衣服上使用了。这件紧身衣上的纽扣彼此离得太近，会相互触碰。尽管制作起来很困难，但这样的衣服看起来十分华丽。

How To Be a Tudor

第 4 章

早餐来了

然后，您如果还有胃口，
请去用早餐吧。

———威廉·莎士比亚
《亨利八世》(*Henry VIII*)

人应该吃早餐吗？这是一个值得探究的问题。在《健康的城堡》中，托马斯·埃利奥特爵士这样写道："在我们这个王国，吃早餐非常有必要。"他以此驳斥了前人所声称的，健康的成年男子应该要等到主餐再进食的说法。

绅士不吃煎蛋

根据中世纪人们的建议，孩童、孕妇、哺乳期的母亲和病人可以尽情享用早餐，但从家庭记账簿中，我们可以清楚地看到，男人经常不吃早餐。这些家庭中的许多人都是早上10点开始吃主餐，所以，不吃早餐对许多健康的人来说并没有问题。

16世纪30年代，托马斯·埃利奥特爵士在写这本书的时候，主餐时间已经往后推迟了很多，在中午吃主餐显得更为时髦。托马斯爵士的观点更多是以气候为依据。放弃早餐，等到主餐再进食的建议主要适用于居住在南部地区，靠近地中海的人。他认为，英国的气候寒冷、潮湿，人们应该多食，以增加能量。

医生安德烈·布尔德（Andrewe Boorde）曾出家为僧。20年之后，他在《健康饮食法》(*Compendious Regiment*) 一书中也谈及了早餐的问题，但他更关心人们早餐吃什么。他认为，做体力劳动的人爱吃的培根和煎蛋对绅士来说不够健康。绅士不应该吃煎鸡蛋，而应该吃煮鸡蛋。这是历史上对英式早餐的最早记录，它已将煎鸡蛋标记为不健康食品。不过，有多少体力劳动者能买得起培根和鸡蛋作为早餐，则要另当别论了。

饭前工作

大多数人在早餐前必须先工作一个小时左右。约翰·菲茨赫伯特在其《农书》中列举了乡下妇女要干的活：在为家人做早餐之前，她们要打扫房间，收拾餐具柜或碗柜，并将房间里的所有物件摆放整齐；然后，她们还要挤奶，过滤牛奶，喂小牛，给孩子们梳洗打扮。与此同时，男人要出去喂牲畜，打扫马厩和牛圈，再整理挽具。

在夏季的几个月里，生活在乡下的人们通常会在早上4点起床，在6点左右才开始吃早餐。这通常是一次家庭聚餐，甚至连住在他们家里的仆人也会与之一同享用。

除了面包和啤酒，主妇还会再准备一道热菜——方便制作并能维持体力的食物。油煎培根和鸡蛋、腌鱼或肉汤都很受欢迎。都铎时代的烹饪书中有各种烙饼和油炸果馅饼的做法，其中，我最喜欢的一种是将苹果片蘸啤酒、面粉和鸡蛋搅拌成的面糊，然后用黄油煎炸。

在镇上居住的店主和体力劳动者通常与乡下人吃早餐的时间一样。1495年，政府出台了关于工作时间的法律，序言中提到，一些工人经常因为早餐吃得太久而迟到。新法令规定，早上5点为工作日的上班起始时间，即使在冬天，人们也必须早早开始工作。

在伊丽莎白时代前期，詹姆斯·皮尔金顿 (James Pilkington) 担任达勒姆大教堂 (Durham Cathedral) 的主教。他曾抱怨说："劳动者早上休息的时间太长了，他们把一天中最美好的时光都花在了吃早餐上。现在上班的时间改了，于是，他们要么在上班时间继续吃着早餐，要么不停地抱怨无法饱腹。"早餐时间一般是早上 6 点，即便是那些喜欢赖床、睡懒觉的人，也会在这个时间吃饭。人们把这顿饭视为工作日的休息时间，而不是在工作开始前就应该吃掉的一顿饭。工友们从家里带饭吃，店主的早餐也很可能是从家里带来的面包和啤酒，至于那些在镇里工作的人，则可以到馅饼店或热狗店买些营养更丰富的食物吃。

经历了起床、穿衣洗漱、梳理头发和吃早餐，都铎人的一天才正儿八经地开始了。对于年轻的社会成员来说，接受教育和繁忙的工作一起，将成为下一个例行事项。

How To Be a Tudor

第 5 章

进阶之路

……培养孩子良好的学习习惯是项有价值的工作，使各阶层和不同教育程度的人都能取得非凡成就……

——威廉·肯普（William Kempe）

《儿童教育》（*The Education of Children*）

现代化生活繁冗复杂，500 年前的生活也并不轻松。无论是上流人士还是底层民众，无论是男孩还是女孩，都需要学习许多事情。大多数幼儿还在蹒跚学步时，就必须掌握家禽的习性，并懂得如何照料它们。在大人从火堆上将沸水桶搬上搬下时，他们必须学会及时躲避。他们在刚学会说话时，就要记住一连串的祷告语，并且很快就要开始学习园艺和农耕的入门知识。到四五岁时，很多孩子就要学着照看弟弟妹妹，跟随母亲在田间除草、喂猪、喂鸡和取水。

无形的阶层分界线

年轻人需要掌握大量的社会规则和行为规范。从呱呱坠地的那一刻起，性别和社会地位就决定了他们需要学习的习俗和需要养成的品德，点点滴滴的学习与成长密不可分。步态、餐桌礼仪、谈吐，都需要符合当时的观念。大人们鼓励男孩一举一动都要勇敢，用托马斯·埃利奥特爵士的话来说，就是要"彰显男子汉应有的勇气和力量"，而女孩则要矜持恬静，体现"女人应有的贤淑端庄"。向往上流社会生活的父母会让自己的孩子接受家庭教师的教导，避免养成斜眼看人、手挖鼻孔之类的粗俗习惯。有些礼仪被过分强调，甚至上升到影响健康的高度，例如，总是阴沉着脸会让头脑变得迟钝；有些礼仪所有阶层都会遵循，比如，嘴里含满食物时不能跟别人说话；还有一些行为礼仪，如得把前臂而不是胳膊肘搁在餐桌上，就是普通人士与上流人士的分界线。

简单的一站或一坐，都能透露出一个人的社会地位。针对不同的性别和年龄，社会对人的姿势的要求也不一样。某种站姿对成年男子来说可能是力量和男子气概的体现，但对未成年的男孩来说，可能就完全不合适了。还有其他一些易犯的错误。例如，双臂在胸前交叉的站姿，在德西德里乌斯看来就很愚蠢。亨利八世的弄臣威尔·萨默斯（Will Somers）在一幅和国王并排而站的微型画像中，就采用了这个站姿。相比之下，国王的站姿则极少有人敢仿效——目视前方，双腿分开，臀部收紧，脚尖略向前呈 V 字形。

这种姿势通常让人联想到有抱负的成年男人，如果少年采用这种站姿，则会被认为傲慢无礼，甚至有点滑稽。亨利八世的儿子爱德华为表现自己作为王位合法继承人的权威，曾模仿他的父亲，以同样的站姿入画像。画像做了些许柔化处理，角度略有偏斜，使爱德华看上去没有那么不相称。负手而立的姿势与商人阶层相关联，这个姿势在文学和戏剧中常受嘲弄，部分是因为出身中产阶级、爱说教的老头常以此形象出现。弯腰弓背的姿势与老年人、体力劳动者相关联。

学习走路也有很多微妙之处。庄稼汉的步态被描绘成"犁地式"，缓慢而从容。他们在田间来回走动，扶犁而行，每天在几英亩的范围内要走上大约 20 英里，脚上不断黏上新翻起的泥巴。难怪他们会养成一种从容不迫又有点笨拙的行走方式了。在以农耕为主的乡村，这种步态是男人的典型走姿。

城里人经常嘲笑乡下人的步态，因为城里人通常走得很快，他们能一下子识别出乡下人。年轻的绅士们大摇大摆走在街上，年纪大一些的学徒工或多或少会模仿他们：收紧臀部，故意让钱袋子、匕首之类的物品晃来晃去，叮当作响。你甚至可以从很远的地方听到这种声音。由于职业的缘故，一些神职人员通常会采用稳健端庄的走姿。这种走姿被视为内心在沉思的体现。19世纪伊始，这种装模作样的走姿是简·奥斯汀（Jane Austen）讽刺的对象。再说回乡村，山地牧羊人的步态和庄稼汉的步态明显不同，前者以轻盈灵活的步伐闻名，因为常常得穿行在山丘沟壑间。

大多数儿童是通过观察周围人，来学习有关站、坐、行的礼仪的。一些儿童会从家长、学校教师和舞蹈老师那里得到更正规的指导，他们所学的都是最新潮的礼仪。

15世纪后期，亨利七世执政初期的宫廷礼仪成为时尚的代表，强调颀长的身材曲线，上半身略微后倾。年轻人站立时会将一条腿略微向前伸出，给人一种修长、流畅的感觉；戴着硕大头饰的女士将下巴略向后收，脖子前伸，显得特别优雅。不过，如果动作过于夸张，他们看起来就会很别扭了。因此，诀窍在于：姿势的各部分要控制得恰到好处，活动时保持平稳流畅。这不容易做到，需要从幼儿时期开始练习，训练程度决定了最终的效果。对于一些人来说，完美的姿态与生俱来，若一个新晋富商想在后来的生活中养成这种姿态，则几乎不可能。

亨利八世在位期间，时尚日新月异。礼仪就像服装款式那样飞速变换。意大利式的、两腿在脚踝处交叉的坐姿不再受欢迎，双脚完全着地的端正坐姿变得深入人心。

16世纪中叶流行方方正正的姿势，之后，又慢慢向能够表达男性稳健、坚定和神勇的方向演变。画像时，那些懂行的人喜欢让人画自己的全身正面像，其威仪虽不比国王，但也是两腿并排伸直，双脚稍微分开，看上去四平八稳。流行的男性步态是小步幅，重心后移，臀部收紧。这样的步态与当时精致的罩裤和紧身裤极其相配，充分展示了他们宽阔的肩膀，彰显出男性的阳刚之气。这种步态却一点儿也不适合女性。女性在走路时，更强调裙子的摆动。时尚的罩袍和外裙的腰缝①吸引了更多人的目光。就座的时候，她们会腿脚并拢，将双手置于膝盖之上，显得更为端庄。

在亨利八世去世后，极具男子气概的姿势逐渐失去人们的青睐，时

---

①腰头与裤或裙身缝合后的缝。

尚人士越来越着迷于两脚成斜角的站姿。七年之后，西班牙王储菲利普二世（Philip II）与玛丽女王结婚。据特使的信件记载，宫廷里掀起了一阵西班牙礼仪的热潮。在幸存下来的几幅菲利普画像中，我们可看到他穿着更时髦的鞋子，身体显得有点僵硬。

文艺复兴时期，欧洲各地新美学影响力渐增。1589 年，法国舞蹈大师杰汉·塔布罗特（Jehan Tabourot）——以笔名图瓦诺·阿尔博（Thoinot Arbeau）写作——告诉他的学生："最具吸引力的姿态是一只脚和另一只脚成斜角，因为我们在古老的纪念章和雕像中观察到，重心置于一只脚上的人物更具艺术性，给人以更愉快的感觉。"然而，更适宜女士的站姿是保持脚跟并拢，足尖外开。随着新美学的传播，越来越多的孩子接受训练，按照芭蕾舞的第四个基本脚位①站立，即一条腿承受重心，足尖外开，另一条腿在前方轻轻点地，足尖同样外开。往前点地的腿微微弯曲则更添优雅，同时有助该侧臀部外摆。这是一种轻松的站姿，人们的手自然地落在了腰部，而那里正挂着绅士的剑柄。

17 世纪初，另一位法国舞蹈大师弗朗索瓦·德·劳泽（François de Lauze）提出了与上述站姿相配的走姿。"膝盖不弯曲，足尖向外张开，由臀部力量带动肢体，使之朝直线方向，毫无怯意地往前走。"这正是古典芭蕾舞演员在舞台上使用的走姿。就像所有早期的贵族习得时尚宫廷步态一样，你必须经过大量的练习，才能走出轻松自然的感觉。

根据伊丽莎白时代上流社会人士的画像，他们除了很注意走姿和站姿，对坐姿也颇为讲究。1600 年，意大利的一位舞蹈大师法布里修·卡罗索（Fabritio Caroso）曾著书建议，人们应将左臂和右臂完全靠在椅子扶手上，而将手腕处自然垂落；或者，也可以一只手拿着手帕、手套或花，让肘部斜靠在椅子上。这都是我们非常熟悉的姿势。对一位绅士来说，最得体的坐姿是只坐椅子的一半，让双脚自然触地，靠在一起，不交叉。

所有孩子都至少要学会走姿。不仅如此，他们还需要学习表示尊重的动作。四五岁的幼儿要学会基本的鞠躬礼和屈膝礼，年龄更大一些的儿童

---

①芭蕾舞共有五个基本脚位。

应该对不同的礼貌程度有更清晰的理解。

> 脱帽，
>
> 向遇到的人们致意；
>
> 礼让，
>
> 给交身而过的人以方便。

——弗朗西斯·西格（Francis Seager）

《美德学院》（*The School of Virtue*）

小男孩只需做出简单的脱帽动作，就会被视为得体，而小女孩则必须躬身行礼。这些动作很容易掌握。在整个都铎时代，年长者受到尊重，幼儿要对几乎所有成年人，包括社会地位远低于他们的成年人表示尊敬。如果一位乡绅 6 岁的儿子没有向一位年长的乡民脱帽行礼，并礼貌地站到一边让其先通过，很可能会被父亲揪耳朵。

德西德里乌斯在《论儿童的教养》（*Civilitie of Childehode*）一书中，对于脱帽致意的方式描写得非常清楚。后来的几部出版物，包括 60 多年后法布里修·卡罗索为意大利成年舞蹈学生所写的书几乎一字不差地照抄了这部分内容。脱帽时，男孩需用右手握住帽檐，将之从头顶摘下，而不是从脑袋一侧顺势扯下。向脑后而不是从两侧或额前方向摘帽，才是最得体的脱帽方式。随后，他必须将帽子放在胸前，不能将帽子的内侧示人，因为内侧可能粘有油脂或头皮屑，会很不礼貌。作为一个生活在 21 世纪的人，你可能在舞台和屏幕上见过不断挥舞帽子的行为。当代演员没有接受过都铎式的训导，真令人感到遗憾。

16 世纪，受到良好教育的少年接着把自己的帽子从右手换到左手，把它拿在左腿边或者腰旁，腾出右手，以手掌划出大大的弧形行礼。鞠躬时，他将一只脚退到另一只脚的后面，屈膝，身子略前倾。更恭敬、更正式的鞠躬应该是单膝下跪，一般是右膝向前。16 世纪末，社会上开始流行单腿屈膝的法式鞠躬。右脚滑步向前，重心保持在后面的左脚上，左腿屈膝，同时身体前倾。这样的鞠躬需要脚尖外开，与伊丽莎白时代的侧身站姿非常相称。而较老式的英式鞠躬则更加端正，脚尖冲前时，重心最为稳定。鞠躬在这两个时期最常用的术语是因对两种不同动作的准确概括而来：旧式鞠躬称为"行屈膝礼"（Going Upon Bended Knee）；而后来的法式鞠躬则被称为"弯腿行礼"（Making a Leg），因为鞠躬时向前伸出的直腿是其最显著的特征。女孩的礼仪要简单得多，帽子戴在头上，只需眉目低垂行个屈膝礼便可。教养良好的女孩目光低垂时也保持着头部挺立。在行屈膝礼时，她们的背部挺拔，就像在跳芭蕾舞一样，双手略向两侧张开。

然而，无论是对男孩来说，还是对女孩来说，最困难的部分不是保持完美的身体姿态，而是掌握行礼的时机和分寸。鞠躬到什么程度？保持多长时间？帽子立刻重新戴上，还是拿在手里？低垂的双目向上迅速一瞥可能意味着调情，或者暗示你的担心。如果这一瞥时间稍长一点，甚至可能透露出你的倔强或无礼。过于夸张的鞠躬像拙劣的模仿和讽刺，太短暂可能表示不尊重和蔑视。帽子的内衬可能会意外显露，使看似尊重的姿态大打折扣。完美的鞠躬可以表现出鞠躬者的优雅，匆忙鞠躬则会显得笨拙。

礼仪教育不只限于行走和鞠躬，孩子们还需要知道许多日常活动中的礼仪。此时，关于礼仪的书籍源源不断地出现，规定了吃饭、穿衣、谈吐和玩耍的方方面面，诸如不吐痰、不在泥地打滚、饭前洗手、不冲大人喊、排队不推搡等。

这些都是针对上流社会的男孩而制定，这些七八岁的儿童不久后将在大宅子的公共领域崭露头角。以擤鼻涕为例，有手帕的人需用手帕；没有手帕的人可使用手或拇指清除鼻涕，再将之甩到地上，用鞋子踩入土里，这样才不算失礼。你绝不能用衣服袖子擦鼻涕，那样做无异于庄稼汉。我们现在很难搞清楚，这些规则的适用性低至哪个阶层。所有庄稼汉都用袖子擦鼻涕吗？或者，这是通过中伤庄稼汉，以敦促孩子听话的方式？在农村，没有那么多人用手帕，用手擤鼻涕的方式特别适合户外场所。许多农村的孩子，如果希望去大户人家打工，并提升自己的社会阶层，就需要像那些更富有的小伙伴们一样，一点点地学习社交礼仪。

塔瑟的日历

干农活和做家务是两项最基本的技能，人们通过观摩和尝试来学习。但是正如亚当·福克斯（Adam Fox）在《1500—1700 年英国口说与读写文化》（*Oral and Literate Culture in England, 1500—1700*）一书中所讲述的，忠告和教导还另有一个来源，那就是谚语和当地的俗话。

对于那些未受教育的人来说，这似乎是些陈词滥调，但居住在利兹南部的自耕农理查德·谢恩（Richard Shane）在自己的札记书中记录了很多这样的谚语和俗话。他的记录与实际生活息息相关，不仅涉及学习者的工作和生活，而且与特定的气候和土壤条件有关。为了使该地区各项农事在最佳时机进行，这些记录还列出许多关于农事的安排。例如，谢恩在日历上记录了一首诗，其中一节是用来提醒自己、他的雇工和邻居的：

> 黄金九月即将到，
>
> 小麦黑麦种沃壤，
>
> 大麦收割需及时，
>
> 黄豆豌豆紧跟上，
>
> 时间飞逝不等人，
>
> 错过时节莫懊丧。

更南部的人往往主张将一部分活儿留到 10 月，但是在山地丘陵连绵起伏的约克郡西部，人们希望最好在 9 月底前收回所有的谷物和豆类。他们会在 9 月初把小麦和黑麦播种到沃土（高度肥沃的泥质土壤）。但如果土质贫瘠多沙，播种时节则应挪到春季。这些谚语和俗话以诗体写就，方便记忆，也更容易教会年轻人。

除了学习这首诗之外，年轻人还可以从许多简短的俗话诗文中学得宝贵经验。"母羊不壮羔羊弱，所幸只弱一羔羊。公羊不良则不然，一害就害成群羊"，这句俗语就指出为羊群配一头高质量公羊的重要性，鼓励

牧羊人集中资源保证公羊的质量，认为即使要在其他方面做些让步，也
可以接受。"青青草儿尚未长，母羊无奶羔羊亡"这句顺口溜则警告人们，
把母羊和产下不久的羊羔迁至荒芜的山腰上极其危险。这些俗语顺口溜
虽短，却是父母、乡邻经过长期讨论、总结和归纳而获得的经验，是他
们智慧的结晶。

　　在乳制品行业，顺口溜传递着产品的制作秘诀。"想要制作新奶酪，
尚且没有旧奶酪，确保冬季储存前，把它翻开足七次"，是一句描写萨默
塞特（Somerset）奶酪的顺口溜,细述了该地区著名的醇厚奶酪的制作规律。
早期的烹饪手稿多是以顺口溜的形式写就的，描绘了专业厨师需要知道的
大多数食谱。这些食谱使贵族家庭厨师的学徒得以开启成功之路。下面列
的一道菜谱，用艾菊调味，有点像鸡蛋饼。这是一道很受欢迎的菜，特别
是在大斋期①刚过，复活节即将来临，新鲜鸡蛋刚上市时。人们相信，在
冬季吃了很长时间的干豆和咸鱼后，艾菊可以帮助清洁血液。

　　　　　蛋入盆中搅拌匀，

　　　　　胡椒粉儿来调味，

　　　　　艾菊捣烂把汁取，

　　　　　拌入蛋液添香味，

　　　　　架上锅儿生上火，

　　　　　脱脂黄油蛋饼煨。

　　这个菜谱与其他散文体的菜谱完全一致，意在告诉厨师：先在盆中打
入几个鸡蛋，用布过滤一下，搅拌均匀；接着用胡椒粉给蛋液调味，再捣
烂艾菊，将艾菊汁倒入蛋液中。最后在平底锅中放入脱脂黄油，倒入蛋液
煎烤。

　　诸如此类的顺口溜可以帮助文盲或半文盲学习知识。托马斯·塔瑟

①天主教及基督宗教各派的教会年历一个节期，由大斋首日（圣灰星期三）开始至复活节前日止，
一共 40 天（不计 6 个主日）。

写的《治家百诫》一书就是参照这种形式而深受百姓喜爱。这本书后来
扩展成了《治家五百诫》（*Five Hundreth Pointes of Good Husbandrie*）。直
到 18 世纪，该书一直都是农村人的教学文本，其主要优点在于适合"死
记硬背"。即使背不出来也不要紧，由于通俗易懂、朗朗上口，只要能识
点字的人都可以读这本书。此书的开篇劝勉丈夫和妻子齐心协力，共同
治家：

> 家庭经营一百则，
> 夫妻和睦首当先。
> 家务农事要做好，
> 相亲相爱胜血缘。

塔瑟的农事日历从 9 月开始写起。收割庄稼这部分讲完后，他开始讲
述如何准备下一季的种子，给秸秆脱粒，清除杂草籽和谷壳。"脱粒即扬谷，
耕作不等人。"黑麦要趁着天晴播种。农民要把犁过的地充分耙松，然后
立刻播种；冬小麦的播种紧随其后。黑麦和冬小麦播种结束后，要马上处
理沟渠和地面排水问题，使作物和土壤不至于被冬雨冲走。"沟渠挖深深，
树篱排密密；排水流畅畅，庄稼长壮壮。"农民必须把树篱笆排得密实，
以吓跑乌鸦，保住幼苗；此外，还需收集橡子果和其他喂猪的草料，以备
不时之需。

还有一些不要求死记硬背的方法，可以教会孩子许多其他的知识。例
如，划定教区范围的传统教学方式，意在向下一代传授当地的地理知识。
教区的男孩们按要求沿着教区的周边绕一圈，一路上都有人向他们指出地
界标志，并要求他们说出田地、草地和林地的名称，复述土地面积和附属
权利。

有时，教师会让他们停下来休息，以巩固记忆。在一些教区里，教师
为了让孩子把所学的东西记得更牢，还会打他们。女孩除了掌握烧火、纺
纱等基本技能外，还要学习植物的分类、培植和功效等知识。托马斯·塔

瑟在他的书中，就收入了一些与园艺相关的俗语。例如，他告诉农妇 11 月要种菜豆，但要等到圣埃德蒙德节①（The Feast of St Edmund）后月亏之时再种。

总而言之，年轻人要从各种各样的人那里学习很多知识，包括世俗知识和宗教知识。在宗教改革之前，教会要求小孩至少能用拉丁语诵读《主祷文》《圣母颂》和《使徒信经》。这些知识主要由教区牧师进行教授。新教采用教义问答手册取代它们，不过需要背诵的经文更长。

读书，识字

随着社会的发展，读书识字教学慢慢兴起，而且比写字教学开展得更广泛，但识字仍不是一项被普遍教授的技能。在现代社会，学校同时教授这两种技能，后两者构成了现代教育的基本核心。都铎时代的英国教育旨在给予都铎人精神上的教导，读书识字均不在教授范围内。

后来，这两项技能逐步进入了教学范围，但是它们也是在不同时期独自开展的，且常由不同的人分别负责。对于那些有机会学习读书、识字和写字的幸运儿来说，识字最为重要。因为一旦学会识字，他们就可以自己读书了。他们甚至无需学得太好，只要能识点字，就会得到极大的助益。对于不熟悉的文本，他们可能会读得结结巴巴，但当他们单独祈祷时，就能用书面的文字来辅助记忆了。

这是一种宝贵的技能，在宗教改革前后受到重视。如果人们只是背诵简短的词句（《主祷文》的词句便是如此），就没必要学习识字，因为即使那些内容是用拉丁语写成的，人们只要多听几次，再采用宗教改革前的诵读方法，就能简单将它背诵出来。如果把祷告词的范围扩大到四五段，很多人仍可以背诵，但这些人在教育资源丰富的现代社会仍堪称文盲。文字资料记录中不会有这些人的笔迹。他们不会写字，无法留下读书的记录。

---

① 又称为"圣人节"（Deadman's Day）。埃德蒙德与威廉·鲁法斯（William Rufus）一样，也是传说中热爱自己的土地和人民却被杀死的国王。

都铎人首先会学习识别字母形状，掌握字母的发音。这些字母通常被印在一张纸上，人们会在纸上覆盖一层保护性的透明角片，并将其黏在一块木板上。有时，这些字母也被直接写在泥地上。印刷版的书籍经常将字母排成十字形，利用这种特殊的排列帮助孩子记住它们。

认识字母后，孩子们就要了解元音字母，学习元音和辅音的各种组合，例如 ab，ad，af，ag，ba，da，fa 和 ga 等等。他们必须朗读并掌握每一种字母组合，并能在单词中将其辨别出来。《主祷文》开篇的一些词通常要最先学习。识字可以帮助孩子跨越符号和声音之间的鸿沟。对于少数聪明且自觉的孩子来说，这足以为他们打开一扇崭新的大门，让他们能自己学习知识，畅游在更丰富、更深邃的文字世界里。

不过，其他孩子仍处在半文盲的状态。这部分孩子能朗读书面文本，磕磕绊绊地读一些民间歌谣或写在教堂墙上的《十诫》（*The Ten Commandments*），但在面对手写书信或者更长、更复杂的宗教小册子时，就不知所措了。

孩子可以从父母、哥哥，或仆人、邻居那学习识字。除了宣讲祷告语和教义问答手册外，人们还鼓励神职人员向年轻的教民传授基本的识字技巧。此外，英格兰各地还有各种非正式的、临时性的小学校会提供类似的简单课程。年轻人是否有机会上识字课，这要碰运气。贫穷的家庭不太可能长时间让他们的孩子脱离劳动，但即使是这样的群体，偶尔也有机会读书识字。

1597 年，伊普斯威奇镇在对贫穷人口的普查中，提到了罗伯特·迈克伍德（Robert Michaelwoode）9 岁的女儿。迈克伍德卧床不起，每一个星期，他的妻子靠纺线来挣几个便士，教区也会贴补他们 10 便士。很显然，这个贫困家庭的女儿不太可能接受到正规教育。但是普查记录显示"她上学了"。此外，贫困人口中有三名男孩也上了学，另有三名女孩也在一所针织学校就读。当然，年轻的迈克伍德小姐就读的学校，可能就是这所针织学校。除了教授针织技术外，我们无法确定这所学校是否教授识字。

伊丽莎白时代，社会上似乎掀起了一股办学热潮。几个郡的记载显示，每四个村庄就有一个村庄有一位常驻校长。例如，在伊丽莎白时代，埃塞克斯郡有 398 个教区，其中 258 个教区在不同时间段创办了学校。而在 1593 年，剑桥郡威灵汉姆的村民借助各界捐款创办了自己的学校。根据记录，在建校的前 13 年里，村子里一直有一位管理教学事务的校长。102 个村民共捐赠了 102 英镑 7 先令 8 便士，这在当时是一笔很可观的费用。参与捐款的人占了全村人口的很大一部分。他们中的四分之三没有签署相关文件，但是画了押。

很显然，学校教育很受当地人欢迎。当地村民致力于儿童教育，也许是希望下一代人比自己更有文化、更有学识。他们对教育的热情，并没有局限于当地社会上层的乡绅和自耕农家庭，而是延伸到了像亨利·贝德尔（Henry Bedall）和威廉·里德利（William Ridley）这样的人。前者虽然只有 3.5 英亩土地，却捐出了 10 先令 2 便士；后者尽管是个没有土地的佃农，也想方设法捐了 8 先令。学校为愿意捐钱的人提供就读机会，不过，这并不意味着当地所有的孩子都上了学。

当孩子掌握识字技巧后，大人才会教他们写字。然而，一些孩子很可能会因到田里或家中干活而离开学校，失去识字的机会。教授写字比教授识字需要更多的资源。最初，孩子可以在沙子或石板上学习写字，但很快，纸、墨水和笔就会成为必需品，致使在校的贫困生数量进一步减少。

约翰·德·布切斯尼（John de Beauchesne）是法国胡格诺派的一名新教徒难民。1570 年，他出版了一本教授写字技巧的书，这可以说是第一本英文书写教材。有趣的是，他选择以诗歌的方式来写作，从侧面表明写字教学的核心仍然是诵读：

> 字母上下写整齐，
>
> 左右间距要一致。
>
> 整齐划一效果佳，
>
> 勤学苦练添惬意。
>
> ……

商店里没有现成的笔和墨水可卖，只能由人们自制。因此，学习用品的制作不仅成为学童必学的一门课程，也成为学童和教辅人员每天早上的例行事务。

用羊毛布烧成的灰在与醋混合后，可制成廉价墨水，但它写起来不是流畅，而且很快会褪色。阿拉伯树胶和烟灰制成的普通墨水，与黑色水彩画颜料的成分相同，但这种墨水容易堵塞笔头。写起来流畅且能持久的墨水，需要更复杂的原料混合制成。这些原料包括栎瘿[①]、硫酸铜、酒和阿拉伯树胶。栎瘿是瘿蜂侵袭橡树而形成的圆状树瘤，其中含有很高浓度的鞣酸[②]：

> 首先，准备 5 盎司的栎瘿粉、3 盎司的硫酸铜和两盎司的阿
> 拉伯树胶；
> 其次，将栎瘿碾碎后浸泡在酒中，然后搅拌、过滤；
> 再次，将栎瘿与硫酸铜混合，使之发生反应；
> 最后，将所得的墨水用阿拉伯树胶增稠。

如果得到的墨水太浓，你可以掺水冲淡，最好用酒或醋。有些学童直接使用了自己的尿液，尽管几篇课文中都特别提醒他们不要这么做。

笔通常用鹅的大翎毛制成。其他鸟的羽毛也可以临时应急——在不同的时代，天鹅和乌鸦的羽毛都曾被提及。笔也可以用纤细的干芦苇杆制作；还有少量金属笔尖的笔留存下来，笔尖由黄铜或银制成。不过，鹅毛笔占据了绝对优势地位，它的价格低廉，制作方便，而且比芦苇笔耐用。用鹅翅膀上的大翎毛制成的笔为最上乘。

有人称，习惯用右手的人，要选用鹅右侧翅膀的羽毛制成的笔，而左撇子则应用鹅左侧翅膀的羽毛制成的笔。实际上，这二者并没有什么

---

①又称作栎五倍子，是栎属植物上常见的一种大而圆的、苹果状的瘿。
②五倍子中得到的一种鞣质。其为黄色或淡棕色轻质无晶性粉末或鳞片，无臭，微有特殊气味，味极涩。

区别。大多数绒毛须会被去除，只留羽毛管。这样一来，笔平衡性会更好，更便于使用。羽毛管必须清理干净，薄膜或绒毛要全部剔除，再用小刀把笔削尖。

1590 年，教师彼得·贝尔斯（Peter Bales）写了一本书。当谈及削笔刀时，他认为"谢菲尔德镇生产的小刀最好"。当时，高品质的小刀和钢是该镇的特色产品。要想把笔尖削得干净利落，不损坏鹅毛管，你必须使用特别锋利的刀子。

> 首先，将鹅毛管夹在左手无名指和中指之间，使其末端朝外，顶端放在拇指肚上；
>
> 其次，用食指将鹅毛管牢牢按住，朝着自己胸部的方向削出一个斜面，削掉的宽度不超过鹅毛管本身直径的一半；
>
> 再次，在第一刀的基础上削第二刀，切口更小，宽度与毛管直径大致相同，两者呈阶梯状；
>
> 最后，将尖端削平整，沿笔尖垂直往上开一条裂缝。

由于每个人写字时用笔的角度和力度都有不同，因此，你需要根据个人习惯来调整下刀的力度。也正因如此，人们很少能顺畅地使用别人的笔。笔头磨损非常快，在写下一段文字的过程中，你可能会需要修整笔尖好几次。

对于 21 世纪的英国人来说，都铎时代的大部分字母都是很容易识别的，例如，当时的字母"t"看起来就与现在几乎相同，但是也有些字母与现在截然不同。21 世纪的小写字母"r"，其实是都铎时代的字母"c"。字母"s"有三种不同的写法，这主要取决于它在单词中的位置：一种只用于词尾，另一种作为前缀，第三种可以出现在单词的开头或中间，但不会出现在词尾。这种书写形式被称为文书体①。

都铎时代绝大多数的书面文字都是用文书体写就，大多数人学的也都

---

① 16 世纪初期和 17 世纪英国草写体的主要形式。

是文书体。不过，当时有一种源自意大利，被称为斜体的书写方式逐渐流行于上层社会。最终，斜体取代了文书体，成为我们今天采用的书写形式，不过这一转变的发生经过了很长一段时间。

在签署法律文件时，都铎人需要签字，而非简单的画押。根据这一情况，我们可以估计1500年约有5%的男性和1%的女性会写字；到1558年，这一比率已分别上升至20%和5%。到了16世纪末，这个比率又分别上升至25%和10%。伦敦人似乎受到了很好的写字训练，商人懂得写字的可能性也比农民更高。

上面所列的这些数字仅指会写字的人，至于有多少人识字，我们仍不可知。在都铎时代，有很多人识字，但不会写字。那些出于宗教目的才推动识字教学（阅读《圣经》）的人，没有足够的动力去推动写字教学，且零碎的、短时间的教学更适合教授识字，而非写字。

此外，廉价的阅读材料越来越多。在16世纪30年代宗教改革发生之前，市面上流通着大量拉丁文初级读本。这些书的价格不高，商人、乡绅和许多自耕农都至少拥有一本。1500年，英国仅仅印刷了54种不同题材的书，而到了1557年，印刷书的品种大幅增加，超过了5000种，而且各种题材应有尽有。

约翰·多恩（John Dorne）是文化氛围浓厚的牛津郡的一位书商。仅1520年，他就售出了1850本书，其中包括德西德里乌斯的作品、汉普顿的贝维斯（Bevis）和华威郡的盖伊（Guy）所写的冒险故事，以及170首叙事诗。在几十年后的1585年，什鲁斯伯里镇的罗杰·沃德（Roger Ward）拥有藏书546种，其中69本的定价仅为1便士。

如果说廉价书籍数量的增加令人震惊，那么，铺天盖地的、价格极其便宜的单张印刷版歌谣就更让人印象深刻了。16世纪下半叶，在某些人口仅300万左右的地区，其印刷文本却多达三四百万种。正如清教牧师尼古拉斯·鲍恩德（Nicholas Bownde）在1595年所感叹的那样，这些廉价印刷品不仅出现在富裕阶层和中等收入的家庭里，也出现在"工匠的店里和贫穷农民的村舍里"。

从学徒到匠人

学徒制也许比学校教育更盛行，不过只限于一部分年轻人。在一般情况下，学徒工家庭要先预付一大笔钱，因此，贫穷家庭的孩子基本已被排除在外。据文献中的描述，学徒工的父亲通常本身就是熟练的手工艺人，或农村地区更富裕的人员，比如自耕农。贫困家庭很少能资助男孩学手艺。在当时，确实也有女学徒，比如都铎王朝早期的伊丽莎白·杰伊（Elizabeth Jaye），但女孩得到这种机会的可能性微乎其微。伊丽莎白是布里斯托尔一位商人的女儿，被伊丽莎白·科林斯（Elizabeth Colly）和约翰·科林斯（John Colly）夫妇收为裁缝学徒工。从 1533 年开始，她做了 9 年学徒工。按布里斯托尔学徒招收文件中的表述，女孩大多是被收为学徒，学习"家政管理"。所谓"家政管理"，其实和女仆的工作相差无几。

各个行业的学徒费用有所不同，行业的利润越丰厚，其学徒费用也就越高。例如，金匠学徒工的费用就远超裁缝学徒工。生意兴隆、拥有富裕常客的成功工匠，比苦苦挣扎的小作坊收费更高。学徒期限的长短也会影响费用，学徒期越长，费用则越低，因为手艺娴熟的学徒成为师傅无偿劳动力的时间更长。

事实上，被接收为学徒的年轻人分别来自两个差别很大的群体。其中一个群体一般是男性，从十四五岁到十八九岁不等，其出生在城里，家庭比较富裕，并且能找到合适自己的师傅。这样的家庭通常能在孩子出师后，为其提供创业资金。另一个群体中的人年龄更小，更加无依无靠。他们往往是孤儿，年龄 7 ~ 12 岁。作为提供照顾、监管和就业的一种方式，教区安排他们成为学徒。威廉·麦克斯韦（William Maxwell）就是这样的孩子。

1584 年，麦克斯韦在约克郡一个名叫彼得·柯勒（Peter Currer）的木匠手下做学徒。正如他的学徒契约所述："今日起拜彼得·柯勒为师，期限 12 年……因为该学徒出生于贫困家庭。"几乎所有学"家政管理"的女学徒都属于这一类。从某些方面来说，学徒制可以被视为收养的雏形，孩子所受的待遇完全取决于师傅、师母的品格。孩子们有可能得到爱和善待，开始新的人生，但也有可能受到虐待，被忽略甚至遭剥削。

在都铎时代，学徒制日趋规范。越来越多的工匠通过行会联合起来，每个行会都有自己的组织架构和规则，规定学徒期限长短，可以接收的学徒数量、年龄以及师徒契约的性质。常见的学徒期限是7年。格里姆斯比的各个行会在1498年就一致坚持这一点，切斯特和约克的各个行会分别在1557年和1530年表示认同。

1573年，政府通过了一项新法律《工匠法》（*Statute of Artificers*），规定人们在英格兰至少要经过7年的学徒生涯才能成为工匠。各行会甚至可以自由地延长学徒期限。确实有几个行会延长了期限。在约克郡，木匠学徒的期限延长到8年；在伦敦，金匠的学徒期限延长至10年。威廉·麦克斯韦的学徒期限长达12年，因为他的年龄比大多数学徒都要小。麦克斯韦学徒期满时，不过二十出头，年龄和其他学徒期满的年轻人相仿。作为一个富有成效、训练有素的手工艺人，他应该已经为师傅的生意出力多年了。由于从事了多年无薪工作，当地政府在帮他支付学徒费时，与他的师傅协商了一笔更便宜的费用。此外，他直到成年之后，才有了真正的家。

1533年，布里斯托尔的弗朗西斯·朗（Francis Long）与伦道夫·桑德斯（Randolph Saunders）签订契约，学徒期11年。伦道夫是一名金属尖头制造商，制作两端带金属尖头的系带。这一行业的工艺并不复杂，加上弗朗西斯的父亲也是一名金属尖头制造商，所以这孩子很可能早已掌握了相关工艺。也许是他家里有其他困难，需要付钱给一位同行教他手艺吧。

更常见的是来自南威尔士布里真德镇的理查德·艾德蒙特·欧文（Richard Edmont ap Owen）的学徒生涯。他的父亲是一个富裕的农民。1532年，理查德被送到布里斯托尔，成为罗伯特·萨尔布里耶（Robert Salbryge）的学徒，期限8年，学习羊毛布制作工艺。这是技术活儿，不仅需要多年的实践经验，还需要与同行保持良好的关系，更需要资本投入。为了激励他坚持到学徒期结束，契约规定理查德的学徒期满时，罗伯特·萨尔布里耶将给他提供一个床罩、两条床单和两条毛毯（也许是为了方便他建立家庭），总价值为13先令4便士，还替他支付费用，使他成为行会正式会员和城市自由民。支付会员费和自由民费是契约合同中一个相当标准的条款。此外，还有一部分契约提到某种形式的物品，最常见的是相关行业的工具。

一般来说，除了传授技艺，提供教育指导和监管之外，师傅还应保障学徒的衣、食、住等基本生活需求。这些学徒住在师傅家里，完全受师傅监管。《工匠法》中对于工作时间有正式规定：冬季日短，从黎明干到黄昏，中午休息一小时来吃午餐；另有 3 次半小时的休息时间，一次是吃早餐，一次是下午休息时间，一次是傍晚喝酒。从 3 月中旬到 9 月中旬，白天时间较长，学徒最迟在晚上 8 点前收工，每天平均工作 13 小时。至于实际工作时长与平均数相差多少，很难说。

事实上，工作本身也各不相同。一个十五六岁的毛头小伙在学徒期开始时经常提水、搬柴，但这无益于制作精细的金属尖头。据许多人记录，这种工作是他们对学徒生涯最早的记忆。如果师傅一直让小伙子做这类事，而不是让他全面了解相关的业务知识，就会引发学徒的不满。

少数师徒契约规定，师傅除了传授工艺外，还有提供识字和写字训练的义务。例如，1548 年，布里斯托尔的裁缝威廉·丹瑟（William Danncer）按规定要送新学徒罗伯特·威廉姆斯（Robert Williams）到学校学习一年。同年，休·鲍威尔（Hugh ap Powell）坚持让他的儿子伊文（Yeven）在学校学习一年，作为皮匠学徒契约的一部分。其他家长没有明确在校学习时间的长短，只是要求自己的儿子进校读书，直到"他能读书识字、写字和记账为止"。有时，这个责任由家人和朋友共同承担。

1547 年，当康沃尔郡彭赞斯的托马斯·罗伯茨（Thomas Roberts）给布里斯托尔的裁缝托马斯·梅雷迪思（Thomas Meredith）当学徒时，签订的契约中明确写着："甲方托马斯·梅雷迪思安排乙方进校学习一年，由乙方监护人大卫·邓斯（David Dens）支付学费。"

时人认为，青少年在他人面前的表现往往比在父母面前更好，因为非家长的权威人士更愿意施加严格的纪律。拜师学徒的青少年不仅学到了宝贵的技能，还获得道德和社交方面的指导。人们要求师傅必须是已婚的，每一个契约上都要有师母的名字。夫妻俩都受到契约的约束。事实上，如果丈夫死亡，该契约可能就得由寡妇继续履行。

学徒制也会出现一些问题，纪律成为争论的关键。1563 年，伦敦商人亨利·马秦（Henry Machyn）在日记中记录了一次引发公众关注的事件。一个名叫彭利德（Penred）的男人拿着带金属扣的皮带，殴打他的小学徒，把男孩的背部打得皮开肉绽。这位打人的师傅最终被戴上枷锁，在齐普赛街①接受了鞭笞，他的背部被打得鲜血直流。伦敦市长让遭受虐待的男孩站在旁边，裸露背部，以便路人看到他的恶行。男孩因为不良行为挨打，这相当正常，但彭利德"管教"的残暴程度，显然超出了社会的接受限度。

人们对师傅的另一个不满是认为他们没有提供足够的衣食，而师傅则指责学徒忤逆、懒散、违背道德、欺诈和盗窃。在同一屋檐下生活和工作，难免会磕磕碰碰，连最善良的师徒也可能因个性不同而产生剧烈冲突。有证据表明，三分之二的学徒制契约都没能履行至终，学徒在期满成为城市自由民，并作为独立的手艺人加入行会前就终止了。1549—1552 年，威廉·波克尔（William Porkar）肯定考验过父母和师傅们的耐心，因为在布里斯托尔的记录册中，他有五套不同的师徒契约，每一个契约都记录着他与新师傅相处的艰难历程。

1550 年前后，托马斯·汉考克（Thomas Rancock）和多萝西·汉考克（Dorothy Rancock）夫妇显然难以找到合适的徒弟。夫妇二人在布里斯托尔经营旅馆，但他们传授的内容不同寻常。他们尝试带的第一个学徒是威廉·德劳利（William Drowry），于 1548 年 3 月签约。他是一个体力劳动者的儿子，专程从约克郡过来，这种情况显然有违常理。真正的奥秘隐藏在师徒契约中最后列举的物品清单。许多人提到学徒期满时，师傅要为学徒提供工具，而这个契约却约定提供"一把维奥尔②、一把高音芦管和一把低音芦管"。这么看来，尽管托马斯和多萝西是旅店老板，

---

①伦敦中部东西向大街名，中古时为闹市。

②擦奏弦鸣乐器。16—18 世纪流行于欧洲。它的形制、结构、音色、演奏方式等，虽与小提琴相近，但有明显不同。

却是以音乐师的身份招收学徒，年轻的威廉和其他学徒很可能都是为此而来。托马斯和多萝西愿意接收这位出身卑微的陌生男孩为徒，也表明他具备一定的技能和天赋。但这份契约最终没能成功履行，因为在 1550 年 3 月，夫妇二人再次招徒。这次签约的是约翰（John），其父约翰·罗姆（John Rome）是威尔特郡德雷科特的富人。小约翰可能比威廉年龄更小，因为这次学徒期限长达 10 年。学徒期满后，师傅将提供一把维奥尔、两把芦管和一把三弦琴（一种舞蹈老师常用的小型弦乐器）。然而，这次契约的履约时间更短，因为在同年 10 月，夫妇俩便着手接收了第三位候选人——威廉·威尔斯（William Welles）。这个男孩来自格洛斯特郡的桑伯里，是一名鞋匠的儿子。我猜最后结果要么是威廉·威尔斯学成而归，要么是双方同意中止合同，因为此后汉考克夫妇没有再签署任何契约。

帮工与主人

那些父母无法负担学徒费用的青少年，通常就只能做他人的帮工。据估计，在 16 世纪的某些时候，70% 的年轻人都要做帮工。和学徒制一样，主人应该从生活、道德等方面给予其关心和指导，年轻人应该卖力干活，听话顺从。但这次，他们不必向主人付费，反而是主人要向帮工支付小额工资。主人提供食宿，工资自然就给得很少。孩子们第一次做帮工通常在 14 岁左右，收入很少；如果是二十多岁的青年，就可以获得更高的工资，但也只有熟练工的四分之一。学徒制的期限一般在 7 年以上，而帮工签订的则是一年期合同。帮工的工种很多，矿工的帮工大部分时间都会待在地下运煤，木匠的帮工则做些刨花或拖运木材的工作。许多青少年都是在庄稼地里做帮工，因为大多数主人靠耕田为生。女孩通常会和女主人一起操持家务，男孩则随男主人外出干活，不过分工并没有那么绝对。男孩有时也要扫地、担水，女孩偶尔也会到地里帮忙。

与 19 世纪不同的是，都铎时代的帮工制与社会阶层关系不大，更多是与年龄有关，是人们成长的一部分。在《牢固的纽带》（*The Ties That*

Bound) 一书中，通过对重大致命事件的分析，芭芭拉·哈纳沃特（Barbara Hanawalt）发现，年轻人所做的工作会随着年龄的增长而改变。14 岁的少年仍可能在担水时淹死，这表明不管在什么时代，男孩们的活计主要集中于比较简单的杂务，而二十多岁的年轻小伙子则大多在骑马和赶车时发生意外。跟着年长的人干了 5 年或更长时间后，他们学到了很多实用的技术，身体也变得更高大、健壮，可以承担起犁地、耙地和收割庄稼的重任。年轻姑娘们的活计较少依赖体力，但需要耐力和技巧。照料马和羊主要是男性帮工的日常工作，照料奶牛、猪和家禽就成了女性帮工主要的活计。田地里的活儿主要依靠年轻小伙子，房前屋后的打理就归年轻姑娘们了。

碰上一年中的重大事情，不管男女老幼，所有村民都会一齐上阵，共同完成如剪羊毛、收割谷物和饲料等任务。不同的群体各有分工，成年男子负责割草，女孩和妇女一起翻晒草料，男孩赶着马车把草料收集起来，男人和男孩一起堆草垛。不过，现实生活显然要更复杂一些。毕竟，家里女人生孩子的时候，仍然得有人去给母牛挤奶；屋里的男人生病时，地也还得有人去犁呀。

男女主人在社会地位上与他们的帮工没有太大的区别，许多主人在年轻时就曾做过帮工。即使是小农，也会雇用其他家庭的青少年做些日常农活。住宅中也没有太多的隔离，帮工、男主人、女主人以及他们的孩子都一起吃住，一起干活。一个小的两居室可以容纳一名男主人、一名女主人、他们的孩子以及一个十几岁的帮工，通常情况下，帮工会和主人的孩子共用床和房间。随着时间的推移，主人家的孩子也会到其他家庭去做帮工，以学习技能。更富裕的自耕农家庭的孩子，可能不会当帮工，但如果他们想做帮工，也很可能会到更富有的大家庭里去。这些大家庭通常有很多工作需要人做。

一个富裕的、管理着更大面积土地的自耕农自然需要更多劳动力。自耕农可能还拥有一些商业化的项目，如乳品制作、肉牛饲养或马匹育种。这些大家庭中的工作和生活更加丰富，帮工有机会专注于某种任务，而不是做一个什么活儿都干的普通杂役。有雄心的年轻人可以借此爬上更高的社会阶层，也许可以先从一个大家庭中的挤奶工助手做起，再成为小一点儿的家庭的高级女仆，最后到一个大家庭中谋取更高的职位。

一些主人比其他人更善于留住自己的帮工，也有一些帮工对主人忠心耿耿，一生都与主人保持良好的关系。但一般来说，帮工平均只在每个东家那里待两年，就会寻找新的东家。新职位提供了学习不同技能和谋取更高工资的机会，当然，也能使帮工远离无法再忍受的人。在此期间，主人和帮工间的关系，与学徒制中师徒的关系一样紧张，帮工也可能遭受虐待。

1565 年，在苏塞克斯郡的艾登镇，玛丽恩·格雷（Marion Graye）和琼·朱尔登（Joan Jurden）在琼的厨房里发生了一场争吵。争吵的起因很典型：女主人向女仆耍脾气。

根据验尸官的记录，事情发生在早上 8 点。吃过早饭后，玛丽恩正在洗碗碟，擦木桶和盘子。琼在外面的菜园子里割药草，打算烧菜煮汤。走进厨房后，琼怒气冲冲地质问是谁踩烂了豌豆秧。玛丽恩"不耐烦地、倔强地、傲慢地"回答了这位女主人，并叫她走开。琼用手打了玛丽恩一下。玛丽恩转身反击，把琼推到门口，两人都跌倒了。这或许本不会惊动众人，但值得一提的是，就在两人倒地时，琼的手中还拿着割药草用的刀，而刀意外从侧面刺进了玛丽恩的身体。几小时后，玛丽恩死了。有人认为琼打她一巴掌是正当的，并对玛丽恩的反击感到愤慨。尊重年长者，敬重社会地位更高的人，是都铎人心中的道德支柱。遵从权威被认为是一种宗教义务，一种恰当的生存状态，也是和平繁荣的必要条件。像父母、神职人员、教师、政府、行会等人或机构，都在不停地向年轻人灌输这种思想。

某些技能可以为帮工赢得更高的工资。对男人而言，犁耕收入总是排在首位；而对于女性来说，挤奶收入则是最高。年轻人如果想在结婚前挣更多钱，就要在帮工时尽早找到好主人。最理想的情况是：25 岁左右的年轻人不仅拥有相当多的积蓄，而且掌握了作为一家之主、开始婚姻生活所需的全部技能。女性结婚的平均年龄为 24 岁，男性为 26 岁。只有当婚礼结束后，新家成立时，都铎人的成年生活才算真正开始。

How To Be a
Tudor

第 6 章

午餐礼赞

……但是在美味佳肴、饮品和香料上，现在的花费比过去涨了三倍……

——约翰·菲茨赫伯特

《农书》

正餐是一天里的主餐。如果按现代的标准来看，都铎人吃正餐的时间似乎太早了。在上午 11 点用餐是当时的潮流，但较保守的贵族家庭一般在 10 点就开始用餐。自黎明时分起床后，都铎人就开始做清理马厩、牛圈，以及取柴、担水等一系列工作。我敢肯定，忙完这一切后，他们早已饥肠辘辘，需要实实在在的东西来填饱肚子了。正餐是全天最丰盛的一餐，在每个人的生活中至关重要。食物种类丰富多样，而且很可能都是刚刚出炉，还冒着热气的。

富裕家庭的人们会在大厅的高台上支起桌子，铺上白色桌布，摆上盐、面包和酒。在摆桌子的过程中，讲究礼节的家庭往往会行鞠躬礼，以表示对食物的尊重。摆桌子由数人共同完成，严格遵守着一定的次序。人们穿上最好的衣服，要么在左肩或右肩搭一块长长的毛巾，要么在胳膊上搭一块餐巾。这些是地位和职务的象征。

安东尼·蒙塔古（Anthony Montague）子爵的居所位于苏塞克斯郡考德雷公园，子爵家的正餐仪式在内务长①的监督下进行。内务长会在早上 10 点召集自己的副手、礼宾师、浆洗仆、绅士侍从②、切肉工和供菜师等。

①贵族家庭中的低级家仆职官，介于管家和普通仆人之间，主要负责监管厨房、餐厅和卧室干活的仆人。
②指出身于绅士家庭或升迁至绅士等级的仆从。

浆洗仆先在净手台上铺好台布，摆放好餐巾、净手盆、毛巾和水壶，然后陪礼宾师来到餐桌旁。礼宾师先鞠躬，再吻一下自己的手，然后向浆洗仆指明折叠的桌布应该放置的位置。桌布放毕，两人用杆子将它铺展开，然后鞠躬退下。

接着，他们会按照类似的仪式摆放好盐、餐巾、瓷盘（或是木盘）。随后，礼宾师站在大厅里，高声地喊道："全体注意，准备供菜，迎接老爷！"所有侍从迅速集合，净手后穿上侍从的制服，搭好毛巾或餐巾。此时响起第二声"迎接老爷"，提醒厨师上菜。内务长、供菜师和切肉工列队进入餐室。到了餐室中央，三人一齐鞠躬，在走到餐桌旁以后，他们将再次鞠躬。

接下来，切肉工走到切肉台，供菜师站到放置菜肴的餐台旁——食物从厨房端出后，会先端到那里。供酒师站在酒水台（也被称为杯橱或酒柜）前。直到此刻，主人和他的家人才开始就座。浆洗仆一边鞠躬，一边递上净手盆、水壶和毛巾让他们净手。

食物开始从厨房送出，放在餐台上，每道菜上面都扣着一个盘子。在内务长的指引下，绅士侍从微微躬身，揭开菜肴上的盘子，并把菜肴端到餐桌上。有些菜需先送到切肉台，让切肉工处理，再依次端回，以供主人享用。

仅布置餐厅和摆桌子，就需要 6 个侍从和一堆仆人。正餐从上午 10 点开始准备，一小时后才真正开始用餐。各种仪式贯穿整个用餐过程，这还只是日常用餐。如果有客人到访，仪式会更加繁复，需要的仆人也更多。

乡绅、商人和自耕农吃正餐时，没有那么多仆人伺候，也不会有那么频繁的鞠躬。但是如果有可能，他们也会部分模仿上述仪式，在自家餐室设置独立的切肉桌和酒柜。底层家庭则很可能连一张餐桌都没有，吃饭只能哪里方便就在哪里吃。

切面包、分面包的过程具有更广泛的象征意义，令人想起教堂里的仪式，饭前祷告更突显了两者的关联。饭前的感恩祈祷在 1546 年开始盛行。当印刷版的感恩祈祷词出现时，亨利八世仍然在位。当时，他与罗马教廷的决裂已成定局，而英语也成了正式的宗教语言①。这种感恩祈祷词强调恪守传统，多行善举。

> 让我们以主的名义享用食物吧，用主赐予的食物暂时满足身体的需要。
>
> 让我们向主祈求，愿主赐予我们幸福生活的礼物，以满足我们心灵的需要。
>
> 我们对善举的需要，和此刻我们对食物的需要一样迫切。

了不起的面包

面包是都铎人的主食。"请赐予我们日常需要的面包"，这是都铎人最真实的祈求。生活在现代的我们，很容易低估面包在都铎人心中的地位。但请回想一下，你本周吃过的食物很可能就囊括了多种面包，其中以吐司和三明治最为常见。接着，请将你的头脑中的面食或米饭（碳水化合物）转换成几片面包；然后再想想你吃过的各式马铃薯，无论是马铃薯泥，煮马铃薯，还是炸薯条，将它们全部转换成面包片。

好了，想象中的面包堆得越来越高了。你再想想你本周的饮食中，有多少非面包类食材是都铎时代的英国有可能种植的呢？那时候种植了萝卜和豌豆，但没有香蕉和甜玉米。在剩下的食材中，有哪些是正当时令的呢？最后想象一下，当缺乏这些食材时，都铎人都是用面包来顶替的。现在，都铎时代的面包食用量有多大，你感觉到了吧？

早餐吃面包，午餐吃面包，晚餐还是吃面包，日复一日，每顿必吃。虽然面包经常与其他食物一起吃，但对于底层贫民来说，唯有面包才足以果腹。

那么，都铎人都吃什么样的面包呢？好吧，他们吃的面包品种繁多。

---

① 1533 年，英王亨利八世为了摆脱罗马教廷在政治上的束缚和经济上的盘剥，与罗马教廷决裂，并开始了宗教改革。改革后的教会称英国国教会，宗教语言也不再是拉丁语，而是英语。

有纯小麦粉、大麦粉或黑麦粉制成的面包，也有混合麦粉制成的面包——小麦和大麦，黑麦和大麦，黑麦、大麦和燕麦，小麦和黑麦，以及燕麦和黑麦。在困难时期或是贫困家庭里，面包是用大麦粉和豌豆粉混合制成的，有时甚至是用橡子粉制成。价格更低廉的面包通常除了全麦面粉外，还掺入了从精制面粉中筛出来的麸皮。

此外，有用啤酒酵母发酵的面包，也有用发酸面团发酵的面包和其他各种完全未经发酵的扁面包。人们食用的面包会根据当地的谷物、气候和土壤条件、家庭经济状况和前一年的收成而变化。当然，你个人的喜好和社会追求也是重要因素。尽管这些面包都是由有机谷物在本地制造而成，但这并不意味着它们都是好的食物。事实上，有些面包采用了变质面粉，有些掺了其他材料，有些还被烤得很糟。

最上乘的白面包是由纯白小麦面粉制成，后者通过啤酒酵母来发酵。在所有都铎时代的面包中，白面包最接近现代西方人食用的面包，但又有些不同。都铎式的白面包更紧实，奶油色更浓，表皮又硬又脆，比现代的面包更有嚼劲，也更耐饥饿。主要的差异源自小麦本身。

在过去400年中，各种小麦品种发生了巨大的变异，作物的外观、产量和营养成分均受到影响。现代的小麦在完全成熟时，其整齐的植株会在田地中挤拢在一起，株高及膝，每个麦穗上结着五十多颗饱满的麦粒。麦粒富含麸质，给予面包理想的质感——绵柔、松软、有弹性。

如果看一眼祷告书或老布勒哲尔的油画中所描绘的丰收景象，我们可以发现，麦田的景色已大为不同。都铎时代的小麦株高及我们的腰部，种得较疏散，上面结的麦穗比现在要少很多，且麦穗头参差不齐。但我们不能只依靠艺术家对都铎时代田地的观察，来了解16世纪的小麦。在一些老房子的茅草屋顶，还残留着都铎时代的小麦秸秆，上面有麦穗和几颗麦粒。这些小麦秸秆的上方堆放着一捆捆大麦秸秆，后者促使其免受英国潮湿气候的侵蚀，也躲过了饥饿觅食的动物。

在世界其他地方，当屋顶的茅草在经过多年的风吹雨淋日晒，并开始腐坏时，人们会把屋顶全部拆了再盖新的。而在英国，人们只是刮掉顶层腐坏得最厉害的那部分，然后在上面盖新的茅草。经过几个世纪的堆积，许多古老的茅草屋顶有4英尺厚，而在最底层的就是最初盖上去的麦秸秆、杂草和谷物。在1500年前，除了石砌城堡外，家用住宅里都建有中央平炉，但没有天花板。炉烟透过屋檐间隙、打开的窗户和其他大大小小的裂缝飘出。最底层的茅草留下大量被煤烟熏黑的痕迹。但在16世纪，英国兴起了大举建造烟囱的运动，家家户户都对住宅进行了改造，增设了一个烟帽或烟囱，加了一层天花板。烟雾不再直奔茅草屋顶，而是被引向室外。如果能在住宅的天花板上方找到一些暗藏的、被烟雾熏黑的茅草，那你所看见的茅草很可能在房屋改造前就已存在，或许就源自都铎时代。

那么，这些茅草中的小麦是怎样的呢？差别可大着呢！都铎时代的麦穗有长有短，色泽红、白、灰兼有，有些类似于斯佩耳特小麦①、二粒小麦或圆锥小麦。哲瓦斯·马克汉姆（Gervase Markham）在17世纪初写道，若只论盖茅草屋顶，那么，有一种小麦优于其他小麦，即"实心秆小麦"。这种类型的麦秸秆不是空心的，而是充满了茎髓，且产量很高，尽管它的面粉并不能做出最好的面包。

你可能会认为，这种小麦会是现存被烟熏黑的茅草中的主要品种，但事实并非如此。马克汉姆和约翰·菲茨赫伯特都曾在农书中细致描述各种小麦，后者均被用来盖茅草屋顶，且至今仍然依稀可辨：棕褐色圆锥小麦，粒大皮厚，颜色深且光滑；白色圆锥小麦，色泽更淡，表皮更薄，颗粒更小；白小麦，长芒，麦粒呈方形；瑞德小麦，麦穗又宽又扁且多芒；橘红色小麦，略带红色；红小麦，色泽在所有小麦中最红，长满麦芒，易皱折；淡黄色小麦，麦粒小，色泽淡且柔和；灰色的英格兰小麦和深黄色的奇尔特小麦。

都铎时代的家庭（和庄园）账簿、农事建议和商业往来账簿都曾提到，不同种类、不同价格的小麦用于制作不同类型的面包。灰色小麦常用于制作被称为"切特面包"的中等面包，淡黄色小麦用于制作最上乘的糕饼，而棕褐色圆锥小麦因其色泽而备受面包师冷落。

———————————————

①一种历史悠久的古老农作物品种，在中世纪的部分欧洲地区是重要的农产品，如今在中欧地区仍有种植。

　　根据都铎时代对各种小麦的描述，以及现存的茅草样本，我们今天可以找到非常相似的小麦品种。譬如，约翰·B．莱茨（John B. Letts）就完成了大量的调查工作，现在，他在生产一种所谓的"伊丽莎白混合白面包面粉"。

　　根据文字史料和茅草样本，我们可以清楚地看出，几乎没有一块地只种一种小麦。市场上各类种子常常混杂在一起。马克汉姆警告说，如果你要买的种子像"变色的塔夫绸①（Taffeta）"，那很可能是实心秆小麦、棕褐色圆锥小麦、橘红色小麦和奇尔特小麦等几种麦种混杂在了一起。当时，大多数人并不购买新麦种，而是选择自留麦种。这一做法促进了麦种的多样性，并为农业生产提供了更多保障。无论天气条件如何，多样的种子能确保总有某种麦子可以生存下来。一种小麦可能在今年长势良好，而另一种小麦则在来年迎来大丰收。这使人们有了麦秸秆盖屋顶，也能坐在茅草堆中享用面包。

　　不过，都铎时代的白面包之所以这么特别，不仅在于小麦本身，还在于酵母。现代的酵母，无论是新鲜酵母还是干酵母，都是在特殊环境中细心培育出来的，因此，我们能确保其成品质量稳定，符合预期，同时包含特定的菌株混合物。都铎时代的酵母是"自然发酵"的：在一个设施齐全的农舍，都铎人只需进入烘烤房旁边的酿酒室，收集一点酿制啤酒时浮在酒桶表面的泡沫酵母，或者从当地的酒馆买一点。如果这些行不通，他们还可以从野外收集。野生酵母无处不在，它们可以在水果和谷物的表皮着床、生长。

　　大体上，用于酿造的酵母主要有两大类：一类生长在水果里，适于酿制果酒；另一类长在谷物里，适于酿制麦芽酒和啤酒，也适于制作面包。要想自己制作酵母，你只需混合一些面粉和水，将之搅拌成温热、黏糊糊的面糊，并置于室外。一两天后，它要么开始发酵，要么毫无变化。如果面糊发酵了，就意味着你已获取了酵母，如果没有任何变化，那你就再试一次。在收割庄稼前的温暖的日子里，把面糊放置在粮田附近，效果最佳。

①用优质桑蚕丝经过脱胶的熟丝以平纹组织织成的绢类丝织物。

获得一碗正在发酵中的面糊后，要撇去泡沫状、闻起来有酵母味的部分，把面糊加到一碗新的混合面糊中，加盖并置于某个温暖的地方，让酵母继续生长。在一两个星期内，重复上述更换新鲜面粉和水的过程 4～5 次，酵母的效果将达到最佳。至此，你已经获得了优质、纯净的酵母菌种，可以开始用它自酿啤酒了。

都铎时代的这种传统做法确保了培养基的高度个性化，各个家庭，乃至各个面包师所使用的酵母均不相同。同时，因为酿酒桶暴露于空气之中，其他野生菌株也得以混入其中，其风味也因此日趋醇厚。

既然已经弄清楚了制作面包的原材料，接下来就讨论一下都铎式面包的烘焙方法吧。烘焙方法的不同，也是造成都铎面包和现代面包之间各种差异的重要原因。当时的谷物是放在两块磨石之间磨粉的，有专门的水磨坊和风力磨坊。至 1500 年，用磨石手动磨粉的做法早已被废弃。在一些偏远的地方，可能有部分居民还保持着手工磨粉的习惯，但总体而言，磨粉已成为一个商业化的行业。

磨粉前，要对磨石的类型做一番认真调查。据悉，法国进口的"黑磨石"可以磨出最白、最精细的小麦粉。尽管运输费用高昂，但这种磨石仍被广泛使用。除此之外，各种各样的本地石头也都被用来磨粉。一般来说，磨石越坚硬，其使用寿命就越长，所磨的面粉也越干净，但磨损后重新修理的成本也越高；质地越软的石头磨损得越快，且石粉会混入面粉之中。

不仅是农民会把谷物送到磨坊去加工，许多人也喜欢将在市场上购买的谷物拿去磨粉，而不是买现成的面粉。谷物容易存放，营养被包裹在谷物的麸皮壳里，而暴露在空气中的面粉会在几星期后开始变质。因此，谷物一般被小批量地送往磨坊，通常是一次几袋。这样一来，居民一年四季都能食用新鲜的面粉，磨坊主的收入也更稳定。

约翰·梅奥（John Mayoe）就是一名以此谋生的磨坊主。他把生意安置在牛津郡的威克汉姆，就在布洛克瑟姆路的北边。他长期租赁那里的磨坊厂房，租借权可以传给他的儿子。磨坊使用的是水力磨，拥有使用当地水路的权利；此外，磨坊由两个分开的厂房组成，内含一个贮水池和数条水沟。磨坊中的水车和主要的机械装置属于厂房主人，并被写入租约中，但所有非固定的"器具和装置"都由约翰自己提供，包括他养的两匹马。这个生意不仅需要有经验的人来管理，而且需要一定的资金储备，其中蕴含着相当大的商业风险。这一点从他需要向理查德·费尼斯（Richarde Fennys）爵士借贷以维持资金周转就可以证明。从账目上我们可知，他为个人加工谷物，至少为一位名叫尼古拉斯·贝里（Nicholas Berrye）的专业面包师提供过服务。

在关于都铎王朝的故事中，像约翰这样的人经常被描绘成为发财而不择手段的卑劣之徒。磨粉的操作过程为不诚实的人留下了可乘之机。人们在把一袋袋谷物送到磨坊主的磨坊里时，都希望拿回等量的面粉，然而，加工过程中难免会有一些损耗。如果磨坊主磨粉后还要筛粉，那么产生误解或欺诈的可能性就会增加。筛粉是指让面粉过一遍筛网布，将麸皮从面粉中分离出来。筛得越彻底，面粉就越白、越精细。如果用手工操作，这一过程将非常缓慢，因为面粉的筛网非常细密，筛孔会被堵塞。磨坊主可以先搭一个木架子，在上面紧套筛网布，然后开动磨坊的转动装置，让它机械地敲打木架，面粉受到振动后就会从筛眼漏下去。

如果是在家里筛粉，你可以将筛网布的一端固定在某种钩子上，用一只手握住筛网布的另一端，再用一把大木勺在筛网布上来回搅动，这样，面粉就会透过筛眼漏到下面的槽子里。不过，几分钟之后，你的手臂就会变得酸痛（至少我的手臂感觉到疼了），而想筛出能制作一块蛋糕的面粉，你可能需要花一个小时。

当然，如果你不希望把麸皮从面粉中分离出去，也可以选择不筛粉，这样也可以制作出上乘的全麦面包。但是如果你想制作白面包或蛋糕，那就必须将麸皮分离出去（都铎人可以选择部分分离或全部分离）。分离出去的麸皮重量除以总重量，再按百分比计算得出的比率，即为提取率。当将一定量的麦子交给像约翰这样的磨坊主后，如果你要求不筛粉，他会交还给你重量稍微少一点的一袋面粉；如果你要求筛粉，他会交还给你一袋面粉和一袋麸皮，两袋的重量相加，会略轻于原来的那袋麦子。

那么问题来了，所差的重量是合理的损耗，还是他悄悄侵吞了一点儿呢？他会不会私藏一些上好的面粉，再从别处多搞点麸皮来补足重量呢？

没有任何记录显示约翰不诚实。当然，他生活舒适，但这只能表明他勤奋努力，并有良好的商业意识。1576年，约翰娶了科莱特（Collett），生了两个孩子，小约翰和弗朗西丝（Frances）。他们全家住在附近的班伯里镇，约翰每天骑着一匹母马去磨坊。那匹母马养在家里，没有和磨坊的两匹马养在一起。他们家的楼上有三个房间，每个房间都有一张床，楼下也有三个房间，后面的小院子里有一个小小的马厩。家里的陈设谈不上奢华，但很精致。科莱特有一大堆床上用品和桌布要清洗，有不少器皿要擦拭，但家里没有帷幔，也没有银器。厨房上面的房间里安放了两台亚麻线纺车，用于纺织床上用品和桌布的亚麻线很可能出自她和女儿弗朗西丝之手。

我们还是回到面包制作的话题上吧，特别是那种广受赞赏的白面包。白面包很小，一般约一磅重，由最优质的面粉精制而成。这种面粉不是用普通田地里的小麦磨成的，而是用了淡黄色小麦。在普通田地里，各种小麦全都混种在一起：有棕褐色圆锥小麦，有橘红色小麦，还有实心秆小麦和奇尔特小麦。制作白面包用的面粉都是用坚硬的磨石碾磨而成，并由像约翰·梅奥这样的行家筛过。下面这份配比来自哲瓦斯·马克汉姆写于1615年的《英国主妇》（*The English Huswife*）一书：

> 将面粉放在一个中空的木槽里，再往里面加入刚从酿酒室取出的液体酵母（发泡酵母），1蒲式耳[①]面粉需加3品脱[②]发泡酵母。之后，撒入少量的盐，然后不断搅拌、揉动捏合，视需要不断加水，最后揉成一个相当松软的面团。

[①]蒲式耳是一个计量单位，是一种定量容器，好像我国旧时的斗、升等计量容器。在英国，1蒲式耳相当于36.3688升（公制），而在美国，1蒲式耳相当于35.238升（公制）。
[②]容量单位，主要在英国、美国及爱尔兰等国家使用。英制的1品脱合0.5683升，美制1品脱合0.4732升。

要想手工揉那么一大块面团，可不是一件简单的事情。马克汉姆建议使用"揉面器"。如果没有揉面器，也可以用一块布将面团包起来，把它放在地板上，然后在下面垫一块干净的木板，脱下鞋袜用脚踩。我个人最喜欢脚踩的方法，尽管必须先把面团揉捏到一定程度，使它不至于太黏布，还必须将脚清洗干净。脚和腿比手臂有力量得多，用脚踩时，你仍能较好地控制面团。

马克汉姆建议的"揉面器"是专业面包店的必备工具。这种揉面器包括一个木制杠杆，一端用皮革铰链固定在一张桌子上。一个人握着杠杆的另一端，用尽全力上抬下压，另一个人在下方不断调整面团的位置。现代的面包师都清楚，好面包的秘诀主要在于揉面。面团必须揉到有韧劲、有弹性。揉好的面团在醒①一小时之后，就可以做成小而扁平的圆形面包了。在投入烤箱烘烤之前，你需要在面包四周刻几刀，这被称为"割包"②，目的是帮助面包膨胀。

不过，白面包是奢侈品。人们谈得很多，也很想吃，事实上却极少吃到。从几个大家族的厨房账簿中，我们可以清楚地知道，即使是当时的富豪，也只是在节假日食用白面包。例如，通过查看 1592 年埃塞克斯郡的英盖特斯通庄园（Ingatestone Hall）为期五个月的日常账目，我们发现彼得（Petre）家族在所有烘焙的面包中，只提到"切特面包"和"家常面包"，只字未提白面包。1547—1548 年，位于诺丁的沃莱顿庄园——威洛比（Willoughby）家族的府邸——共食用了 10140 磅精制切特面包，15 467 磅更粗劣的面包和仅 2000 磅的白面包。

切特面包尽管是由更常见的各种小麦粒磨粉制成，却仍然被大多数英国人视为可望而不可即的优质面包。根据英盖特斯通庄园的记账簿，我们发现这种面包是由红小麦制成。这种面粉的颜色会随着时间的推移而自然变深，且通常由更粗糙的筛网布来过筛，因此，其部分麸皮得以留存。所以，

---

①即醒面，是指将和好的面，在进一步加工前静置一段时间，这个过程也叫做饧面。

②割包不仅是为了在面包表面制造花纹，更是有实际作用的。面团在高温烤箱内会急速膨胀产生洞洞，如果在成形时表面太绷紧，内部的面团就会在料想不到的薄弱处冲破表面，造成难看的"裂痕"。割包就是为了把膨胀引向这些割痕处，从而有效控制成品的形状。

它不是全麦面粉，也并非最精制的白面粉。切特面包的制作方式与白面包不同，无需新鲜的啤酒酵母，也不必醒面一小时，而是用发酸面团作为面头，在凉爽的地方放一晚进行发酵。

做发酸面团很简单，只要在上一次做面包时留一小块面团，加少许盐，任其随着面团里的酵母菌生长变酸发酵即可。把发酸面团加入面粉之前，应先将面团捣碎，加一些温水，直至面团变成糊状。之后，再在糊状物上面撒一层面粉，搁置一旁过一夜，以使酵母菌繁殖。第二天早晨，把其余的面粉都揉进面团（可能还需要加入少许水），将它搅拌成一个硬实点儿的面团，然后揉捏，用"揉面器"捶打或用脚踩。这些面包的大小是白面包的两倍，要从顶部往下深刻几刀，不同的形状昭示着每块面包的特性。另外，这些面包需要温度更高的烤箱。

英国南部、东部和中部地区的人食用的是马斯林面包（Maslin），一般由小麦粉和黑麦粉混合制成，黑麦和小麦的配比并不绝对。一直以来，黑麦在雨水多的年份产量更高，在山地和贫瘠的土地上的长势远好于小麦，所以它的价格比小麦低。这两种麦子经常被种在同一块田里，正如种植转基因小麦作物加强了粮食安全一样，同时种不同品种的作物可以免于较大的季节性波动。

在英国北部和西部，由于气候潮湿多雨，难以种植小麦，其主要以种植德芝（Dredge，混种在同一块地里的燕麦和大麦）和燕麦为主。人们食用的就是用这些谷物的面粉制作的面包。不同的谷物制作面包的方法也不尽相同。尽管马斯林面包与切特面包有着相同的发酵方法——用发酸后的面团作为面头，搁置一夜，待发酵后再用力揉面；但若将这种方法用在德芝面粉和燕麦粉上，效果将没有那么好。

16世纪的书面文字材料主要记录了英格兰东南部的面包制作方法，虽然人们曾谈及兰开夏郡被称为"克莱普面包"的干燕麦薄饼，柴郡的"格鲁面包"以及北部地区食用的"詹诺克斯面包"和"德芝面包"，但是有关更北部的面包制作方法的记载则少得可怜。

我曾尝试用在水中浸泡一夜的燕麦糊制作面包，并很成功地做出了扁平状、未经发酵的燕麦饼和用发酸面团发酵的燕麦面包。做"克莱普面包"时，先取一匙燕麦糊，将之撒在干燕麦片上，然后摊平。如果太黏，就不时撒上一点干燕麦片。接着，先加热烤石，等温度上升到足以把搁在上面的少许干面粉烤焦时，就可以烤燕麦饼了。将燕麦饼的每一面烤三四分钟，然后把它们竖立在火边，慢慢烤干。

我在铁制烤石和普通烤石上都试过这种方法。铁制烤石操作起来较为容易，但我认为，用石头烤出来的面包风味更佳。我曾用搁置了 12 小时的粥状面糊制作"詹诺克斯面包"，最终发现其效果最佳。这一次的面糊是由燕麦片、大麦粉和水混合而成，之后加入发酸面团和温水搅拌。将它们混合在一起后，在表面撒上厚厚的一层干燕麦片，再在凉爽的地方搁置一整天。第二天，我把它们搅拌均匀，揉成面团，并放在烤石上烘烤，先烤一面，再烤另一面。

除了燕麦饼之外，都铎时代的面包主要是在烤炉中烤制。那个时候的烤炉很像一个储存式加热器，可以把大量石头、砖块或干黏土加热。通常情况下是在烤炉的正中间烧火，火燃烧时，会由内向外加热烤炉。烤炉一旦达到一定温度，就会长时间散发热量。这时，食物便可放在烤炉底部，即几分钟前刚烧过火的地方。炉内的热能提供了烘烤所需的热量，随着烤炉慢慢冷却，热量也逐渐减少。

都铎时代的烤炉通常置于加高的底座上，炉口的高度与人的腰部齐平，操作起来非常方便。许多现存的炉具在底部有一个开口，可以通到烤炉底下。如果你认为这里是生火的地方，那就大错特错了，事实上，它是一个出灰洞，撤火时可以先把燃烧着的余烬从这里拨出。炉子底部为圆形，顶部呈拱形，另一个开口是炉门。炉子内部的大小和形状对烘烤效果至关重要。

能用都铎时代留存下来的真品和仿制品烤炉进行实际操作，我感到很荣幸。仿制品烤炉格外珍贵，这些仿制品对于重现原烤炉的技艺十分重要。作为研究工具，重建出问题的烤炉同样有价值，也许比顺利建成的烤炉更有价值。当人们第一次在都铎时代的烤炉中心点上火时，首先会看到簇簇火苗升腾而起，直达烤炉的拱形顶端，随后向四处飘散。如果不断添入柴火，火焰就会连成一片，舞动在整个拱形顶端的四周，接着席卷而下，吞噬烤箱底部。此时炉火进入了下一阶段，废气由火焰卷回烤箱中心，并再次燃烧。之后，从烤炉中飘出的烟雾微乎其微，几乎所有的柴火都被燃烧殆尽。火焰的颜色和形状随着温度的升高而变化，从来势汹汹的黄色火舌逐渐变成更纯净、更蓝的火焰，如曼妙的舞者跳着阿拉贝斯克[①]（Arabesque）舞步。最后，当所有柴火都烧尽时，整个炉底只剩下一盘红红的木炭，蓝色的小火苗闪烁其间。

若想充分加热一个直径为 3 英尺的烤炉，通常需要 45 分钟到一小时不等。在德文郡农舍里发现的家用黏土烤炉（直径为 18 英寸），也需要约 40 分钟来加热；专业面包师和大家庭使用的超大烤炉，需要大约一个半小时。但不论大小，基本的规则均适用于所有烤炉。首先，使用的木柴不要太大，干透的细树枝更容易着火，释放热量的速度也更快。其次，先用一点易燃的东西生小火，再添加柴火，不要把烤炉塞得太满，也不要堵塞从炉口到中心点的通道（保证氧气充足）。同时，将木制烤炉门浸泡在水中，当你用它封炉子时，炉门不仅不会被烧成焦炭，还能在封闭的烤炉中引入少量蒸气。

测试烤炉温度的方法有多种。德文郡的传统做法是在烤炉内放置一块小小的"测温石"，随着烤炉接近烘烤面包的温度，石头的颜色会有所改变。当然，你也可以在炉顶盖上撒一小撮面粉，如果面粉一接触顶盖就直冒火花，那就说明炉子已经达到最高的烘烤温度，可以烘烤一个大的粗粮面包。但是对烤制精细的白面包来说，这个温度有点过高了。

我个人是通过炉火的形状来做判断的。我指的是，当烤炉门前的区域热到无法伸手时，观察炉火有多大，以及呈什么形状。每个烤炉都有所不同，所以，你必须多生几次火，才能真正确定合适的炉火形状。不过，丰富的经验可以让人准确判断烘制不同的面包时，需要的温度和时间。

---

①舞者最常练习的舞步之一，是用一种叶片状的花纹图案命名的。它广泛适用于多种舞蹈，通常和其他芭蕾舞步组合完成，例如，伸展动作或者腿部动作。

　　一旦烤炉达到适当的温度，就必须将炉火迅速从中耙出。之后，你需用一把湿刷子快速拂过炉底以清除剩余灰烬，然后放入面包，上好炉门，再用面粉和水的糊状物封住门框，以锁住热量。炉火一经撤出，炉内的热量就开始散去，所以，你的速度一定要快。炉门密封好后，你只有40分钟准备下一批烘烤食材。

　　当第一批面包出炉时，炉内的温度会下降，但不至于完全冷却。如果第一批烘烤的是普通的大面包，那么余下的热量将是烘烤各种馅饼、小面包和蛋糕的绝佳选择。一小时后，这些食物也会被烤熟。此时烤炉的温度会降低至理想温度，正适合烘烤饼干和蛋奶沙司。如果材料预先备妥，中间过程衔接迅速，那么每生一次火，你的烤炉就可以烘烤三批食物。

　　如果你想在庭院里搭建烤炉，那就把它做成一个顶部稍平的圆顶屋，使其从底部到顶部不超过两英尺。烘焙通常在烤炉的底部进行，所以额外的高度既费时，又费柴火。中世纪乡村的绘图显示，烤炉的外部形状类似于圆柱体，上面还有半球形的圆顶。请记住，这只是外部的形状，而不是内部的形状。两种形状的差异主要在于是否有助于保温，尤其是在热量很容易逃逸的顶部。烤炉的顶部越圆，火焰在烤炉内就越跳跃，烤炉受热也就越均匀。

　　在搭建这样的烤炉时，最简单的方法是用石头或砖先搭建一个底座，再找一个稍平的圆顶状物体，如篮筐。把该物体倒扣在底座上，再在它的顶部和周围糊上两英寸厚的黏土。继续操作，一定要有耐心，等一层土变干后再糊第二层，一直糊到超过6英寸厚，且看起来干燥、稳固，没有裂缝。这时，可以在炉子里面点一把小火，一边帮助烤炉进一步干燥，一边把圆顶状物体烧掉。烤炉完全干燥后，你就可以正式生火烘烤了。所以，开始揉面团吧。

　　柴火也是一种商品，是林地经济的一部分。供出售的树枝必须符合行业规定的标准，所有细树枝都按一致的长度或大小捆成一捆，这也使烤炉趋于标准化。人们寻求一种可以更高效地利用树枝的烤炉构造。居住在靠近荒野地带的人会收集金雀花灌木、枯萎的石南属植物和其他木本灌木作为柴火。不过，人们还是更喜欢树枝，因为天然树脂烧起来更旺、更迅速。节俭的人会将各种木屑废料收集起来，用作烤炉柴火。只要烧火时小心点，麦秸秆也是不错的选择。

不过，并不是每家每户都有烤炉，尤其是城市的居民。幸存下来的房屋和考古证据表明，在自耕农和乡绅之类更富有的家庭中，烤炉相当普遍，但在普通百姓家或各阶层的城市居民家中，烤炉很罕见。公用烤炉和商业面包师为大部分人提供烘烤服务。

为了区分各自的面团，在共用一个烤炉时，人们会在面饼上做一些标记，如戳洞、扎眼、标字母等。在现代的英国，从制作面团到烘烤面包的整个过程都由面包师负责，许多都铎时代的面包师也一样。不过，那时还流行付费给面包师，让他们来烘烤自家制作的面团、馅饼和燕麦饼（意大利南部仍保留了此传统）。

这些采用不同谷物、不同酵母和不同烘烤方式的面包制品，味道都很不错，且比大多数现代面包要更浓烈。习惯食用白面包的口味寡淡的现代人很可能无法适应它们的味道，因为即使是都铎时代口感最淡、最精制的白面包，也比我们大多数人习惯的那种要更坚硬，也更有饱腹感。按现代标准来说，马斯林面包和德芝面包确实太硬了，需要好好咀嚼。都铎时代的面包，其外皮厚实、松脆，与里面软软的面包心截然不同，这种外焦里嫩的特性主要由烤炉造成的。

面包皮上会留下烘烤的痕迹，下层的皮甚至会沾上一些炉底的灰炭。在大家庭中，下层的面包皮经常被切给仆人吃或另作他用；而其他干净的外皮，则供较富裕的、社会地位更高的家庭成员食用。"詹诺克斯面包"让人联想起苏格兰的"班诺克斯面包"，它们的烘烤方式颇为相似，上下两面与烤石均有接触，呈褐色，口感酥脆，侧面更柔软、蓬松。马斯林面包用黑麦和小麦的混合面粉，而非纯黑麦面粉所制。21世纪的今天，一些面包大师正热衷于制作发酸面团发酵的手工黑麦面包。品尝过这类面包的人将对马斯林面包的口感有一定的了解。马斯林面包营养丰富，本身堪比一餐饭，是都铎时代营养最丰富的面包。

四季浓汤

除了面包，都铎人还享用哪些食物呢？贵族的餐桌上摆满了令人眼花缭乱的烤肉和鱼，但对普通人来说，最常见的菜肴是浓汤，后者品类众多。各种水果、蔬菜和香草都可作为浓汤中的食材。将这些食材放在瓦罐中慢慢炖煮，再加上某种谷物或豆类，即可使之变得浓稠。有时，人们也会加入鸡蛋、牛奶、奶油或黄油，以增加汤的黏稠度，丰富其口感。基督教有禁食斋戒①（Fasting）的传统，在大小斋日和斋期禁食肉、蛋以及乳制品，这意味着在星期三、星期五、星期六、大斋期②（Lent）和基督降临节，人们更多用鱼和贝类给浓汤提味，而在其他日子，人们则会使用不同的肉类。

有些浓汤的做法简单实惠，例如豌豆浓汤。先将干豌豆浸泡，然后加水煨，再放入一点火腿或培根，以及一把薄荷。然而，一道用料复杂、配比讲究的浓汤则很昂贵，其食材包括鸡肉、柠檬、葡萄酒和鸡蛋，还有少许姜、红枣和刺山柑。

英国各地的传统菜有很多是都铎式浓汤，比如卡伦鳕鱼汤、羊肉汤、豌豆火腿汤、韭菜鸡肉汤等，数不胜数。这些汤的基本做法是先炖一锅好汤料。如果不是斋戒日，你可以在汤料里加点肉或者鱼，然后加入谷物（或豆类）和香草，多炖一会，最后，在快炖好时加入更多的香草和蔬菜。炖浓汤无需时时照看，准备过程也不复杂，手头有什么就放什么，量多量少无关紧要。所以，人们可以一边干活，一边炖汤。炖好的浓汤美味可口，还能填饱肚子。

15 世纪一直流传着几种不同的手写食谱稿，上文提及的诗歌体食谱就是其中一种。第一本印制的烹饪书出现在 1500 年前后，书名是《妙手烹饪》（*A Boke of Cokerye*），不过该书的作者不详。

这本书可能只印了 200 本。无论是手写还是印刷，散文体还是诗歌体，

①基督教传统中一项极其重要的灵修方式，但在 16 世纪宗教改革之后，新教逐渐抛弃了部分传统，禁食斋戒就是其中之一。
②共计 40 天，是基督教的教会年历中一段重要的节期。大斋期的起源是早期信徒为了准备逾越节的筵席，提前举行禁食和祷告。

这些食谱显然是为上层社会的专职厨师所准备。例如，《妙手烹饪》中介绍的第一道菜是夏季浓汤：

> 将一块猪肉和一块小牛肉放入臼中捣烂，加入鸡蛋混合。用丁香粉和胡椒粉调味，并用藏红花粉着色。将混合肉糜捏成小丸子，放入沸水中。肉丸煮熟后，搁在一边沥干，然后准备肉汤。杏仁焯一下，碾碎后用布包住，然后挤压布包，将杏仁汁挤入热牛肉汤中。西梅脯去核，与葡萄干一起切碎，加入用肉豆蔻和姜调过味的肉汤中。肉汤用文火煮开，放入肉丸煮透，在关火前加一点点盐，浓汤就可上桌了。

这道菜的食材十分昂贵，除了肉类外，其他材料都是进口的。杏仁和梅子来自法国，葡萄干产自希腊，丁香、胡椒、藏红花、肉豆蔻和姜都来自远东。据估计，在1500年，这道六人份浓汤的成本在两先令左右，超过了当时一个熟练工整整一星期的收入。

用小牛肉和猪肉做的菜通常被称作夏季菜，因为这两种食材从暮春到初夏都有供应，但在其他季节则很难得到。现代的人工养殖技术使大多数人对水果和蔬菜的季节性认识比较模糊，但在都铎时代，所有食物都有季节性。母鸡冬天不下蛋（现代用人工光照来刺激它们全年产卵），奶牛从9月下旬到次年春季不产奶，因为这段时间母牛在孕期。当时，几乎所有的小牛都在春天出生，所以小牛肉的时令性很强。小猪肉的肉质最佳，不过也只在暮春才能获得。培根和火腿通常采用大猪的肉，并在岁末制成。宰养时间定在每年6月，即剪完羊毛后最为划算。初夏时节，鹅被翠绿的草养得肥美，肉质鲜嫩。海洋中的鱼类按季节迁移，每年在同一时间准时抵达海岸线。

1545年，《家常菜烹饪新妙招》(*A Proper Newe Book of Cookerye*)面世，针对的是社会上更庞大的潜在购买群体。该书中的食谱更简单，价格也更低廉，因为原料基本上是就地取材，多用香草调味，而不用香料。我个人最喜欢的是"炒豆子"。首先，将豆子浸泡，煮熟。然后，将一大块黄油放入煎锅，再加入两三个切碎的洋葱，放入豆子一起翻炒，直至豆子变成褐色。最后，撒上一点盐就可以吃了。

总体而言，都铎时代的食物美味可口，新鲜而且应季。

敞开式烤肉

对于那些只吃过炉烤牛肉或羊肉的人来说，品尝一下敞开式烤肉是一种全新体验。燃料是木柴或泥煤①，散发着一种令人舒服的气味，不像煤块散发的烟雾那样令人生厌。每次拍完烤肉的过程，摄制组人员全都变成了饿狼，几分钟之内就把烤肉一扫而光。随后，他们集体陷入了沉默，看着眼前的一片狼藉才意识到，享用烤肉的片子还没拍呢。

制作敞开式烤肉时，你需将肉挂在火的前方而非上方。如果肉挂在火的上方，油脂滴入火中，会引起火焰上蹿并烘焦肉的表面。很快，肉的外皮就会变得焦黑，而中间部位仍然是生的。相反，如果把肉挂在火前烤，不仅能让它因辐射受热而烤得更均匀，还能使油脂滴入下面的盘中，用于烹制其他菜肴。铁架把烤肉叉稳稳地置于火前，而火则是在另一副架子——"薪火架"里烧着，薪火架上搁着燃烧的木头。

烧烤时，最好能使用三种不同的木柴，山毛榉或白蜡木提供热量，橡木搁置于炉火中央，以便吐出长长的火舌，榛木或桦木用于快速升温。有时也可以掺入其他木材，只为其特有的味道，比如苹果树。避免使用含树脂的松树，因为它们很难烧，味道不好。绝对不用柳树，因为会产生刺鼻的烟雾。所有木柴的大小应基本一致——3英尺长、直径3英寸为最佳。

亨利八世钟爱的旗舰"玛丽·罗斯号"沉没后，船上的木柴一直在船体深处保存完好。20世纪70年代后期，海洋考古学家找到了这批木柴，共600多段，包括桦木、橡木和山毛榉。桦木最多，可能是因为船上厨师用的是封闭的火炉，而桦木烧起来效果最好。那是一个砖砌的炉子，上面

---

①泥煤又称草炭或泥炭，是浅海环境下由藻类、菌类等低等生物形成的腐泥煤。

架着一口大锅。这些木柴的树龄约为 15 年，木纹笔直，没有分杈。木段直径大体为 3～4 英寸。在"玛丽·罗斯号"上的诸多意外发现中，这些木柴最令人兴奋。这是一个罕见的发现——还有什么方式能使如此普通的一次性消耗品保存下来呢？

烘烤用火和烧煮用火有所不同，这就是为什么我们能在许多古老建筑的厨房里看到两个大火炉。烧煮时，锅下尽量维持一堆低火，火焰集中，并沿着锅底向外扩散。烘烤则不同，需要先在炉子中央点上一小堆呈角锥状的火，积攒一堆热的余烬。接着，将两个薪火架置于余烬两侧，与之相隔约 2 英尺 6 英寸，并将最细的桦木或榛木摆在两个薪火架之间，使之呈类似齿条的形状。木柴烧着后，可以再添加山毛榉和白蜡树的木柴，慢慢把它们竖着靠在薪火架上。火朝两边越烧越旺时，尽量使其形成一道窄窄的火帘。当薪火架上的木柴烧得差不多时，可将未烧尽的木柴向内拨到中间位置，在薪火架下面形成红红的炭火区，这样一来，放进去的木柴就能立即点燃。达到这种程度后，剩下的事情就很好办了——只要不时地在上面加入更多木柴，并把未烧尽的部分往里拨即可。

10 分钟后，迅速把待烤的肉安置妥当。烤整头羊或整头猪太过奢侈，一般只有开派对时才会那么做。将烤肉叉从肉的正中心穿过，保证每个方向的肉均有着同样的厚度，这样，烤肉的味道最佳。如果烤肉带有骨头，则会影响其内部的受热情况，所以，需借助金属烤叉将热量传递到被骨骼屏蔽的区域。烤肉架靠近薪火架，比薪火架略宽一点，烤肉叉则横放在烤肉架上。使用非常大的烤肉架时，可以将几块肉穿在不同的烤肉叉上。烘烤时，你要慢慢地转动烤肉叉，通常来说，每 5 分钟转四分之一圈，这样便可留足时间烤熟肉块。

当然，你也可以用机械装置来控制转动，或叫小男孩手动控制。之后，就需涂上一层油脂了，你可以直接用之前滴到托盘中的那些，也可以在油脂中加入蜂蜜、葡萄酒、香草和香料等调味料。每次涂抹油脂后，还可以再撒点粉末。粉末里有各种配料，其主要成分是面粉、面包屑或燕麦片。这样，烤肉就有了最美味的外皮，保住了良好的烟熏风味。

　　都铎时代的食物经常不够吃。即使是在大家庭，烤肉以及进口的杏仁、葡萄干、糖和香料等通常只有主人、他的直系亲属以及贵客可以享用。例如，在英盖特斯通庄园的厨房记账簿中，记录着牛被分割成 6 块用于"烧烤"的肉和 40 块用于"烧煮"的肉。只要看一下当时的烹饪书，你就会发现，进口原料的数量很少。暮春时节是大多数人最困难的时候，他们往往只能依赖秋季备下的各种腌制品、干货和熏制食品。全国各地的存货都趋于枯竭，食品的市场价格水涨船高。尽管庄稼地里绿意盎然，但可供果腹之物寥寥无几，为此，人们不得不做出许多艰难的决定。

　　如果家里有几头家畜，那么在它们个头最小，身形最瘦的时节，是宰杀它们，还是放过它们？如果前一年收成差，人们可能不得不吃掉一些玉米种子。乡村地区到处都有人定居，所有自然资源已物有所主，从野外寻找到粮食的可能性几乎为零。这块土地上的所有野生动植物，都属于拥有这块土地的人——不是承租人，而是不动产所有权的拥有者。大多数小农都无权从溪流中捕鱼，也无权从他们耕种的地里捉鸽子或逮兔子。拥有这些权利的人本身也要依赖这些资源，所以他们会看护得很紧。当天气恶劣，农作物受损时，人们都焦虑不安，却无能为力。

　　16 世纪，英国发生了多次严重的饥荒：1527—1529 年的情况很糟糕，1549—1551 年也是如此；紧接着，1554—1556 年间遭遇了灾难性歉收；1594—1597 年又遇到严重的歉收。这种时候，那些习惯吃小麦面包的人只能改吃大麦面包，而地位更卑微的人则不得不转向更粗糙的食物，把豌豆粉和麸皮相混合，甚至掺入橡子粉，以填饱肚子。港口城镇的政府努力从国外采购粮食，发放救济面包，要求有钱人开放粮仓，出售储存的余粮。牧师们教导大家向穷人提供食物，但仍有很多人饿死，更多的人则面临着营养不良。"玛丽·罗斯号"上几名船员的遗骸就为我们提供了这样的证据：数例痊愈的儿童疾病，如佝偻病、坏血病和贫血症都与营养不良有关。该船沉没于 1545 年，这些船员在 1527—1529 年的灾荒期间应该处于儿童期。他们很可能遭遇了严重的饥荒，才在骨骼上留下痕迹。

How To Be a
Tudor

第 7 章

好好工作

我要赞美我们的农民和能工巧匠，他们目前是各自行业里最优秀的人。

　　　　　　　　　　——威廉·哈里森（William Harrison）
　　　　　　　　《英国见闻》（*The Description of England*）

吃过午饭之后，男人们就要继续去干活了。

犁田者的生活

在都铎时代，约有 80% 的男人在田里干活。田里最常见的农活就是耕作。耕作是都铎时代标志性的农活，最耗时，也最耗体力，同时也是食物生产中最重要的工作之一。这项工作专属于成年男性，整个国家没有哪项工作像农耕这样，要投入如此多的人力和时间。可以说，家里如果没有耕田犁地的男人，那一大家子都会挨饿。

在现代西方人看来，耕作是一年仅干一次的工作。你只需在播种前，花上几周时间到地里耕犁就好了。但都铎时代的农业并没有那么简单。事实上，那时的耕作与现代农业完全不同。

首先，耕田时必须有良好的排水系统。大部分现代农田（约三分之一的英国农田）的地下深处都铺有排水管道，后者互相连接形成排水系统，收蓄多余的水，并将之排放到沟渠和溪流中去。如果没有这些排水管道，一旦到了阴雨季节，农田很快就会变成一个个浅水坑或一片片沼泽地。如果能很好地排水，那么，土地就会变成最肥沃的良田；但如果土地长期处于湿涝状态，农作物就会严重受损，有时甚至颗粒无收。16 世纪还没有地下管道排水系统，排水全靠农民想出的土办法。他们在土地表面分出一定宽度的垄台（高出原地面的土岗部分），用犁沟或垄沟将一条条细长平行的垄台分隔开，再根据地形把犁沟或垄沟连接起来，以便将多余的雨水排入周围的沟壑和溪流里。

田地表面的排水系统是从垄台中间开始的。农民放好犁板后，就开工了。他们把犁起的泥土翻到右边。犁到地头时，沿顺时针方向掉转头，反过来再开一条沟。这次也是将犁起的泥土翻到右边，堆在前一次犁起的泥土上。农民就这样沿着细长的垄台犁下去，由里向外盘出泥土，每次将泥土向右翻。如果土地很潮湿，他们也许要在同一块地方多犁几次，使垄台与垄沟的位差足够大，利于排水防涝。

这种排水模式的遗迹仍然在英国各处可见。一些旧的耕地在荒废多年后被牧草所覆盖，以草丘的形式保留了旧式耕地的轮廓，而在今天，人们多是将田地推成平坦的耕地。如果哪一天你发现了一段古老的垄台和垄沟，请注意，它是与整块耕地紧密相连的。在某些地方，你还可以追寻到农民劳作的踪迹——他掉转犁头的地方，他停下来休息的地方以及他拿起酒瓶喝麦芽酒的地方。你还会注意到，那些垄台的长短和宽窄是多么的均匀。这表明，垄台的长度是一个牲畜在累得喘粗气之前，可以舒舒服服拉犁的最佳距离。而垄台的宽度是排水的最佳距离：太宽，水流不到垄沟里去；太窄，没有足够的地方种植农作物。垄台的尺寸早就成为一种标准，理论上讲，每个垄台都可以单独拿出来做样本。

在最潮湿的地区，垄台整年都要堆得很高，以使作物的根部避开泥沼。然而在夏季，大部分田地都比较干燥，过高的垄台可能适得其反，导致泥土干裂。对许多农民来说，良好的排水意味着在冬季把垄台垄高(被称为"起垄")，而在春种前把它耙得既低又平。只要将犁板反方向安装在犁上，你就能耙低垄台了。约翰·菲茨赫伯特在其《农书》中建议，将犁具放在离垄台三四英尺远的地方，耙低垄台的外侧泥土。农民可以让犁板把泥土耙到左边，也可以不动犁板，而是沿逆时针方向掉转头耕犁。

除了能解决排水问题，犁耕也是最有效的除草方式。现代农业大多借助化学方法除草，但都铎农业凭借的是物理手段。通过犁耕，杂草被连根拔起，并被压在泥下缺氧而死。

菲茨赫伯特写道："把地犁深、犁宽是控制杂草的最好的办法。犁田时，农民把泥土翻起、摊平，使其远离垄台，以除掉所有的蓟草和杂草。"犁深是为了确保杂草被连根拔起，不留下可以重新生长的强大主根。蓟草繁殖能力特别强，是耕地的一大问题。园丁们都知道，蓟草在被掐掉顶部后，反而会长得更茂盛。犁宽是为了防止被拔根的杂草重新长起来。如果垄沟狭窄并挨在一起，那杂草将继续接受日照，其根也会继续埋在土壤里；而如果垄沟比较宽，就能确保被翻起的泥块被犁甩在一边，平摊在沟里，那么杂草就没有多少机会重新生长了。

假如杂草很顽固，你可以反方向再犁一次，将大部分草叶埋在下面不见光，使其枯萎凋亡。耕地里长势最好的杂草，如蓟草、酸模、金盏花、麦仙翁和叶毛泽兰等，能适应频繁翻动的土壤。你至少得犁上一两次地，才能根除这些杂草，然后，你还得静等几个星期来让杂草重新发芽。之后，你必须重新犁一遍田地，以杀死新幼苗。一个勤劳的农民，特别是那些种植留种玉米或高价玉米的农民，要重复这个除草步骤很多次。

施肥也是犁耕工作的一部分。如今，我们有一系列的施肥方法可供选择，但在都铎时代，农民只能靠犁耕来施肥。各种能找到的有机肥料都被加以利用，如牲畜的粪便、腐烂的海草和河里的淤泥等。有机肥料一旦撒到田里，就要被翻埋在泥土中，以防被雨水冲走。你可以在第一次耕作前，将肥料一次性撒到休耕①的土地上，也可以在耕作前后各施肥一次。菲茨赫伯特认为后一种方法的效果更好，因为单次施肥的耕作必须深犁才能断草，可这样一来，肥料被埋得太深，农作物可能无法受益。

提高土壤肥力的另一个方法就是翻耕草地，把"休息"的土地重新投入使用。大气中的氮随草地上各种植物安身于土壤中，食草动物在此留下

---

① 不是让土地荒芜，而是让其"休养生息"，用地养地相结合来恢复土地的肥力，提升和巩固粮食生产力。

了粪便，所以这类老牧场比经常耕种的土地要肥沃得多。英国各地通行循环使用土地的做法，把不再肥沃的耕地变成牧场，把在草下休养多年的土地耕耘出来变成农田。当然，退牧还田时需要反复犁耕。

犁耕季从 9 月初开始。这时，农民要先去刚收割完毕的麦地捣碎麦茬。接着，他们要转战休耕地，给它除草，为明年的小麦和黑麦作物种植做准备。作物的种子要在 11 月底前播种到地里去。接下来，他们要给地起垄，以应对冬天的潮湿天气。

就这样，农民必须得一直忙到主显节①（Epiphany）。在参加主显节的盛宴前，他们还要犁来年的休耕地，收割燕麦，修田整地，为 3 月的豌豆、大豆及随后的燕麦种植做准备。3 月份，农民将异常繁忙，因为他们需要耙低田地，为 4 月初播种大麦做准备。4 月，耕种的压力略微减少，农民的注意力转移到休耕地上，开启了犁耕—休息的循环工作模式。给土地施肥是 5 月的事情。6 月，农民要赶在杂草结籽之前，给土地深耕和起垄，有些人喜欢把这活儿留到 7 月再做。8 月是唯一不用耕作的月份，因为人们都在忙着收割庄稼。9 月，农民再一次进入犁耕季。

不同的地区会使用不同的犁具，后者要结合当地的传统和实际需要来决定。一种犁具很可能在寒冷潮湿的黏土地区表现不凡，而在另一个有轻质沙土的地区效率低下，反之亦然。本质上讲，耕犁只是由牲畜拖着走的、用来翻动土地的铲子。一个人，哪怕他翻土的速度很快，效率很高，一天也只能挖出一条约 30 码长的沟。但是如果把同样的铲子装到犁具上，让马或牛拖着犁耕，那么只要 15 分钟，就能搞定一条相同大小的沟。最初的犁具由几块简单的木板组成，只能在轻质土壤中耕几英寸深，但到了1485 年亨利七世登基时，耕犁已发展成一种复杂的机械。其首先触地的部分是犁刀。犁刀是一把巨大而坚固的钢刀，当牲畜拉着耕犁向前走时，犁刀就会在地上破开一道浅沟，而犁铧的尖端便会沿着这道沟的方向翻动土地。犁铧是一块比犁刀大得多的弯曲刀板，能切入泥土之中，并将其挤压

---

①天主教和基督教的重要节日，以纪念和庆祝耶稣降生为人后，首次显露给外邦人（指东方三贤士）；主显节是每年的 1 月 6 日，但不同的宗教有不同的庆祝方式。

起来翻出地面。犁铧的顶部是犁板。在 15 世纪和 16 世纪，犁板一般由木板制成，作用是将泥土推到一侧，把下层土翻到地面上。这三个部分是耕犁的主要部件，其他部分的作用是将这三个部件牢牢固定，并将拉力转移到地面上。

在英国的一些地区，如赫特福德郡和肯特郡的部分地区，人们喜欢用带轮子的犁。这些地区的耕地有很多石子，会使耕犁震动、颠簸，甚至掉到坑里，被死死卡住。如果犁前有轮子，耕犁就能轻易拉出石坑了。也有一些地区喜欢用不带轮子的耕犁，因为这些地区的耕地凸凹不平。如果在这样的耕地上使用有轮子的耕犁，那么犁铧将无法应对尖锐突出的地表部分。在贫困地区，没有轮子的普通犁被广泛应用，因为其造价相当低。人们利用各种楔子和凹槽改变耕犁挖地的深度，挖垄沟的宽度和上翻泥土的角度。垄沟之间的距离取决于把犁的方式，这个活儿类似于人们在超市努力推稳一辆摇晃不定的手推车。

尽管我没有体验太多都铎人的耕作方式，但仅从已有的那一点点尝试，我就明白了为什么这是成年男人的专属工作。犁田时，你必须用自己的体重去把控耕犁，应对随时会发生的剧烈颠簸和震动，否则你的耕犁会四处乱窜，把垄沟犁得乱七八糟。耕作是个累人的重体力活，而这种颠簸和震动会让你的手臂、肩膀、背、臀和腿等部位受伤。不用说，天气对耕作起着关键性作用，寒冷或潮湿不仅会对你的身体产生影响，也会影响耕地的状况。是冻土层还是软地层，是湿涝的、干燥的还是板结成块的土壤，会影响到你的脚上黏有多少泥，你的步履是否艰难，你的耕犁会震荡多少次以及你吸入肺部的尘土有多少。每天的天气不一样，你每天面临的挑战也不尽相同。托马斯·塔瑟写道："能干庄稼汉，应得每顿饭。"此言不虚！

耕作不仅与人和机械有关，还与由什么来拉犁有关。那么，你该用马，还是用牛呢？ 16 世纪，农民拥有的土地和资本逐渐增加，他们渐渐放弃耕牛而使用马来拉犁。但在英国的许多地区，耕牛仍然是拉犁的首选。菲茨赫伯特写道："当耕牛完成工作，走向生命的终点时，人们还可以吃它们的肉。"然而，真正的原因在于放牧。拉犁是艰苦的工作，要消耗牲畜大量的能量。为了补充耗损的能量，牛在不耕地的时候要吃茂盛的青草。开放的牧场提供不了这样的草料，因为其他食草动物，尤其是羊，会把牧场的草啃光。因此，需要一片范围较大、被树篱隔开的草地，为牛提供足够的优质青草。马也要吃草，所幸的是，和体型庞大的牛不同，你可以用绳子拴住它们，将它们从一小块草地转移到另一小块草地。你也可以将它们带去耕地附近的草地，此外，休耕地里长出的杂草也可为马匹提供免费的饲料。

可是到了冬天，情况就不同了。牛不仅能消化更粗糙的饲料，还能适应各种户外的天气。耕牛可以放养在户外的牧场上，只需额外给它们添加一些秸秆和少量干草作为饲料。耕地用的马则需关在室内马厩里，并且喂更多的营养饲料，以便保持其良好的身体状况。塔瑟建议，可以先给马喂黑麦秸秆，再喂小麦秸秆，接着喂豌豆秸秆，最后再喂干草。作为干草饲料的补充，燕麦和麸皮混合饲料有助于马匹度过一年中最寒冷、最艰难的时段。你必须仔细权衡，才能正确判断自己更适合养马还是养牛，而你所能提供的饲料以及当地人的饲养习惯都在考虑范围内。例如，如果你家有一头牲畜病了，而邻居养的正好是同类牲畜，且使用着和你相同的挽具、轭具和索具，那么你显然更容易从邻居那里得到帮助。

照顾好牲畜是耕犁者工作的重要组成部分。在早晨起床穿好衣服后，他要做的第一件事情就是去看牲畜，而在忙碌了一天后，他要做的收尾工作也是去看牲畜。人与牲畜必须相互理解才能完美地合作。都铎人将这段关系理解为主人与仆人：人类被上帝派到这个地球上，并统治了所有生物。只有人类才具备灵魂，牛或马存在的目的是为人类服务。因此，如果动物不服从人类的命令，那么人类有权纠正或责罚它们。这些想法导致了许多残忍事情的发生。

为了让某些牲畜更快地囤积脂肪，有人甚至将活着的动物的肛门缝合起来，让它们三四天无法排泄。那些被激怒的公牛往往会被送往屠宰场，因为人们认为，在恐惧和愤怒下死去的动物的肉更易消化。此外，人们也会用鞭子来驯服马或牛，以便让它们工作。但是除了这些想法之外，都铎时代也存在着另一种声音：给动物以温柔、关怀和体贴，允许动物慢慢适应它们的主人，为动物唱歌，抚摸它们，温柔地同它们说话，以让它们平静下来。照顾动物是一件有利而无害的事，后者将有更好的精神工作。同样，好的食物也能让动物长时间地工作。如果动物信任与它一起工作的人类，就会处于比较冷静和舒服的状态，这比因恐惧而退缩的动物要可靠得多。

在《卡特尔的第一本书》（*First Booke of Cattell*）中，伦纳德·马斯卡尔（Leonard Mascall）谈到如何驯化耕牛的问题，他建议将严厉管制与耐心关怀相结合：

> 第一步，先选中一头年龄在 3～5 岁的牛，这个年龄段的牛已经长大，有足够的力量，又足够年轻，头脑灵活；
>
> 第二步，搭建一个适合小牛安身的木头畜栏，绑住小牛头部，使它不能用牛角顶你。在实施管制的头两天，尽量多触摸它的头和角，让它看到你的模样，熟悉你的气味，多与它说话，为它提供所需的食物和水；
>
> 第三步，小牛与另一头牛上轭，注意两头牛之间的距离，以不能用牛角互相触碰为佳。持续两天，其间尽可能不断抚摸它们，注意要从它们的头部开始靠近，使它们能够看到你，但踢不到你；
>
> 第四步，牵着负轭的牛散步。当牛习惯你的触摸后，将它身上的虱子、苍蝇或虫子等除掉，尽量让牛感到更加舒适。

根据伦纳德的说法，当这头年轻的牛逐渐变温驯后，就可以让它与一头经验丰富的牛配合起来，开始第一次拉犁尝试了。此时要注意的是，小牛还在长身体，第一次的活儿必须轻松。如果你的小牛桀骜不驯，那么，你可用轭将它与另外两头经验丰富的牛拴在一起，后两者很快就会将其调教出来。伦纳德不赞成在牲畜拒绝干活的时候，对它们使用暴力。他认为出现这种情况，通常都有一些原因，比如生病或因饥饿引起的虚弱等，此时需要采取其他解决办法。但如果你真的需要对某头棘手的牛施加管制，那么，建议你用轭将它与两头未经训练的年轻的牛拴在一起。这两头牛会将它向各处拉扯、推搡，一两天后，这头小牛就会乐意回到平静、稳定的工作状态。

在我看来，这些建议明智而实用。与我配合耕田的那两头牛，曾经过着一段很安逸的日子，吃得很多却不干活，明显超重，状态不佳。在被赶回去拉犁地时，它们俩非常不开心。

如果只是套上牛轭四处走动，它们还算顺从；但一旦你套上犁，并要求它们使劲向前拉时，它们就一动不动。遇到这种情况，如果是一匹马，你可以走到它前面，双手抓紧缰绳，靠近马嚼子，身体向后倾斜，利用身体重量将马向前拉。一般来说，一旦开始迈步，马就会持续向前走。不过，这个方法对牛不管用，因为它们体形太大，身体太重。所以，用轭把一头难以驯服的牛与两头未经训练的小牛拴在一起，任由精力充沛的小牛对它进行冲撞的方法，非常管用。

一个犁田者与耕地的马或牛相处的时间，很可能要比与他的妻子在一起的时间还要多。除了给牲畜喂食、喂水这样的基本工作，他还要给牛和马刷毛。如果是在冬天，他还得给喂养在室内的马或牛清理粪便。接着，他需要给牛套轭，给马上挽具。套轭很简单，是将一个木架套在牛脖子上，方便其与犁具连接。上挽具则复杂一点，要给每匹马都戴上一个皮垫，以免它们的皮肤被磨伤；然后在挽具上安放颈轭（两块形状固定的木制器具，由两条带子与犁连接）；之后将腹带和背带固定到位，以确保马在拉动犁的时候，不会被挽具勒死。将装备披挂妥当之后，每头牲畜就和犁连接完毕了。

疏松的土壤通常用一头牲畜就可以犁好，但大多数耕犁都至少需要两头牲畜才能拉动。在重黏土土质的地区，富有的农民可能会用八头牲口来完成最艰巨的耕地任务，而要协调这么一支庞大的队伍，装备则更为复杂。农民从早到晚地忙着照料牲畜、养护装备，他们不仅要保持牲口和装备的干净，不让它们黏上泥土和杂草（会阻碍耕地的进程）；而且要解绳索、链条和马钉子，避免装备损伤，割伤和划破牲畜的皮肤；同时，还要把控好工作节奏，使牲畜可以持续干上一整天。在田里忙了一天后，他们一回到家，就要卸下牲畜的装备，该洗的洗，该补的补，还要给牲畜擦洗身体，喂饲料和水。

养得起八匹马的富裕农民，不一定亲自下地耕田，而很多下地犁耕的农民并没有自己的犁。例如，居住在南亨伯赛德郡克里镇的赫里·伯瑞斯（Herry Beryes）经营着一家农场。1557年8月，当他去世的时候，他的农场相当繁荣，规模很大。从他的遗嘱中我们可以看出，他攒下了不少家当。如果他不是真的很有钱，就不会拥有11件锡制器皿。

然而，他的真正财富在于他的牲畜和农具。他拥有一对耕牛，价值4英镑8先令4便士，价值是锡制器皿的十多倍。他还拥有一辆马车、一把耕犁和各种配件，总价值17先令8便士。赫里的耕牛为他犁耕着8英亩田地，他饲养了18头奶牛，这是他奶酪制品生意的核心支柱。他还在农场里饲养猪、鹅、羊和马等家禽和牲畜。农场的现金收入来自畜产品和奶制品的销售，而8英亩地的庄稼不仅为赫里一家提供了全年的粮食，还为牲畜提供了冬季的饲料。

1547年，附近的托马斯·拉姆齐（Thomas Ramsay）拥有一个类似的农场。该农场将种地和养畜相结合，但规模要小一些。他的奶牛数量不及赫里的一半。他种了两英亩大豆、1英亩小麦和1.5英亩大麦，但是他去世那年，财产清单中既没有犁也没有耕牛。他拥有两匹马和一些农具，后者包括两件耙地的耙子，一些耕犁的配件，如犁刀、一辆旧马车和几个搂草耙子，没有一件农具是用来耕地、翻土的。

像许多人一样，托马斯不得不借用或租用犁和牲畜来耕地。然而，耕地用的农具和牲畜资源并非随处可得，于是，农村有了复杂的谈判、讨价还价和共享资源的场景。也许赫里把犁和牛借给托马斯，换取了托马斯耙地耙子的使用权；也许托马斯同意在赫里的耕地上做一段时间的苦力；又也许，这两个男人纯粹是金钱交易。但是无论问题是怎样解决的，男人们终归要耕种自己的那块田地。

手艺人的故事

乍看起来，商人和手艺人的工作方式与农民截然不同，但事实上，他们的工作在很多方面是重叠的。1560—1590 年，埃塞克斯郡有 8 名男子在遗嘱中称自己是画匠，其中 6 人为后代留有田产。那个时代，对许多人而言，画画只是兼职，虽然我在这里将他们与从事纯农活的邻居们区别开来，但画匠仍然需要做很多犁耕工作。

这种亦农亦工的生活方式十分普遍，分散了画匠的财务风险。伊普斯威奇市的档案中记录了一条线索，很好地说明了这种生活方式的重要性。1597 年是特别艰难的一年，此前两年当地农作物严重歉收，而在这第三个年头，粮食供应再次陷入短缺。饥荒在城市街道中蔓延，这可是三十多年都没有发生过的事情。

罗伯特·哈勒（Robert Halle）没有土地，以画画为生，是一名全职画匠。他的名字曾被登记在穷人名单里。根据这份名单，我们知道他根本赚不到钱来维持生计，因为在经济困难时期，几乎没人愿意或请得起人为他们的房子画装饰画。很多被列入穷人名单的家庭想到了一些摆脱贫困的策略，比如，家里的妻子和孩子开始纺纱织布、编织衣物或帮人洗衣服，以获得微薄收入。然而，罗伯特的妻子和 6 个孩子并没有接活来挣钱。对罗伯特全家而言，贫穷可能是件新鲜事物，因为他们之前一直过着富裕而舒适的生活，不仅是受人尊敬的城市人，而且很可能拥有仆人和学徒。然而，饥荒夺走了他们的一切，他们每周只能从教区申领 18 便士救助金。穷人名单还提到，政府应为他们提供纺纱机和梳毛机，这样他们就能自食其力。

在英国的另一个城市切斯特，另一位画匠托马斯·查洛纳（Thomas Chaloner）成功渡过经济危机，没有受到较大的损失。他是该城"画匠公司"（The Company of Painter）的一员，这家公司承接该市的染色、镶玻璃、刺绣和文具等业务。托马斯也是一个全职画匠，但他的客户实力较强，能应付变幻莫测的经济形势和天气带来的不利影响。他在同业公会里当过学徒，于 1584 年成为这个城市的自由民和同业公会的正式成员。后来，他自己做师傅，收了一个叫兰德尔·霍尔姆（Randle Holme）的年轻人做学徒。兰德尔是一个富有铁匠的二儿子。

托马斯专门从事纹章绘画匠作，其于 1591 年担任纹章院[①]（College of Arms）的临时助理，并于 1598 年被委任为正式助理。他负责设计并精确绘制盾形纹章，后者受到当地贵族，如德比（Derby）伯爵等人的青睐。据记载，他曾为德比伯爵家一个精致的木制屏风绘图。他和他的学徒虽然不干农活，但通过画画就足以维持生计。他们生活的好坏，取决于他们与生活在这个城市和周边的精英们的关系。切斯特是一个拥有约 6000 人的中小城市，要想从事全职绘画匠作，画匠不仅要维系一个庞大而富裕的客户群，而且要拥有良好的社交技能和人际关系，更要具备全面的绘画技能。行业公会的记录显示，托马斯和他的学徒并不是切斯特市唯一的画匠，他们当时有 6 ~ 10 个手艺娴熟的同行。

画匠必须具备极高的专业技能和惊人的体力。当时的颜料不是已经调制好的商业产品，因此，无论是为屏风和文件绘制纹章图案，还是给人画肖像画，或是为中产阶级家庭设计简单的室内装饰方案，所有画匠必须亲自调制每一滴颜料，并进行大量的手工研磨工作。颜料本质上是一种能黏附在物体表面的有色物质，每种有色物质均有不同的效果。有些颜色在一种组合中效果很好，在另一种组合则不然。例如，将磨细的白垩粉与动物皮胶混合，便可调制成水浆涂料，即优质的白色颜料，但如果将同样的白垩粉与油混合，则会调制成令人讨厌的灰色。

动物皮胶可以使颜料在布料上有很好的色彩效果，并且数小时内就可晾干，但它是一种含有蛋白质的介质，不适合涂在横幅或帐篷上，因为帐篷这类东西要能经受各种天气的考验，而潮湿的气候会使这种颜料发霉、腐烂。该颜料还有一个缺点，就是无法牢牢地黏在金属表面。亚麻油是油画颜料的基础，这种颜料干得很慢，需要几个星期或几个月的时间，具体

①英国纹章院建立于 1484 年。开始时，纹章官类似依附于贵族之奴仆，后来被当成比武会上的司仪。13 世纪时，纹章官主要的工作是处理贵族事务。15 世纪初，最高纹章官（Kings of Arms）已能授命给低级贵族颁赠封号。到国王停止直接授予纹章时，此一权力便由纹章院代行。今天的英国纹章院是一个归英国皇族所有的私人公司，不是政府的一部分。

多久取决于天气。所以你要赶急活，那它就派不上用场了，但从长远来看，它更耐久。蛋彩画①是以鸡蛋为材料的一种绘画方式，如果在颜料中加入蛋黄，画便能快速干燥，但很难大面积使用。它可以涂在木制表面，颜色特别明亮。然而，如果在颜料中加入蛋白，则用途不大，其在晾干后比添加了蛋黄的颜料还要黄一些。水彩颜料是将着色物质与阿拉伯树胶混合而成，也是用于小面积涂色的。如果你需要画整面墙壁，那就可以使用便宜的石灰浆涂料打底，但它不适合精工细描的图画。

至于那些最便宜的颜料，其原料均产自本地，且通常由画匠自己研磨。我们前面已经提到了白垩粉，但是英国许多地区也有质量好、高饱和色的黏土（或赭石）。将这种黏土晒干后研磨，就可制成一系列棕红色、沙黄色甚至棕色的颜料。迪恩森林公园拥有特别好的红赭石，可以制成从深紫色到橙红色不等的各种颜料；而牛津郡有特别鲜亮的黄色赭石和褐色琥珀。黑色颜料可以从烟灰或精心研磨的木炭中提取。比较棘手的颜色是翡翠般的鲜绿色和铜锈般的青绿色。首先，将几块铜片悬挂在一个密封罐里，罐里装1～2英寸深的食醋，然后将密封罐放在一个暖和的地方，让醋开始蒸发。不断上升的蒸汽与铜发生化学反应，在铜片表面生成乙酸铜，这就是青绿色的铜锈。将铜片上的乙酸铜刮下来，将其磨碎并与一种胶水介质混合，制成少量的绿色颜料。不过，这种物质是有毒的，因此，在制作时必须保持良好的通风，并养成严格的事后洗手习惯。

有些颜料的毒性非常大，但它们仍是画匠的常备品。作为一种天然形成的矿物质，雄黄尽管含有高浓度的砷（对人体有害），但会呈现出极明亮的黄色，而不像研磨赭石或黏土时那样，只能得到柔和的黄褐色。这种矿物质在全国各地都有卖，但每单的量都很少，几乎是画匠专属的。红铅和白铅的毒性也很大，但人们能用它调出很鲜艳的颜色。如果你用油彩画画，白铅就特别重要，因为没有任何物质在与油混合后能调出纯白色。白

①蛋彩画流行于15世纪的文艺复兴时期，主要是将鸡蛋和绘画颜料相混合，混合方式有很多种。最典型的蛋彩画是以天然颜料研磨成粉，加入蛋黄，有时也会加入如蜂蜜、水、牛奶、醋等等。还可能包括各种植物性颜料。在蛋彩画中，油料和蛋黄的混合不会挥发而是氧化，干后不溶于水、酒精或汽油，保证了画面的稳定持久。

铅还能加快颜料变干的速度，所以在其他颜色中倒入少量白铅十分有效。红铅和白铅也能在工作坊里生产制作。白铅就是一种乙酸铅，与乙酸铜的制作方法相同，即将铅条悬在醋的蒸气上熏制。红铅的制作也很简单，即在充足的空气条件下，把白铅加热至足够高的温度。

红铅白铅也多是进口的，其价格虽贵，却相当合理，因为与某些进口赭石（进口赭石的颜色通常比英国本土的赭石更鲜艳）一样，它们的品质很高。罗杰·沃菲尔德（Roger Warfield）是个商人，主要买卖艺术用品材料。1567 年 11 月，他进口了 6 英担①红铅和两英担白铅。1568 年，他在 1 月进口了 4 桶赭石，2 月进口了两桶亚麻籽油，3 月进口了 1 英担绿矾，供油墨生产使用。

所有颜料（在幸存作品中已发现大约 40 种不同的颜料）在与湿介质混合之前必须细细研磨。如果磨得太粗糙，调出来的颜料将是由淡色砂砾黏在一起形成的斑斑点点；但如果颜料研磨得足够细腻，涂用起来就是很均匀的一层颜色。对大多数物质而言,研磨得越细,光的折射也越好。例如，虽然从蓝铜矿中提取的蓝色并不是很鲜艳，但它会随着研磨的程度变化而变化，开始有点灰白，然后变得绿一点。如果过度研磨的话，它最后会变成黑色。

削磨颜料需要用到研磨机（Muller），后者通常是由一块平坦的石板和一个平底的磨石组成。石板和磨石必须用最硬的石材——大理石或花岗岩打磨至光滑，以避免在与颜料一起研磨时产生磨损，因为那会给颜料增加无色粉尘。我的丈夫对 16 世纪的英国艺术充满热情，我家后面的棚屋简直就像巫师调制颜料和油彩的洞穴。我经常被丈夫叫到研磨机旁去帮忙。这样，我不仅深刻体会了为什么画匠需要强壮的臂力，还了解到画匠需要弄清所有颜料的不同性质。没有哪两个颜色完全一样。在没有现代化学合成工艺的手工作坊里制作颜料，我感到非常艰难。例如，土绿是一种绿色的黏土，必须研磨得非常细腻。可是，无论怎样尝试，我也无法充分地把它涂到画布上去。

---

①重量单位。1 英担等于 112 磅或 50.8 公斤。

许多画匠都会要求他们的学徒做很多研磨工作，这是学习画画必须掌握的专业技能，当然，也使得师傅从这个苦差事中解脱出来。妻子、孩子和领工钱的仆人有时也会被叫去干研磨的活儿，当然，这种活儿有时也被外包给他人来做。上文提到过的约翰·坎伯兰在伊普斯威奇开了一家商店，他既是香水供应商，也是绘画材料的供应商。在他 1590 年的存货清单中，就包括"一小块用于研磨颜料的石头"。也许在经济景气的时候，他向伊普斯威奇的画匠罗伯特·哈勒提供过已研磨好的颜料。然而，不管是谁去研磨颜料，那个人都可能要从早忙到晚，被铅、汞（来自朱红色）和砷等有毒的微小尘粒包围着。

要想成为一名成功的画匠，你不仅需要知道如何制作各种绘画颜料，还要知道如何充分利用这些颜料。通常情况下，图案必须根据颜料的性质来设计。英国都铎时代的绘画风格十分有趣，因为它与欧洲文艺复兴时期的主流艺术观念大相径庭，其大部分技巧与意大利、荷兰艺术家使用的相同。然而，15 ~ 16 世纪，阿尔卑斯山脉两侧地区强调精确的透视和现实主义的传统，则在英国极少出现。一些来访的外国艺术家，如荷尔拜因和约瑞斯·霍芬吉尔（Joris Hoefnagel）创作了以英国为主题的欧式画像，但英国画家更注重格局与意义表达。这两种风格迥异的艺术我都很喜欢。在都铎王朝末期，欧洲大陆的美学思想开始影响英国本土风格，但英国艺术仍保持着自身的特色。

1582 年，一位不知名的艺术家为鲁辛市的加文·古德曼（Gawen Goodman）画了一幅肖像。古德曼来自一个商贸家族，主要在北威尔士的鲁辛市生活和工作，但他在伦敦也有一些社会关系。古德曼的脸被画成了精明能干的样子，尽管采用的是欧洲大陆现实主义的画法，但这幅画的整体感觉是象征主义的。为了突出展示一本祷告书、一个刻着骷髅的指环和一套体面的衣服，艺术家似乎故意忽略了对古德曼本人的描绘。所有这些装饰都是以写实的风格描画的，看起来就像是一件件独立的、供人查验的物品。背景完全是象征性的单一色彩，上面绘有几段拉丁文祷告词、被画人的姓名和年龄以及一个放在壁龛里的头盖骨。除了古德曼的形象之外，其家族的血脉延续、对宗教的虔诚和事业上的成功也被呈现出来。加文·古德曼显然很满意这幅画，在他1603年逝世的时候，这幅画仍被挂在家中的客厅里。这也是一幅特别吸引我的画像，它透露出所画人物的自豪、坚定和人格魅力，似乎想要讲述主人公的一生，而不仅仅是对某一瞬间的快照。正是这些特点，赋予这个形象以真正的情感共鸣。

画像里的内容由客户与画匠两人商定。通常情况下，客户会提出一些个性化要求，对什么是时尚，什么更适合自己有着强烈的想法；而画匠则会根据他的经验以及行内工匠中流行的设计，提供许多样式和建议。

1585年，埃塞克斯郡波克斯缇村的约翰·斯马特（John Smartte）将他一半的"老主顾"留给了女儿的未婚夫（可能是他的学徒），而在1572年的伦敦，理查德·弗林特（Richard Flint）在遗嘱中将自己的研磨石、画笔和图样赠给了他人。同年，在诺威奇市的亨利·艾维斯（Heyry Eives）将"设计纹章的书籍和纸质图样"赠给了亲人。

这些图样可能是手绘的图案，也可能是从荷兰或德国进口的印刷作品。在当时，德国发行的印刷图样是市面上质量最好的。那时候，市面上还出版了几本专为艺术家和工匠提供素材的图样书。现存的来自画家、石膏师、木雕师和绣花师的作品，都含有从国外印刷作品中所获取的图案，但这些幸存下来的作品看上去都是英格兰、威尔士或苏格兰式的。欧洲大陆的风格在传到英国后，经过本地人筛选，被转换成了适合本土的审美——放弃细致的透视枝节，添加了平面图案，并利用额外的象征符号增强了故事元素。

如果你去看流传下来的英国国内绘画，会认为大多数画匠是为室内墙壁做装饰的，他们设计的图案有简单的几何图形，也有复杂的多人场景。但是如果你去搜索文献资料，将会得出不一样的结论——大部分画作都被染在布上，挂在室内作为装饰。事实上，无论是哪种方式，室内装饰的出现都为画匠们提供了谋生的机会。从1485年博斯沃斯之战①（Battle of

---

①兰开斯特王朝和约克王朝战争中最重要的一场战役，导致了约克王朝最后一任国王理查三世（Richard Ⅲ）的死亡。

Bosworth）的胜利开始，一直到 16 世纪 30 年代的宗教改革，画匠们在教会找到了大量工作。他们为教区教堂、大教堂、修道院和小礼拜堂做装饰，在教堂的墙壁、雕像、宗教横幅和神龛上画画。当然，水平因人而异，但大部分幸存下来的作品（通常是不完整的）都极为精美。

位于索尔兹伯里市圣托马斯教堂（St Thomas's Church）的壁画《最后的审判》（*The Last Judgement*），耗时 20 年，直到 1500 年才全部完工。它覆盖了圣坛拱顶的整个表面。尽管经历了维多利亚时代对教堂进行的"欠考虑"的修补，我们今天仍然可以欣赏到由黑、白、绿、红和黄色组成的色彩斑斓的图景：

> 备受尊崇的救世主位于中心，背后是一道彩虹，左边是从坟墓升起的亡灵，右边是亡灵进入一个古怪的地狱入口。引人注意的是，在"该下地狱的罪人"中有两个主教——一个握着钱袋子的吝啬鬼和一个端着酒杯的偷情妻子。

遗憾的是，我们不知道这幅画是谁画的，也不知道花费了多少钱。

宗教改革对画匠们来说肯定是一段艰难的时期。几乎在一夜之间，他们失去了大批富有的客户。受新教影响，人们深信宗教主题的绘画会引发偶像崇拜。为此，画匠们不仅失去了收入，以前的画作也被损毁，整个绘画行业的人都陷入了危机。1553 年，当玛丽一世继承王位并恢复天主教时，人们曾对仅存的宗教建筑重新修缮。

> 约翰·巴伯（John Barber）和他的妻子可能很高兴在此期间被委派去了莱斯特市，为一个教堂的圣坛屏画画。当玛丽一世于 1558 年去世，英国再次成为新教国家时，教堂的装饰工作结束了。不过，在这些动荡岁月里，画匠们也有其他工作可做。

1549—1558 年，约翰·巴伯多次被莱斯特市政厅雇佣，绘制盾形纹章，制作市政横幅。在 1531 年宗教改革的关键时刻，伦敦的埃里斯·卡曼内尔（Ellis Carmanelle）正在为安妮·博林①（Anne Boleyn）的加冕仪式做准备。仪式精彩纷呈，安妮王后需乘坐大型游船从格林威治到塔楼，路上"有乐师、龙和可怕的怪物……街道上挂满了染色的横幅、彩旗以及各个工匠行会的三角旗"。

伊丽莎白时代是室内装饰的全盛时期。在伦敦，画匠和染色工从严格意义上来说是两个不同的群体。他们合并成一个公会，但彼此保持着严格区分。给布染色，意味着将用颜料与动物皮胶混合而成的色胶颜料涂抹在帆布上。画匠不应使用色胶颜料，而染色工不应直接在墙上使用油画颜料或涂料。不过，在伦敦以外的地区，画匠和染色工之间的界限很模糊，因为行业内的大多数人都较为全能，以便获得更多的工作机会。

那时，染色布是廉价的大众商品，商人、自耕农和庄稼汉，甚至是打零工的苦力都买得起它。根据伊丽莎白一世在诺丁汉郡的库存清单，其有百分之六十六的货品都是染色布或装饰用的帘子。此外，用染色布做装饰的庄稼人在 16 世纪 90 年代并不罕见。

托马斯·哈利斯（Thomas Harrys）是一名住在牛津郡班伯里郊区的庄稼人，他的大厅和会客厅里分别有两块染色布，他还有两张床的床顶是由染色布做成的。往前 10 年，伊普斯威奇市的约翰·肯宁格雷（John Kenynggale）拥有价值 2 先令 8 便士的染色布，这说明他的染色布要么品质特别好，要么特别大。寡妇玛格丽特·洛（Margaret Lowe）只有一块染色布，水手雅各布·珀森（Jacob Person）拥有两块。此类例子很多。

人们更倾向于把染色布挂在大厅里，但有时也会用染色布装饰客厅和卧室。这种布随处可见，从南亨伯赛德的克里和约克郡的南凯夫，到威尔士边界的蒙茅斯郡、东边的埃塞克斯郡以及南部的德文郡和康沃尔郡。尽管染色布被时人广泛应用，但留存至今的染色布成品很少，且仅有的少量染色布也多不完整。相反，大部分壁画却得以幸存下来。

不过，由于是不可移动的物品，人们的财产清单中往往不会提到壁画。

①亨利八世的第二任妻子，女王伊丽莎白一世的生母。

壁画的成本同样很低，每平方码约 1 便士。如果为一个大厅的所有墙面和天花板做整套高档装饰，价钱会上升到每平方码 5 先令，其中包括颜料和手工费。大多数画匠的生活都不轻松，他们经常走家串户，为人们美化居所。当回到自己家里后，他们还得制作和准备各种颜料和画笔。

How To Be a
Tudor

第 8 章

另一半归女人

不会制作奶酪的家庭主妇们，
只有相信他人才能学会挣钱。
牛奶搁在角落，
奶油就会变质；
制奶方格溢漏了，
奶酪也会随之丢失。

——托马斯·塔瑟
《治家百诫》

如约翰·菲茨赫伯特在《农书》中所述，女人一天的工作从各种家务活开始：打扫屋子；整理厨房；挤牛奶；照料小牛；再透过几层干净的布，将早晨挤的新鲜牛奶过滤，确保没有任何污物残留其中；随后，她要叫孩子们起床，帮他们穿好衣服，再做早餐。晚些时候，她还有一大堆活儿：做中餐和晚餐，烤面包，酿啤酒，做黄油，制奶酪，喂家禽、猪等两次，捡拾鸡蛋，侍弄花草，纺纱，梳理羊毛，簸小麦，洗衣服，晒草，往返磨坊去磨面，到市场上卖黄油、鸡蛋和奶酪，购买家庭用品，做麦芽酒和给家人缝制内衣。此外，她还要帮丈夫装粪车、犁地、掰玉米。菲茨赫伯特这样写道："有那么多事情要做，她们真不知道该从何下手。"这就是大多数农村女人的日常现实，包括那些农民的妻子和在农村家庭做帮工的年轻姑娘。城市女人的生活也一样忙碌。

美味奶酪

如菲茨赫伯特所说，挤奶是一大清早干的活；黄油最好在晚餐前加工，且多置于阴凉的地方；奶酪制作则适合在下午进行。制作奶制品是女人每日例行的家务，在英国某些地区，它也是一个家庭重要的收入来源。

143

赫里·伯瑞斯的妻子就非常忙碌。虽然上文提到的犁和几头公牛归她丈夫一人管，但伯瑞斯夫人必须处理18头奶牛的牛奶，照料尚未进入产奶期的9头小奶牛和13头需要断奶的小牛犊。每天给18头奶牛挤两次奶，这显然超出了伯瑞斯夫人的承受能力，所以，她肯定雇了几个帮工来帮忙。一般来说，每6头奶牛就要配一个挤奶女工。

瑞斯夫人不仅要负责监督帮工，还要向她们传授技艺。一个熟练挤奶女工的工资，显然比普通挤奶女工的工资高很多。如果女主人在这一行享有良好声誉，乐意传授挤奶的技艺，那么在签订合同时，希望学习挤奶的女工们会接受降低工资的条款。如果不是相信自己妻子的能力，赫里也不会投入这么多资本到奶牛业了。

大型奶酪制造设备也是一项重大投入。伯瑞斯夫人有一口大锅（一种固定的大型烧煮容器），两台乳酪压制机，两个长架子（可以把乳酪放上面令其慢慢成熟），一个黄油搅拌机，一排做乳酪用的大桶以及用来沉淀奶油的挤奶盆。这些物品的总价值达20先令，超过了许多行业的工具的价格。

1557年8月，在奶酪生产季中途，赫里·伯瑞斯亡故。当时架子上还有20英石①的奶酪待成熟。按都铎时代的标准来看，这已经是相当大的规模了，因为许多奶牛场的奶牛都不足12头。伯瑞斯一家生活在亨伯河南岸的克里教区，正好可以给充满活力的格里姆斯比镇供应奶酪。奶酪易保存，在交通欠发达的地方，是理想的市场产品。

萨福克的哈克特（Hacket）夫人肯定也是制作乳制品的行家里手。她的儿子托马斯·哈克特（Thomas Hacket）认为，他母亲制作的乳制品，比他在南汉普郡遇到的其他女人制作的乳制品不知强了多少倍。在1588年出版的《家庭乳制品制作手册》（*Dairie Book for Good Huswives*）一书中，他对此进行了详细比较。作为一个书写女性技艺的男人，托马斯肯

---

①不列颠群岛使用的英制计量单位之一，也被英联邦国家普遍采用。许多北欧国家在采用公制之前也使用英石作为质量单位。1986年，不列颠群岛废除了英石作为质量单位的法定地位，但在称量体重时，英石仍然被广泛使用。1英石等于14磅。

定仔细观察过母亲制作乳制品的全过程。在书中，他描绘了心目中理想的乳制品制作间：北墙和东墙上装有大窗户，确保空气畅通，三英尺宽、齐胸高的木架沿墙摆放。

成功的乳制品制作，有赖于严格的清洁和精确的温度控制：将架子表面和大桶擦洗干净，可抑制细菌生长；空气畅通可以让这些地方迅速干燥；在东墙和北墙上开窗户，可以避免阳光直射，使室内的温度更加均衡。

还有一些托马斯未提及的方法可以进一步控制温度，其中之一是加湿：如果奶酪制作间的地面铺着石头、瓷砖或砖块，那么，只要你在地面泼洒一桶水，水就会渗下去。白天的时候，水会随着窗口进入的凉爽空气慢慢蒸发，此举可以将夏季温度降低四五摄氏度。将一碗牛奶放置在潮湿的石头地面或架子上，同样可以产生有效的冷却效果。

另一种控制温度的方法是混合使用不同材质的器具。当温度骤降，需要给牛奶和奶酪保温时，你可以使用木制的架子和大桶，此外，你也可以选择在大而浅的桶里装上热水，再放入大大小小的奶桶、奶罐和奶盆以保持温度。

位于西苏塞克斯郡的威尔德＆唐兰露天博物馆[①]（Weald and Downland Open Air Museum）的潘迪小屋虽然建于17世纪初，却提供了一个近乎完美的奶酪制作场的样本。其未上釉的瓷砖地板、恰到好处的窗户及木制架子和石制托盘保障了奶酪制作的有序进行。

奶酪制作场位于房子北面，夏天的太阳甚至不会落在它的外墙上。隔壁休息室里有一个烟囱，人们可以加热牛奶来助其变酸，也可以烧热水，清洁所有的设备。

托马斯·哈克特提出了他心目中最完美的奶酪制作方法。他告诉主妇将前一天晚上挤的奶与第二天早上刚挤出来的、余温尚存的奶混合在一起。

[①]威尔德＆唐兰德露天博物馆建立于1967年，1970年向公众开放。这座博物馆搜集了50栋来自西南英格兰地区的无法予以原址保护的历史建筑。这里的所有工作人员都穿着中世纪英式制服，操着一口古英语的口音。

凝乳酶（未断奶的小牛胃中的胃液）将牛奶变成凝乳和乳清，后者的温度最好与小牛胃中的温度一致。

托马斯·哈克特担心有人为了达到这一温度，选择将前一天的牛奶加热，结果不小心加热过度，破坏了奶酪的味道。托马斯没有提到，加入凝乳酶后，要把这一大桶牛奶置于温暖之处发酵一小时，但他提到要撇去乳清并将凝乳切成小块，撒点盐后再塞入模具中。很显然，南汉普郡的人习惯把碎凝乳留在乳清里，直到完全变凉。托马斯不赞成这种做法，也不太喜欢当地使用的奶酪模具。

将凝乳塞入奶酪模具中后，你就可以压榨它了。托马斯主张使用木质奶酪压榨机，认为它比普通石头压得更均匀。这种压榨机是将两个木制立柱固定在适当位置，然后在两根立柱上开出与长度相当的凹槽。将第三块木料加工成中部宽两端（位于立柱的凹槽内，可以上下移动）尖的形状，横在两根立柱之间，并用铁销和木楔固定。"用这种压榨机，一次性可以压制四五块奶酪。"这种木制压榨机是铁制螺旋压榨机的前身，在19世纪中叶被取代。

压制完毕后，就进入盐渍阶段了。将奶酪置于一堆纯盐中，随着更多水分从奶酪中渗出，盐逐渐融化成盐水。最后，用温盐水擦拭奶酪，并将之放在木架子上，每天翻晾数次。如果遵循了上述步骤，也记得添加凝乳酶，并在第一次压榨后将奶酪用布包裹起来（又一个托马斯·哈克特忽略的细节），你最终得到的奶酪成品就会介于格洛斯特单料（Single Gloucester）干酪和卡尔菲利（Caerphilly）干酪之间。至少，我做出来的奶酪就是这个样子。

诺丁汉郡的克丽斯特贝尔·奥尔曼（Christabel Allman）在为沃莱顿庄园的威洛比家制作奶酪。1566年，她手下有三名帮手，伊丽莎白·海斯（Elizabeth Hayes）、伊丽莎白·兰菲尔德（Elizabeth Ranfield）和玛格丽·克拉克（Margery Clarke）。

克丽斯特贝尔半年的工资为20先令，对于一个女人来说，这些报酬称得上十分丰厚了。三名帮手的工资合起来只有她的一半，即便如此，也算高收入。毫无疑问，这几个女人赚着了，因为从6月到8月中旬，她们每周要制作26～28块奶酪，9月少一点，每周做16～18块奶酪。

6～9月是传统的奶酪生产季，之后，便是牧草生长的季节性周期了。有草坪的人都知道，冬季草地一片萧条，但随着春天天气的变暖，万物将复苏。到盛夏时节，草生长较慢，看起来有点干瘪，叶片更薄，呈灰绿色。而到了9月底，草的生长速度急剧减缓。都铎时代的奶牛非常依赖草地，所产牛奶的品质与它们所吃的食物密切相关。

春天的草带来醇厚的牛奶，是制作黄油的理想选择，但随着夏天临近，草质发生变化，牛奶变得不那么醇厚，却更富含一种蛋白质——酪蛋白。酪蛋白含量越高，奶酪产量越高。所以，深谙奶制品制作的女性会选择在春季制作黄油，夏季制作奶酪。

所有的奶制品生产都要在干净的环境中进行。加盐、擦拭和沸水消毒是对抗有害细菌的主要方式。每件器具和操作台的擦洗、冲洗和消毒，所花的时间和实际的奶酪制作时间一样长。没有一个都铎女人会想到细菌这回事儿，但她们都清楚，如果清洁不够彻底，牛奶就会变酸、变坏。黄油的油腻可能会促使人们在清洗时使用洗涤剂，但如果在木制乳品器具上留下了肥皂或碱液的残留物，不仅会污染下一批牛奶，还会导致木材过于干燥，出现裂缝。

正确的做法是在开始时尽可能多地刮掉器具上残留的黄油，然后用沸水冲洗一两遍以溶解油腻，再开始擦洗。先泼沸水冲洗，再擦洗并倒空，反复几次，器具就可以得到彻底清洁。遇到特别难洗净的地方，你可以用一块湿抹布加少量粗盐擦拭。

和肥皂残留物不同，任何残留的盐，只会有益于下一批黄油或奶酪的制作。清洗器具的最后一步是用沸水再次冲洗，不过，所有器具都必须尽快晾干，因为潮湿的器具很快会发出酸味，霉菌也会迅速繁殖起来。

一旦用干净的干布擦干，你就要把它们斜靠在通风处，最好是阳光充足的地方。都铎时代的女性知道，阳光可以使乳制品器具散发出"清新可人"的味道，虽然她们不知道，这是因为紫外线可以杀菌。

生意场上的女人

并非所有都铎人都是在农场里生活。就像男人一样，少数女性靠贸易和加工生产谋生。

1485 年，爱丽丝·克莱弗（Alice Claver）向新国王出售了 6 盎司红丝带。她也曾向前任国王理查德三世（Richard III）和爱德华四世（Edward IV）出售过货物。作为一名寡妇，爱丽丝一个人做买卖很正常。从法律上来说，单身和已婚妇女从属于父亲和丈夫，她们不得担任公职，无权签订法律合同，也不能创办公司，但女人丧偶后就独立了。寡妇经常在已故丈夫学徒的协助下经营各类店铺，从裁缝店到铁匠铺，什么都有。

然而，在 15 世纪和 16 世纪初的伦敦市内，像爱丽丝·克莱弗这样专做女性服饰生意的女人（以下简称丝绸女），即使是已婚妇女，也可以接收女性学徒，并独立经营店铺。她们没有自己的行会，学徒契约由管理财务的城市官员负责登记。许多女性肯定早就以女儿或帮工的身份学到某种技艺，并找到需要能干妻子的丈夫，不时在家族生意中继续打磨相关技艺。

不过，所有法律文件上签署的都是其父亲或丈夫的名字，她们的技能和日常工作被忽视。人们很容易推测，手工技艺是男性的专利，妻子和女儿都被挡在作坊外了，但是事实并非如此。作为妻子和母亲的丝绸女，尽管肩负着常规的家庭责任，但仍有机会接触家族生意，并在生意场上摸爬滚打，积累丰富的经验，打磨出精湛的技艺。成功的经营之道包括良好的谈判技巧、精明的商业头脑和专业化的技艺。1489 年，爱丽丝去世，她把生意交给了自己的学徒——凯瑟琳·钱皮恩（Katherine Champion）。在爱丽丝的指导下，凯瑟琳应该已经学会了"捻线"，即把生丝捻成线，制作一系列穗带、丝带、索线和流苏，缝制如贴头帽和打褶绣花胸衣一类的小件服饰。除了加工生产之外，许多丝绸女还是小件奢侈品的中间商或贸易商，兜售产自法国图尔市的丝带、黑柏丝、上等细麻布和一包包饰针。丝带最常用作"金属尖头系带"。这种系带可以将衣服上的各个部件连接起来，既适用于男装，又可作为装饰用于女装。

绞编绦子^①（Tablet Weaving）不如从前那么时髦了，但该技术提供了一种编织精美图案的方式。幸存下来的真品上织有文字和图案，还有不断循环的几何图形。绞编绦子可以只用一个锚点来完成，例如某个绑在桌腿上的东西，也可以通过在一套小木片或骨片上刺 4 ～ 12 个孔洞制成的简易综板式织机来完成。如果用经线穿过分开的两个固定点，并将其连接在一起，就可以建立一个简单框架了。织机设计越精细，也就越容易上手。

不过，丝绸女的招牌产品是指环结饰带，只需要一个锚点即可。将一根双倍长的线打结，形成一个环。如果要编织更复杂的图案，则可以将两条相同长度、不同颜色的线系在一起，形成一个环，一端连接到定位点上，另一端套在一个手指上。最简单的图案通常会使用 5 个这样的环，而复杂的图案则需要几个人同时进行，使用的环多达 40 个。这些环通过各种上下叠排，即可编成扁平饰带、圆形线绳、中空系带、薄系带和加厚系带；当线被点饰为条纹、格子、波浪纹、人字形和四叶花等形状时，就会形成五彩缤纷的图案。

有几本详细描述这些饰带编织方法的手稿幸存了下来，其中一本现存于维多利亚和阿尔伯特博物馆（Victoria and Albert Museum）。该书稿写于 1600 年左右，内附成品样本，每个样本都是用红色和白色的丝线做成的。其中一种编法如下："分别将两根扁平的细绳打结，编成三个红色的蝴蝶结和两个白色蝴蝶结，将红色的蝴蝶结放在一只手上，白色的放在另外一只手上，然后将左手蝴蝶结的正面和右手蝴蝶结的反面编结在一起，形成双蝴蝶结。"这个样品不长，以白色丝线打底，红色丝线则被编织成中空的钻石形状。确切地说，这不像是一本教初学者编织饰带的手册，倒更像是一位熟练技工的备忘录。1576 年，在伊丽莎白一世账簿上出现的 79 条"各色镂空丝质系带"，是按照一套复杂得多的方法编织成的。镂空系带可以用另一根带子或线绳穿过其中心，也可作为一条特别柔韧的饰带或系带使用。

我女儿在 8 岁时，已学会了简单的指环结编法。当时有许多年轻女孩

---

①现代学者多称之为绞经织，工具为综板式织机。因为编织用的关键工具"综板"形如卡片，民间又称其为卡片织（Card Weaving）。

喜欢使用友谊针^①和织布机，但我女儿喜爱用手指编织饰带。不过一年，她便接下了第一单活儿，编一条 15 码长的双色平纹带，用来装饰环球剧院一位演员的紧身上衣。她每晚抽出半小时，花了大约一个月的时间才完成这个饰带，不过交货还算准时。自那以后，她就疯狂爱上了这项手工制作。如今，她的作品能让纽约大都会的电视制作、博物馆展览、歌剧明星和剧院增色不少，也能让观众们体验一场奇妙的视觉之旅。我们大多数人在成年后才开始学习一门技艺，尽管勤奋刻苦，但我们很少能赶上先辈们的干活速度。不过，我的女儿可以做到。她的手动得飞快。

最近，她受雇在 BBC 拍摄的电视迷你剧《狼厅》^②中做替身，表演指环结编法。工作人员不得不让她放慢速度，以便看清她做的动作。除了手速快，她还能做到别人无法做到的动作，因为她的双手自小就锻炼出了无数微小肌肉，特别灵活。三十多岁开始拉小提琴、跳芭蕾舞或练跨栏的人都清楚，他们无法与那些童年时就开始训练的人一争高下，手工技艺亦是如此。

另一种编法——辫子编法可用于制作蝴蝶结，通常是将 3 ~ 11 束线编成细绳。这些细绳也有很多不同的设计，横切面既可以是扁平的，也可以是圆形的。我曾在马鞍上见到的一种饰带，便是由四股亚麻线编织的辫子细绳加工而成。15 世纪 40 年代，活跃在商界的沃恩（Vaughan）夫人曾向凯瑟琳·帕尔^③（Catherine Parr）王后的马厩提供了价值 128 英镑 13 先令 6 便士的制品。虽然编指环结并非我的强项，但我有一些心得，也喜欢尝试不同的设计和材质，并通过将线扭曲、拉伸和堆叠增厚来完成编织。

幸存下来的服饰表明，出现在同一件衣服上的几种不同类型的饰带，有着同样的配线和图案，从而提供了视觉上的一致性。无论饰带是用于固

①也叫阿尔巴尼亚针。
②英国女作家希拉里·曼特尔（Hilary Mantel）创作的一部历史小说，摘取了 2009 年度布克奖。作者透过首席国务大臣托马斯·克伦威尔（Thomas Cromwell）的视角，引人入胜地讲述了都铎王朝亨利八世统治下的故事。2015 年 1 月，根据《狼厅》改编的电视剧首次播出，受到英国观众的热捧。
③亨利八世六个妻子中的最后一位。

定纽扣、加固缝边还是遮盖接缝，从视觉上都应该看不出区别。这些都是丝绸女必须掌握的技能。

女性服饰行业的原材料昂贵，因此，一个女人如果想从事这一行，光有手艺是行不通的，她还需要有一定的资本。我们在历史记录中找到的许多丝绸女，都是嫁给了做这些原材料生意的绸缎商或批发商。绸缎商的学徒常常和学织绸的姑娘在同一屋檐下成长。这两个行业相辅相成，一个行业的发展很可能会促进另一个行业的发展。

史蒂芬·沃恩（Stephen Vaughan）竭力支持妻子的职业。他先是给托马斯·克伦威尔①（Thomas Cromwell）写信，在信中附上了妻子的织品样本，建议安妮·博林雇用她。不久后，他再次写信，抱怨没有得到任何回音。他肯定地说："她会比这个领域的其他女人做得更好。"

沃恩夫人自己也付出了一些努力，不仅说服克里维斯的安妮②（Anne of Cleves）购买她的制品，还把目光瞄准了凯瑟琳·帕尔王后。除购买了用于马匹的装饰品外，凯瑟琳王后还以 186 英镑 12 先令 5 便士的价格购买了用于服装的饰带。此外，还有少量的饰带供柜子制造商用于装饰柜子，供皇家刺绣工给王后刺绣。

在远离宫廷、远离伦敦的地方，丝绸女的手艺就没那么受推崇了，所用的材料也更廉价。16 世纪 50 年代末 60 年代初，希尔（Sheale）夫人住在塔姆沃思。她的丈夫是位吟游诗人，写了一首关于他们共同生活的歌谣：

> 我的夫人真正的职业是丝绸女，
> 缝制亚麻衣服是她一生的最爱，
> 集市上她折价售卖自制的一切，
> 有衬衣、罩衫、紧身衣、麻絮衣，
> 也有丝线、修剪边饰、衬布和细绳等制品。

---

①英国近代社会转型时期杰出的政治家，英王亨利八世的首席国务大臣。16 世纪 30 年代，他全面主持英国政府事务。
②亨利八世的第四任妻子。

作为一名出色的裁缝，希尔夫人主要制作成衣，即那种尺码通用的亚麻服装。她也制作两端带有小流苏、用来系领口和衬衫袖口的亚麻指环结饰带。她没有固定的店铺，常带着轻快、便携的制品穿行在各个市场和集市中。

大约在伊丽莎白时代中期，丝绸女开始慢慢丧失其独特地位。此前，爱丽丝·蒙塔古（Alice Montague）一直在向王后供货，生意做得风生水起，经营范围扩大到了网状织品、梭心蕾丝、雕绣、刺绣衫裙、袖套和环状领，并从事专业的洗衣工作，但后来她把业务交给丈夫打理了。从那时起，独立经营的女性越来越少。在《英国见闻》中，威廉·哈里森写道："从伊丽莎白一世在位第十年起，伦敦的丝绸铺子已所剩无几，剩下几家曾由女人及其女帮工打理的店铺，现在也由男人接管了。"

16 世纪下半叶，英国经济繁荣，船舶设计技术的飞速发展促进了贸易的发展，那些拥有更多资本的人有了新的机遇（主要是男人）。他们进口的货物品种更多样，管理的丝绸店铺也越来越多。不过，丝绸女并没有在一夜之间消失。1599 年，苏珊·莫尔（Susan More）因在伯克（Berk）夫人手下工作而挣得 5 先令 4 便士。显然，作为一名独立的丝绸女，伯克夫人在她丈夫兰德尔（Randall）还是名书商时，就经营着自己的生意。

丝绸女的工作乍看之下十分文雅，但就像其他工作一样，它也有着艰难的一面。最近，我女儿要完成一个很大的出口订单。尽管一些丝绸原料延迟到货了，但她还是得赶制需要缝制的饰带。

起先，她的手指开始流血，她不得不将伤口包扎起来；接着，金线勒穿了包扎带，但她手上的伤口尚未愈合。对她来说，将包扎带一层层往上裹，一天工作 18 个小时已经成为常态。慢慢地，机械性劳损开始给她的身体带来刺痛感。订单最终按时完成了，但随后的几个月她都不能再编织任何东西。毫无疑问，都铎时代的丝绸女肯定也遭遇过类似的问题，裁缝、刺绣工、画家和许多其他手工艺人也是一样。这类业务靠取悦少数富有却催得紧的顾客来存活，而来自宫廷的要求更为苛刻。

How To Be a Tudor

第 9 章

休闲时光

……人世间万事，欢乐最重要。人生最好的伴侣是……聚会、音乐、诚实的博弈或其他良性的运动，都有助于让沉重的心灵轻盈起舞。

——威廉·巴雷

《健康的治理》

在都铎时代，传统的休闲时刻是星期日的下午。

全民射箭

排在星期日下午活动清单首位的是射箭，这正符合当时政治精英们的需求。15世纪80年代，理查德三世的行政部门已经在抱怨人们射箭技能的下降，而弓箭的严重短缺也促使人们越来越多地寻求其他不太正规的活动。

亨利七世的官员们同样用悲伤的言语对"这一技能的下滑"表达了担忧，并将之归因于人们不再对星期日下午的射箭活动感兴趣了。亨利八世决定通过议会立法，阻止这种射箭文化的衰落。法案要求，除神职人员和法官外，所有60岁以下的男性都应该学习"使用长弓[①]，且多加练习"。法案还规定，对于7~17岁的男孩，他们的父亲或监护人要为他们提供至少两支箭和一张弓，并教他们如何射箭。从17岁起，男人们就必须自己购置四支箭和一张弓，否则将面临一个月1先令的罚款，直到他们购买

[①]亨利八世对骑士传统与英国射箭文化的热衷，催生了第一本研究英格兰长弓的著作《爱弓之人》(*Toxophilus*)。

这些装备为止。所有都铎王朝的君主都认为,人们有义务在每个星期日做完礼拜后,再进行射箭练习。

行政官员之所以对射箭如此关注,主要是出于战争需要。在英国赢得阿金库尔战役[1]和许多其他战役的过程中,长弓的使用功不可没。尽管在15世纪,火药逐渐削弱了弓箭手的地位,但很少有人愿意放弃这个传统。一个人如果想成功使用长弓,必须具备精湛的射箭技术和过人的臂力,但这需要多年的训练,最好能贯穿他整个骨骼发育期。因此,英国人坚持让男孩每周与他们的父亲一起锻炼,为学习射箭做准备。成年男子经常练习射箭,以保持肌肉强劲和技术熟练,时刻准备为祖国或国王而战。

对于星期日下午的射箭练习,普通英格兰人和威尔士人乐此不疲,这一点我们可以从许多城镇周围的路名和地名中找到证据。靶子一般离教堂很近,都是竖立在凸起的泥土堆里。男人们练习射箭,并不仅仅是出于爱国或法律要求。作为一种运动和消遣,射箭早已融入大众文化之中,男人们大多非常享受这种活动带来的乐趣。当练习或比赛射箭后,男人们还会聚在一起喝酒,因此,射箭场附近的酒馆通常生意兴隆。

男人们三五成群,带着自己的弓和箭去往郊外。通常,他们会先选择某棵树的树枝、某个草丛或门柱作为射击目标,然后大家会笔挺地站立并向目标放箭。射完箭后,大家缓步走过去,取回自己的箭,查看谁的箭离目标最近,接着再选择下一个目标。这与高尔夫球比赛有着惊人的相似之处。

1559年左右印制的一幅伦敦木刻印版地图(通常被称为阿加地图[2])显示,环城区域外人口密集,有洗衣服的妇女,有成群结队出去运动和野餐的人,还有很多拿着弓和箭、边走边射的男人。法庭的记录资料也为我们提供了一些外出射箭的男人们的情况,其中有一些悲剧事件。

1564年,杰罗姆·博斯威尔(Jerome Boswell)在伦敦芬斯伯里射

---

① 1415年,在阿金库尔战役中,英王亨利五世(Henry V)在法国北部阿金库尔村重创兵力数倍于己的法军。

②据说是由一位名叫拉尔夫·阿加(Ralph Agas)的人于1553—1559年绘制的。这是都铎时代最全面的伦敦地图。地图上绘出了丰富的细节,并标明有城墙将城区与环城区域分开。

箭场意外中箭身亡，而苏塞克斯郡柯德福德的约翰·菲利普斯（John Philippes）则是离亨利·格林斯泰德（Henry Grynsted）所瞄准的目标太近。有时候，关于射箭的记录只是某些案件的证据之一，解释了男人们为何会在某地遭遇盗贼袭击，或为何会与人发生争吵。

尽管对武器不感兴趣，但我还是学着制作了都铎时代的弓和箭，尝试了射箭，并花费大量时间听人们讨论箭术问题。都铎时代的弓是用一整块木材制成，以树干中部笔直的部分，包括木心和边材作为原料。木心在树干的中心位置，更加密实，耐压；而边材紧贴在树皮下，是新长出来的部分，更加柔软，有弹性。所以在拉弓时，边材背离弓箭手，由面向弓箭手的木心部分承受压力。制弓时，要小心控制弓的弯曲程度，因为这决定了它能释放出多少力。厚重的硬弓可以发射更大的箭，射程更远，但需要的劲也更大，会影响准度。轻薄的弓射程更短，但更精确。不过在战斗最激烈的时候，交战的双方会集结成群的弓箭手向天空发射箭雨。在那种情况下，准确性就没那么重要了。

用榆木、榛木和山毛榉木制成的弓价格低廉，用英国紫杉木制成的弓要贵一些，用进口紫杉木，尤其是西班牙紫杉木制成的弓最贵，但质量也最好。这类树的树干笔直，少有木节。这些弓异常精致，每一把弓都略有不同。上好弦后，它们似乎就充满了灵性。我终于可以理解，为什么有那么多人痴迷这项运动了。

用传统的长弓射箭，既需要力气，也需要技巧。如果空有力气，却没有掌握适当的技巧和对力量的控制，精准度会大打折扣。想要做得更好，就要花更多的时间练习。我的教母在她五十多岁时才开始练习野外射箭，所以，我没有任何借口可以说自己练不好。

都铎时代最有名的箭术著作之一，是罗杰·阿斯卡姆（Roger Ascham）所写的《爱弓之人》。写这本书的时候，罗杰才29岁。1545年，他将此书进献给了亨利八世。该书高度赞扬了箭术在军事领域的重要作用，并强调射箭能够磨炼身心、增进健康。菲罗勒格斯（Philologus）是罗杰书中的一个人物，他认为，如果练习射箭只是为了上战场做准备，那么男人肯定会独自来到旷野，用一把上好的强弓，尽可能多地练习，以积攒力量，提高速度。可事实正好相反，男人们喜欢成群结队，注重精准度，时常交流如何提高技艺。

书中的主人公很快指出，男人们喜欢结伴出行，是因为他们把射箭练习变成了一种彼此之间的竞争。如果没有社交性和娱乐性，估计很少有人会乖乖听从政府安排去练习射箭。周末下午的射箭活动充斥着竞争与对抗，人们互相交流射箭的经验，练习地点也时常变换，而且还有好友在侧。原本的苦差事变成了一项娱乐活动，男人们得以从平日紧张的工作中解脱出来，享受一个愉快的周末。

既然射箭运动如此受欢迎，那么历届政府为何会担心人们放弃射箭呢？亨利八世的官员认为是一种"掷硬币"的赌博游戏在作祟。"掷硬币"的玩法是：在桌子上掷一些小硬币，将硬币移动到几处特定的位置上，并将其他选手的硬币挤出这些位置。这种赌博游戏有点像微型版的冰壶运动①。伊丽莎白时代的国会议员则将男人们放弃射箭归罪于"逗熊""庸俗的表演"和"失禁的交易"。而罗杰·阿斯卡姆则认为，保龄球、九柱球、纸牌和骰子游戏才是根源。

人们对保龄球的态度不一，有人谴责它，也有人力挺它。这一运动在乡村酒馆和绅士的乡间别墅的描述中都曾被提及。在英国富丽堂皇的房子里，保龄球道的大致轮廓在花草丛中清晰可见，使花园变得非常时髦。康沃尔郡特雷瑞斯庄园的保龄球场不仅留存至今，还保留了都铎时代的全套设备，球瓶是九柱球游戏中使用的宽大球柱。据传，弗朗西斯·德雷克（Francis Drake）爵士在被告知西班牙无敌舰队已经临近时，拒绝停下正在打的保龄球。不管这个故事是否真实，它至少说明保龄球在绅士中很流行。

伦敦市设有室内和室外两种公共保龄球馆。1580 年，伦敦市长写信给枢密院，要求政府采取行动，取缔这些保龄球馆。他认为这些保龄球馆实在太受欢迎了，很多本应去工作的人都被吸引到保龄球馆里打球、

---

① 在 16 世纪初期，苏格兰就有这种冰上溜石运动；1959 年起，冰上溜石世界锦标赛开始举办；1998 年，冰壶项目成为冬季奥运会的正式比赛项目。

赌博。他们不仅输光了自己的工钱，还败光了家产，使自己的家庭陷入极度贫困之中。他指出，更糟糕的是，人们不仅在这些场馆里玩纸牌、骰子和桌上游戏①，还大量饮酒。场馆里常常发生各种混乱的场面，诸如醉酒、辱骂、盗窃、诈骗等。不过，他写的信似乎收效甚微，保龄球和赌博等游戏仍十分流行。

这些赌博主要流行于贵族和绅士阶层。罗伯特·达德利伯爵的日用账簿留有他参与赌博的开支记录。1586 年 12 月 13 日，他在与威廉·拉塞尔（William Russell）爵士玩坦托斯（Tantos，一种纸牌游戏）时，钱包里有 20 英镑的赌资。这笔钱在当时可谓巨款，是一个能工巧匠工作 18 个月才能得到的收入。元旦时，他用 10 英镑的赌资与威廉爵士、莫里斯（Morris）伯爵和艾塞克斯（Essex）伯爵玩了另一种纸牌游戏。

三天后，在玩同一种纸牌游戏时，他又输了 14 先令。他每年都要赌很多次，家里甚至会为他预备专门的赌资，各种账簿记录上记载了他需要偿还的债务。有时，账簿记录中也会提及游戏名称，他玩的一般都是纸牌游戏，而和他一起玩游戏的人都是贵族。就这样，罗伯特·达德利一年"玩"掉了几百英镑。至于他赢了多少钱，我们就无从知晓了。

不过，与 50 年前的亨利八世相比，罗伯特用于赌博的金额不过是小巫见大巫。根据记录，1530 年 1 月，亨利八世在玩多米诺骨牌时，输掉了 450 英镑；在与枢密院的一位绅士玩纸牌游戏时，他又输掉了 100 英镑；两年后，他在玩掷硬币游戏中故意输掉了 45 英镑。赌博虽然存在着风险，但都铎人认为，相比于具有阴柔气质的普通人，赌徒的沉着冷静更能彰显一种阳刚之气。

那些来自下层社会的男人也喜欢赌博，因为他们也想展现自己成熟、阳刚的一面。1495 年，亨利七世颁布法令，除了圣诞节，学徒工和仆人在其他时间不能玩纸牌游戏。于是，社会上出现了两种截然不同的观点。一

---

①桌上游戏发源于德国，在欧美地区已经风行了几十年，游戏内容涉及战争、贸易、文化、艺术、城市建设、历史等多个方面。它是一种面对面的游戏，非常强调交流，是家庭休闲、朋友聚会、甚至商务闲暇等多种场合的极佳沟通方式。

方面，人们对下层人士热衷赌博带来的潜在贫困化表示担忧；另一方面，这种赌博行为又被视为男子汉气概的展现，成了文化的一部分。从贵族的家规细则中我们不难看出，纸牌、骰子以及其他形式的赌博是司空见惯的事情。这些家规不仅对生活在贵族大房子里众多的门房、马夫和侍从适用，对主人们也同样适用。专门负责此项工作的高级侍从，不仅要保管好骰子和纸牌，还要看管好赌资。一个仆人负责大厅里的赌博，另一个仆人则要负责卧室或两个毗邻房间的赌博。

在 1564 年出版的《论赌博游戏》（*Liber de ludoaleae*）一书中，意大利吉罗拉莫·卡尔达诺①（Girolamo Cardano）这样写道："参与赌博的人数量众多，即便赌博是罪恶的，似乎也是必要之恶。"卡尔达诺长期醉心于游戏和赌博，掷骰、弈棋、打牌无不精通。他认为，总体来说，游戏不仅是靠运气，还需基于数学的计算，或一个世纪以后布莱士·帕斯卡（Blaise Pascal）所说的"概率"。因此，从某种程度上来说，赌博由于与技能和智力训练有关而免于责难。

雷金纳德·司各特（Reginald Scot）是一位兴趣广泛的英国绅士。他写了一本以戏法和巫术为主题的书，名为《巫术世界》（*Discoverie of Witchcraft*）。他试图揭穿当时流行的一些欺诈行为，在书中对纸牌游戏中可能使用的把戏进行了描述。他解释了变戏法的人在洗牌时，如何定位并"变"出旁观者挑选的牌。这种戏法的表演形式变幻多端，至今仍被现代的魔术师所采用。

由于大量金钱的频繁转手，赌博吸引了很多骗子。雷金纳德警告他的读者说："跟陌生人赌博时，要谨防那些看似单纯或酒醉之人。"有许多出老千的人靠灌铅骰子或特殊暗号等手段赢钱。据说，王座监狱②和马夏尔西监狱③里有制作灌铅骰子的作坊，而作坊的主人名叫伯德（Bird），他制作出了 14 种不同类型的灌铅骰子，可在不同类型的游戏中作弊。

①意大利文艺复兴时期百科全书式的学者，主要成就在于数学、物理、医学方面。卡尔达诺死后发表的《论赌博游戏》一书被认为是第一部概率论著作，他对现代概率论有开创之功。
②伦敦的高等法院监狱。
③西方有名的债务监狱，在 18 世纪的英格兰，许多债务人都被关押在此。

国王爱打球

亨利八世年轻时很喜欢打网球。他的父亲亨利七世也是个网球迷，曾找人在皇家宅邸附近建了一个新网球场，并雇了几名职业球员——也许是让他们当自己的儿子的教练。与维多利亚时代的草地网球不同，都铎时代的网球更接近现代的室内网球，其中的一些元素让人想起现代的壁球运动——也是在封闭的场地里，球击打到墙壁上再反弹回来。亨利八世对网球钟爱有加，威尼斯大使曾这样写道："观看他打球是世界上最享受的事情，在优质衬衫的衬托下，他白皙的皮肤散发出一股勃勃生机。"

但亨利八世并不总是穿着衬衫打球，一份1517年的清单显示，他的衣柜里有一件用6码宽的黑蓝色天鹅绒制成的外套。天鹅绒布料宽幅较窄，一般只有18英寸宽，6码宽的布料制成的外套可能相当贴合身体和手臂。在16世纪20年代，他放弃了这件心爱的外套，只穿深红色缎面的紧身衣打球。他有两件这样的紧身衣。除了特殊的网球衣，亨利八世还有网球鞋，其中6双的鞋垫都是由大衣橱①（The Great Wardrobe）在1536年添置的。莎士比亚在其创作的《亨利五世》（*Henry V*）中就提及一个与网球有关的情节。剧中，法国大使代表法国皇太子送给年轻的英国国王一箱网球作为礼物，送礼的过程充满了轻蔑，暗讽亨利五世痴迷游戏，不是一个有远见的政治家，对法国不构成威胁。而亨利五世则将运动的技艺、活力和力量与军事实力关联起来，以强势的口吻回答道：

> 如果我们拿起球拍击打这些球，
>
> 承蒙上帝恩典，我们要到法兰西去打一局，
>
> 一直打到法王头上的皇冠摇来晃去！

这一场景会唤起观众，特别是女王和宫廷里的人对亨利八世，而非亨利五世的强烈回忆。

---

① 皇家衣橱的一部分，专门负责购置、贮存和保养国王的服饰。

在 16 世纪 30 年代，托马斯·埃利奥特爵士认为，网球是年轻绅士们的一种极好的消遣方式，罗杰·阿斯卡姆也对网球称赞有加。他曾指出："网球运动既优雅又体面，十分适合温文儒雅的绅士。"正规的网球场极为奢华，主要出现在皇家宫殿中或豪门大宅里。

你可能会认为，普通的都铎人很少有机会参与这项运动，但是这种看法并不全面。也许正规的网球场只为富人所独享，但网球这项运动广为传播，且形式自由、多样。当时，这项运动大受欢迎，并没有受到场地限制，即使是皇室成员使用的网球场，也不是完全标准化的。不过，球场大小有区别，球场内部的建筑风格也迥然有异，有些球场设有楼廊座位和窗口，为旁观者提供方便。对于当时的人来说，任何庭院或街道都可以用来作球场。1920 年，人们在威斯敏斯特议会大厅的屋顶上发现了一个被卡住的皮质网球。这表明即使是在王宫里，网球运动也没有局限于正规的网球场。

当网球开始风靡时，法国逐渐建立起生产网球、球拍的全套产业。根据伦敦港的文书资料记录，大量网球进口到了英国。例如，1567 年 10 月，乔治·克里默（George Collimor）通过"普里姆·罗斯号"货船进口 4000 个网球；同月，另一个商人通过"约翰号"进口 8000 个网球。尽管进口量很大，但英国自己也有一家网球工厂。皇家使用的网球就是由伦敦的钢铁工人公司制造的。

那些流入英国的网球不像现代的网球那样有弹性，因为都铎时代的网球不是用橡胶制成的。当时的网球更硬更重，是用布先将羊毛包起来，再用带子绑好，再在外面加一层布。

1461 年，法国国王路易十一（Louis XI）不得不出面进行干预，禁止不法网球制造商往网球中灌装便宜的白垩粉、沙子、碳灰等。这些填充物使网球变得又硬又重。

在喜剧《无事生非》（*Much Ado about Nothing*）中，莎士比亚讲了一个用头发作填充的笑话，"……可是有人看见理发匠跟他在一起；他脸蛋上的那几根'装饰品'，已经被拿去塞网球去了"。

在《统治者之书》①（*Boke Named the Governour*）中，托马斯·埃利奥特爵士提到，绅士不适合踢足球，"除了极度的野蛮，就是极端的暴力，只能导致相互的伤害"。足球在整个 16 世纪一直受到谴责，尤其是在星期日那天。此外，人们经常把踢足球和喝酒、跳舞等节日活动联系在一起。对许多地区的人来说，忏悔节足球赛②是一项悠久的传统，但在 1540 年，这项比赛因少数暴徒作乱，在切斯特被禁止了。尽管许多上层人士更爱那些更为流行的球类运动，但亨利八世仍购买了一双足球鞋，并冠以"露营"的别称。亨利八世的做法获得了托马斯·塔瑟的称赞，后者在《治家五百诫》一书中，把足球运动作为草地改革的良策：

> 在草地或牧场上种植更优良的草，
> 让露营者自由地呼吸绿草的芬芳；
> 若在绿草刚刚萌芽的春天里去露营，你会哀伤：
> 这赤裸的大地，看似宽敞无比，春意又在何方？

凳球类似于圆场棒球或板球，可能使用的是都铎时代的网球。凳球运动通常是在两支球队之间进行，需要一个凳子、一个球，有时还需要一个拍子。人们认为这种运动更适合女性。在《两个牧羊人的对话》（*A Dialogue between Two Shepherds*）中提到：

> 我母亲经常说，
> 当她把裙裾高高挽起，
> 和女孩们一起打凳球时，
> 往往会感到无比开心。

---

①近代早期统治阶层重要的教育著作。16 世纪的英格兰，宗教改革、文艺复兴、大航海、圈地运动等交织缠绕，政治上呈现新的特征。统治者阶层也面临新挑战，该书从社会现实出发，阐述了以统治者为培养目标、以绅士为培养对象的教育思想。
②忏悔节足球赛有数百年的历史，最早的文字记录是 1683 年，但据说这项运动 12 世纪就开始了，可以说是世界上历史最悠久、人数最多、场面最热烈疯狂的足球赛了。

在墓地开舞会

跳舞也许比网球、足球和凳球更受都铎人欢迎。如今，我们对流行舞的了解大部分来源于人们的抱怨，他们嫌酒吧里的背景音乐太刺耳、太喧闹，讨厌青少年在星期日的礼拜时间跳舞，特别是晚祷时刻。事实上，跳舞跨越了社会和性别的界限，将人们聚集在各种各样的公共场合和私人空间里。这是一种非常廉价的消遣方式，对年轻人很有吸引力。在都铎时代，人们定期在墓地召开舞会，因为那时的墓地是开放的公共场所，没有墓碑，很适合跳舞。

然而，由于墓地离教堂很近，一些教区居民认为舞会亵渎了安息日的神圣。为此，舞会的舞者经常和附近的居民发生冲突，最终不得不通过法院的调停解决。1606 年 6 月，约克郡一个酒馆的主人就因为举办星期日舞会而陷入了大麻烦。这些冲突的焦点在于舞会是在教堂礼拜期间举行。在那些抱怨的人当中，有许多显然对跳舞本身并不反感，且认为它能令人愉悦，只是觉得舞会举行的时间不合适。

伊丽莎白时代末期，新教思想大行其道，充满活力的年轻人都十分热衷于跳舞。当时，在公共场所跳舞是一项重要的夏日消遣，在有关圣灵降临节①和"五月游艺"活动的文字中多有提及。有五月柱②的地方是完美的跳舞场所，人们可以绕着柱子或在柱子旁跳舞。

1589 年，图瓦诺·阿布托诺（Thoinot Arbeau）在法国出版了一本舞蹈手册，名叫《舞蹈图谱》（*Orchesographie*）。该书介绍了许多较简单的舞蹈，如所有舞者手拉手，在环形场地里一起跳舞。任何人（包括穿着笨重鞋子的农夫）都能很快学会这些舞蹈，并跳得非常开心。跳舞时伴奏的乐器大多是风笛，这不是现代的苏格兰高地大风笛，而是一种简单的泛欧版风笛，由气囊提供风压，有一个旋管发出"嗡嗡"声，通过演奏管的指

---

①是基督教年历中十分重要的节日，被定于复活节后的第五十天。在许多基督教传统中，它被视为仅次于复活节的节日。
②节庆的指标杆，指五月的树木，意在庆祝春天万物生长的繁盛。

孔演奏乐曲。这种风笛声音洪亮，可以让室外的人听到。关于音乐和舞蹈，斯蒂芬·戈森（Stephen Gosson）在其 1579 年的《校园恶习》（*Schoole of Abuse*）中发出了相当夸张的悲叹："伦敦到处都是不赚钱的风笛手和小提琴手。一旦有人进入小酒馆，就会有两三个这样的人紧跟着他，在他离开之前给他演奏一曲。"

大多数的室外舞蹈本质上都具有社交性质，但也有大量文献提到莫里斯舞和单人快步舞等。这些舞更多是展现个人风采，或用个人魅力打动异性。在《剖析世风之败坏》中，菲利普·斯塔布斯描绘了人们跳莫里斯舞（这种以欢快的舞步和华丽的服饰为特点的舞蹈，可以是单人表演，也可以是团体表演）的场景，虽然他是出于反对的目的谈论这支舞蹈，但也足以让我们对星期日下午的娱乐活动有所了解：

> 男士们穿上黑色灯笼裤，在每条腿上系 20 个或 40 个铃铛，手里拿着几块五颜六色的手帕，时不时挥舞一下，以吸引他们漂亮的莫泊茜（Mopsies）和可爱的贝茜（Bessies）们，好在黑暗中亲吻她们。
>
> 装扮停当后，他们带上自己的木马、木龙等传统道具，连同风笛手和鼓手们一起开始跳那魔鬼之舞。这一队异教徒向着教堂和墓地出发了，人声鼎沸，腿上的铃铛叮当作响，风笛声、鼓声齐鸣，手帕环绕头部旋转飞舞。他们看起来简直像一群疯子，而木马等道具就像是在人群中横冲直撞的怪物一样。

这些年轻、健壮、充满活力的人，将这种舞蹈演绎得疯狂、热烈，和更成熟的绅士们所跳的现代莫里斯舞带来的感觉截然不同。

跳舞的人不只是男性。当时，国内最有名的喜剧演员是威廉·肯普。17 世纪初，他在全国巡回演出，表演舞蹈，遇到很多和他一起跳舞的人。其中，一个 14 岁的女孩跟着他跳了一小时的吉格舞。这种舞蹈非常欢快，与苏格兰高地舞和爱尔兰的传统踢踏舞《大河之舞》（*Riverdance*）有很多相似之处。肯普不得不宣布："我在切姆斯福德碰到了最强劲的对手，许多人都不如她。"在萨福克，一位屠夫很想在舞蹈比赛中获胜，却没想到中途意外出现的对手让他败得一塌糊涂。一位充满活力的姑娘笑着说："如果我跳起来，能跳到一英里以外，尽管这很消耗体力。"当旁边的人问她敢不敢加入比赛时，她立即挽起裙子，系上几个铃铛，跟着那位屠夫一路跳到了下一个城镇。很显然，这两位年轻女性对跳舞都驾轻就熟。

除了莫里斯舞之外，还有其他几种可以相互比拼的舞蹈。历史学家和古文物研究者约翰·斯托（John Stow）在其《伦敦调查报告》（*Survey of London*）中，回顾了他在亨利八世统治时期看到年轻女性"为了获得挂在街道上的花环"而比舞的情景。

约瑞斯·霍芬吉尔在《伯蒙齐的婚筵》（*A Marriage Feast at Bermondsey*）上画出了 5 个年轻人（3 个女人，2 个男人），他们正随着几名小提琴手演奏的音乐跳舞。他们的姿势很容易让人想起那种轮流展示动作的舞蹈（类似今天的霹雳舞和嘻哈舞）。他们互相学习，互相竞争，展示出高超的技艺和耐力。16 世纪末，清教徒对这种舞蹈日渐敌视。事实上，虔诚的清教徒一直不喜欢这种舞蹈，他们最初仅在私下对舞蹈中某些不雅行为表示愤慨，后来这种抱怨变得越来越公开。伦敦人和那些加尔文主义者对舞蹈的评价尤其刺耳，但他们依然对宫廷中的舞蹈表示赞同。

在亨利八世和伊丽莎白时代，舞蹈的数量和质量给外国驻英大使们留下了深刻印象。根据米兰大使 1515 年的记述，亨利国王"每日练习跳舞"。虽然西班牙大使说亨利八世跳舞就像是马儿在"腾跃"，但是这毕竟只是少数。威尼斯大使认为，亨利八世"跳舞的表现超凡脱俗"，而米兰大使的继任者报告说："他创造了奇迹，跳起舞来就像一头奔跑的鹿。"

亨利八世一般会选他的妹妹玛丽作为舞伴。玛丽的"舞姿优美，令人赏心悦目"。亨利的第一任妻子、西班牙阿拉贡的凯瑟琳也非常喜欢跳舞，但她一般在自己的房间里和侍女们跳。毕竟，她几乎一直处于怀孕状态。伊丽莎白一世也是如此，她在各种公开和私下的场合不停地跳舞，直到生命的最后阶段。1599 年，伊丽莎白一世已六十多岁，但我们从西班牙大使给家里的信中了解道："虽然英国女王年事已高，但她还能跳三四曲欢快的舞蹈。"1602 年 4 月，也就是伊丽莎白一世去世前的一年，她还与法国的讷韦尔（Nevers）公爵跳了两曲舞。

大约在 1500 年，约翰·巴尼斯（John Banys）打开他的摘录本，拿起羽毛笔，给 26 个舞曲添加了一些动作注解，他还给 13 首可作为舞蹈伴奏的音乐写了注解，其中 8 首与特定的舞蹈相配。这些舞蹈注解与一些拉丁文祷告文、一篇关于手相的论文和一篇关于面相的论文一同出现。这本书现存于德比郡档案局。巴尼斯不是王室成员，但他受过良好的教育，与德比郡有往来。他所有的舞曲都是供两三人使用，但他从来不指明性别。在所有交际舞的图片中，我们看到男女混合在一起跳舞。那些反对最激烈的清教徒，主要就是抗议青年男女在混合跳舞时，身体挨得太近了。巴尼斯很少考虑跳舞时的舞步或手臂摆放的位置，他更关注舞蹈的形状，即舞者在舞池中舞动时所形成的图案。这些舞蹈已经明显具备了英国自己的特色。

我特别喜欢约翰·巴尼斯的舞蹈动作注解，它是在我通读几次之后才慢慢理解的。接下来，舞蹈编排的特色就呈现了出来：具有清晰的节奏和一定的优雅性、流畅性。在跳西班牙的舞蹈《部落的希望》（*Esperanse de Tribus*）之前，三个人会站成一竖排。开始时，每个人都向前跳 6 个单步。在音乐的下一节，排首的人跳到排尾，其他两个舞者交换位置，然后再交换回来。相同的舞步再重复两次，让每个人交换一次排首。接下来的动作会将竖排的队伍变成横排：排首的人向左跳出，旋转四分之三圈，这样他就到了中间那个人的侧面，排尾的人也做类似的动作，跳到中间那个人的另一侧。

尽管约翰·巴尼斯没有提到，但如果我是中间的那个人，我可能会在另外两个人做动作时，原地旋转两次。在这段乐曲和舞蹈中，演奏者和跳舞者可以加入一定的即兴表演。现在，队列又变回了竖排：第一个人跳回他的起始位置，中间的人移动到排尾，排尾的人换到中间。音乐转到下一节，当中间的人在原地旋转时，排首和排末的人交换位置，至此，队列中所有人的位置都交换过了，然后所有人一起向后跳，接着原地旋转，再一起向前跳。这个舞蹈会在此处有停顿，等到新的领舞者出现以后，舞蹈又继续开始。

巴尼斯提到三种不同的舞步：单步、快步和撤步。最后一种似乎是倒着跳的快步。有一本书解释了这些舞步的含义，但它不是舞蹈手册。在《统治者之书》中，托马斯·埃利奥特爵士用舞蹈作为一种教授美德的手段，描述了每一种舞步是如何展现出表演者身上的高贵气质的。

这一点在约翰·巴尼斯的笔记中未被提及，可能是因为巴尼斯只是大致介绍各类舞蹈，而不涉及每种舞蹈的具体编排。他把单步描述为"两只脚分别向前跳"，而后撤步"是一只脚先跳，另一只脚再向后跟上来"。即使有这样细致的描述，人们理解起来还是很不容易。

撤步似乎解释得够清楚了，而快步想必要将双脚并拢跳。但到底是平脚跳，还是踮脚跳，仍然是一个未知问题。至于单步，他的意思到底是两只脚向前跳走两步，还是像法国舞步那样，一只脚向前跳出，另一只脚再跟上来呢？这两种舞步都要与对应的舞蹈风格和音乐相匹配。

都铎时代的舞蹈有很多即兴表演，富于变化，音乐相当欢快、活泼，大多数都是 6/8 拍。这在吟游诗人理查德·希尔（Richard Sheale）收集的歌曲和民谣中都有暗示。当人们跳舞时，旁边总会有人喊舞步。希尔在 16世纪 50 年代收集的一首歌，描写了卓克（Jocke）和琼（Jone）举办乡村婚礼时的情景：

> 琼转半圈，现在，卓克转半圈！
>
> 丹尼，跳得不错！
>
> 谁要是第一个动作搞砸了，
>
> 就给风笛手一便士。
>
> 罗布森，跺脚！
>
> 比利，应该跺脚！
>
> 相信自己，这里能跳好……

1569 年收集的另一首民谣，描绘的也是一场乡村婚礼上的跳舞情景，民谣似乎在笑话乡下人效仿城里人跳法国的时髦舞蹈：

> 附近的婚礼挤满了人，
>
> 大家都在跳法国的布拉尔舞，
>
> 正常人都应该去那儿学跳舞，
>
> 你也来挑战一下自我吧，
>
> 因为我要蹦来，你要跳。
>
> 我们仨一起旋，一起转，
>
> 跳第四步的时候，一起来个单腿跳，
>
> 所以，无论如何我们都要步调一致。
>
> 亲爱的吟游诗人，愿你也来跳个不停，
>
> 因为跳舞的我们快乐无比。

伴随着轻快的乐曲，在指挥者的引导下，表演者用简单的舞步演绎出精彩的舞蹈。这种舞蹈很可能由第一批殖民者横跨大西洋，带到美洲去了。

1521 年，罗伯特·科普兰（Robert Copeland）在他的书中介绍了在勃艮第和法国流行的低音乐器演奏的舞蹈曲（巴斯舞）。16 世纪 20 年代前，很多英国精英都去过法国的"金缕地"①（The Field of the Cloth of Gold）。在那里，跳巴斯舞是庆祝活动的一部分。科普兰还介绍了单步和撤步（后一种舞步，他用的是"reprise"一词），他的风格注解很有趣。

那么，这些舞步被记录下来是因为它们与英国舞蹈有什么不同吗？根据他的描述，人们在跳单步时"须将身体抬高"，且跳两个单步的时间与行礼或跳一个撤步的时间相同。与其他舞蹈相比，巴斯舞更拘泥于形式，即兴发挥的余地不大。舞者成双成对，绕着舞池缓慢行进，不论组成什么样的队形，他们只跳四种不同组合的舞步。因此，巴斯舞的标记方法更为

---

① 1520 年，亨利八世和法国国王弗朗索瓦一世会面。两位国王与他们随从的衣饰都是金光闪闪，以至于会议的地点被命名为"金缕地"。

简单。你只要知道 R 代表行礼（Reverence 的首字母），s 代表单步，d 代表双步（如果是踮脚向前跳三步的话，在第四拍上停顿一下），b 代表侧步（从舞伴身旁跳开，再跳回去），r 代表撤步，那么整个舞蹈的编排就能在一行以内写出来。从《适婚女孩》（*Filles à Marier*）舞蹈的注解中，我们就可知晓一二。这种舞蹈明显分为四个部分，用科普兰的方法可以写成："R.b.ss.ddd. rrr.b.ss.d.rrr.b.ss.ddd.ss.rrr.b.ss.d.ss.rrr.b。"巴斯舞都是从行礼开始的，再以侧步结束。而撤步将舞蹈分成了几个部分，与乐曲的音节相呼应。

当时，舞蹈领域的主流趋势就是寻求跨国家和跨社会的观念、音乐、舞步、风格及编舞。事实上，巴斯舞本身虽然是贵族舞蹈的典型代表，但最初源于乡村，后来才被宫廷所接受。在都铎时代，巴斯舞普及全国，在王宫里尤其受欢迎。

除了约翰·巴尼斯介绍的舞蹈以及科普兰的巴斯舞之外，亨利八世还跳其他种类的舞。米兰大使称亨利八世"跳起舞蹈来就像一头奔跑的鹿"，这种描述显然与上述两种舞不匹配。图尔迪永舞（Tordion）可能是需要跳跃的。托马斯·埃利奥特爵士在其时尚舞榜单中就提到过图尔迪永舞，不过他把这种舞写作"turgion"。图尔迪永舞的前四拍是四个欢快的跳步，但在随后两拍的停顿中，它采用了终止步——舞者双脚着地。终止步的时间与两个跳步的时间相同。跳舞的时候，中间不能停顿，需要一气呵成。因为是连续弹跳，舞者需要跳得很高，精确把握弹跳的时间，并且确保做这些动作的时候仍十分优雅。

在爱德华六世和玛丽一世统治期间，关于舞蹈编排的记载资料非常少见，但在伊丽莎白时代，我们再次在一本书中找到了舞蹈动作注解。这本书属于埃莉诺·冈特（Elinor Gunter），里面记满了诗和歌曲。不过，注解可能是她的兄弟爱德华·冈特（Edward Gunter）所写。埃莉诺·冈特于1563 年 2 月去往林肯法律学院学习，书里的舞蹈动作全部由法律学院的实习律师编排，因为年度舞会上的固定舞单是律师的必修内容之一，所有学生都必须学会这套舞。

埃莉诺·冈特的书提到，舞会一般从帕凡舞（Pavan）开始。这种舞十分庄重，适合年长、资历深的高级律师，随后的三场舞则遵循巴斯舞的传统风格。然后是阿勒曼舞（Allemayne），这种舞融合了德国风格的跳跃式双步和舞池造型的特点。舞会结束时，人们会跳库朗特舞（Coranto），这种舞充满活力，非常受欢迎。人们为它创作了很多欢快、活泼的音乐。虽然爱德华·冈特没有明确说明，但这很可能是一排男性和一排女性面对面跳的舞蹈，舞蹈的队列可以"无限长"。约翰·戴维斯爵士在《一首舞蹈诗》（*A Poem of Dancing*）中，将库朗特舞描述为"无秩序，在四分之三节拍（6/8 节拍）的速度下进行的、旋转的舞蹈"：

> 踏着四分之三节拍的节奏，
>
> 脚贴近地面滑动，
>
> 我该把这样的舞步称为什么？
>
> 对于赢得最多赞誉的舞者，
>
> 无秩序就是最好的秩序；
>
> 在任何地方，他恣意地变换舞步——
>
> 转身或前行，步步出人意料。

舞会开始的时候温和有序，中间越来越活跃，后期变得更欢快、热烈，因为当聚会上的年长者慢慢离开后，年轻人就可以尽情释放他们的活力了。伊丽莎白一世逝世后没几年，律师们就更新了他们的舞单，加进了华丽而充满激情的加亚尔德舞（Galliard）和沃尔塔舞（Volta）。这些都是在宫廷内外，特别是在年轻人中流行了二三十年的舞。

1605—1606 年，约翰·拉姆齐（John Ramsey）在中殿学院学习，继稳重的特克罗尼舞（Turkeyloney）、巴斯舞及德国土风舞（Almain）之后，他努力寻找一种方法，可以让加亚尔德舞的节奏与图尔迪永舞相似，但更慢、更强劲，从而使舞者有时间在每个舞步上跳得更高。最后，舞者起跳的高度达到了拉姆齐的预期，特别是男舞者。若你观看现代芭蕾舞演员表演交叉跳（传统的跳跃动作之一），将发现他们会在跳起前，快速地前后移动腿部，并在空中做转体动作。法国舞蹈大师阿尔博（Arbeau）极不赞成少女表演这样的动作。"除非她们把一只手放在裙子上，否则她们在跳起时一定会露出膝盖。"他认为，这既不美观，也不尊重别人。

或许你已经看出来了，我是一位超级舞蹈迷，对都铎时代的舞蹈尤为喜爱。由于电影和电视剧中播出的舞蹈的动作都很简单，平静而庄严，很多人认为，历史上的舞蹈也是如此。事实上，那是为了方便演员们学习和排练。的确，帕凡舞和巴斯舞很适合年长者跳，但我向你保证，当跳起沃尔塔舞，被舞伴抛到 5 英尺高的空中时，你绝对会血脉偾张；而跳加亚尔德舞不仅让你气喘吁吁、大笑不停，还会使你暗下决心，一定要掌握这些舞蹈动作的诀窍，以便在众人面前炫一把舞技。

斗杀动物

伦敦人有可能花一个下午的时间，到泰晤士河南岸去观看逗熊表演，或者在伊丽莎白时代后期去剧院看戏。其他城镇也有自己的逗熊表演，偶尔还会有剧团去巡回演出，但只有伦敦有专门提供这两种娱乐项目的常设机构。

总体来说，斗杀动物无论是在城市还是乡村，都非常流行，不仅是供人观赏的表演，还成为人们赌博的好时机。这种活动甚至被认为有益于人们的健康，因为它可以将难以咀嚼、难以消化的肉变成适合人类食用的肉。当时，人们对自然世界的理解主要是依据古希腊人的理论。后者指出，所有的肉（包括人类和其他动物的肉）和蔬菜都由四种体液构成：血液质、黏液质、胆液质和黑胆质，每种体液都有其冷、热、干、湿的平衡。年轻的成年雄性动物（就像人类一样）被认为是以血液质为主，其属性偏湿热，但当它们变老后，其肉就会变冷、变干和变硬。

有人认为，吃这样的肉只会在人的胃里堆积厚厚的肿块，并不会给人提供任何营养。只有最强壮和最热血的动物身上的肉，才能被加工成好的肉酱或肉汁，滋养人的身体。此外，他们还认为，如果等到公牛和公鸡老了再屠宰，其肉就不易消化了，除非激怒它们，让血液在它们的身体里再度奔流起来，其肉才能变软和变润。都铎人相信，只有通过引逗老生畜和老家禽，才能充分利用上帝所赐给他们的资源。当时甚至还有相应的罚款制度，规定屠夫必须在屠宰牛前引逗牛，否则就要缴纳一些罚金。

教区常常发起形式简单的斗杀活动，以进行筹款。例如，用一根6英尺长的绳子，绑住一只公鸡的腿，然后将它拴在一根竖起的柱子上。之后，在泥地上画出一条线，让参赛者退到线后，轮流向公鸡投掷石块。如果有人能杀死那只活蹦乱跳、咯咯叫的公鸡，就可以得到它作为奖品。

1613年，当《英国农夫》（The English Husbandman）出版时，作者哲瓦斯·马克汉姆删去了该书法语版本中介绍的葡萄栽培法，并专门添加了一个章节，描写英国乡村生活中一种特有的活动——斗鸡。对此，他的解释是："没有更高尚、更令人兴奋的，或可以避免欺骗的活动。"不过，他并没有特别说明斗鸡的最终目的——为在餐桌上食用它们做准备。他笔下的斗鸡纯粹是一种休闲活动。人们特意驯养瘦小却凶猛的公鸡，它们的爪子坚硬锋利，有着尖锐的喙和粗壮的腿。两岁的公鸡最具攻击性，适合比赛。每只鸡都有自己独立的笼子，用木板条制成，一般为二尺见方，三尺高，前面放有木质的水槽和食槽，"每一个斗鸡驯养师的家里或斗鸡驯养场里，都可以看见这种笼子"。

人们按顿给斗鸡喂食白面包和水，中间穿插一些训练活动。在训练期间，他们将斗鸡致命的尖爪用"护套"包起来，避免其受伤。随着斗鸡比赛的临近，驯养师不再给斗鸡喂食普通面包，而是喂食由多种食材制成的、奶油蛋糕状的混合物。

这种混合物是将小麦粉、燕麦粉、鸡蛋和黄油揉成面团后烘焙而成。人们剪掉斗鸡头部、颈部和臀部的羽毛，将它们翅膀上的羽毛修剪成危险而尖锐的形状，并用刀将斗鸡的喙和爪子修得更尖利。在把鸡放入斗鸡场比拼之前，人们会用唾沫将它们光秃秃的头蘸湿。虽然比拼时间很短暂，比拼过程却非常残忍，因为不同的鸡要交替比拼，比赛一场接着一场地进行着。亨利八世在白厅宫专门建造了一个斗鸡场，但约翰·斯托注意到，伦敦人可能会坐在史密斯菲尔德斗鸡场的走廊里，花一个便士观看比赛，或是多花点钱，坐在靠近斗鸡台的座位，并参与赌博。

斗牛可以吸引更多的人观看，但这类表演的成本太高。除了驯养牛以外，还要驯养狗。不过，牛最终可以卖给屠夫，那些在斗牛场里表现良好的牛也可多次重返斗牛场。威廉·冯特（William Faunte）爵士参与了繁殖和驯养专用斗牛的活动。16 世纪 90 年代，他在写给伦敦的爱德华·阿莱恩的信中提到，他有 3 头可用的公牛：一头牛刚满 4 岁，体形优美，动作灵巧；另一头牛在上一次比赛中失去了一只眼睛；第三头牛是一头老牛，被称为"西部之星"，刚失去一只牛角。他认为，这头牛永远不会再战了。

根据 1574 年的伦敦地图，我们知道在泰晤士河畔有两个相邻的斗场，一个是斗牛场，一个是逗熊场。都铎时代的英国式斗牛与西班牙斗牛截然不同，前者是让一头被绳子拴起来的公牛与一大群大狗对抗，而后者是让公牛在斗牛场里自由活动，与手持武器的人相斗。

1562 年，意大利大使亚历山德罗·马格诺（Alessandro Magno）在泰晤士河畔的斗牛场观看了整场比赛后指出，由于公牛只能在那根"两步长"的绳子的范围内活动，其发挥空间很小。如果它不能向前冲，就无法充分利用它的牛角，而只能用蹄子踢狗。这些狗都是大型犬。在伦敦斗牛场里发现的许多狗的头盖骨表明，这些狗的体形与被称为"斗牛犬"的现代狗大不相同。这些狗威猛、高大、粗壮，鼻子很长。在斗牛的过程中，狗和牛都有受伤和死亡的风险。人们在给动物匹配对手时，会偏向于选择那些曾在比赛中获胜的一方。比如，在给比赛经验丰富的"名"牛匹配对手时，为了防止它被杀死，人们会选择那些年龄尚轻、健康状况不佳或缺乏比赛经验的狗。此外，由于赌博盛行，人们常会暗中在狗或牛身上动手脚，以改变比赛的结果，让某些赌徒受益。

逗熊与斗牛类似，除了将肉嫩化供人类消费这个理由以外，斗杀动物的场景非常吸引人。熊是非常昂贵的动物，其主人并不想失去它们。因此，尽管逗熊非常暴力，熊死亡的事件却很少发生，反倒是狗的消耗多一些。在逗熊中，人们也是将熊拴住，并由狗来攻击，但和斗牛时整场都是牛狗相斗的情况不同，逗熊更像马戏表演，驯养员会用锁链牵着熊绕场走动，给大家看。熊有时还会表演"跳舞"，那头著名的盲熊哈利·汉克斯（Harry Hunks）的表演就被认为非常"滑稽搞笑"。它会猛击勒住它的锁链，逃避看不见的鞭子。伦敦熊园1590年的动物清单里列有5头"大熊"和其他4头熊。大熊是表演性动物，它们在表演场里轮流表演，而其他4头熊很可能是用于育种，因为驯养员雅各布·米德（Jacob Meade）将幼熊卖给了其他驯养员，其中就包括威廉·冯特爵士。他专门要了一对黑色雄性幼崽。

下午到伦敦市市郊熊园观看表演的人络绎不绝，各阶层的人都有。在1608年的圣诞节，熊园仅门票费就收了4英镑，这意味着大约有1000人入园。而在圣史蒂芬日①（St Stephen's Day），也有1000人入园。次日，即圣约翰节②（St John's Day），有1500人入园。各阶层人士混杂在一起让政府官员们心惊肉跳，但这种混杂令聚集在一起的人兴奋不已。在逗熊场里，达官贵人和赶大车的人坐在一起，来访的大使和来自伦敦港口的外国水手紧挨在一起，妓女、骗子、扒手和卖食杂品的小贩也聚在一起寻找主顾。在表演正式开始之前，观众们还可以去看看笼子里的动物，或者观看一下驯养师如何驯狗。

不只有莎士比亚

在伊丽莎白一世统治的最后几年里，泰晤士河南岸的熊园旁边坐落着当时的一些大剧院。最早的常设剧院出现在1576年，崭新的剧院令当时的伦敦人大开眼界。在亨利七世、亨利八世、爱德华六世和玛丽一世统治时期，剧院一直是流动性的，而且大部分是业余的。在亨利七世时期，英国许多较大的城镇都有自己的神秘剧③（Mystery Play），每年由城镇的居民表演一次。

---

① 12月26日，为纪念基督教会首位殉道者圣史蒂芬而来。

② 12月27日，圣约翰是耶稣的十二门徒之一。

③ 中世纪一种宣传宗教的戏剧。

在遗留至今的短剧或露天表演中，有 48 部来自约克郡，32 部来自韦克菲尔德市，24 部来自切斯特市。现存的短剧还有 2 部来自考文垂市，诺维奇、泰恩河畔的纽卡斯尔、北安普顿和萨福克的布罗姆也各有 1 部。至于另一批被称为"N 城"系列的剧目，则没有人确切知道它们源于何地。阿伯丁、巴斯、贝弗利、布里斯托尔、坎特伯雷、都柏林、伊普斯威奇、莱斯特和伍斯特每年都会上演一次类似的短剧，尽管没有一句台词可以使这些短剧流芳百世，但它们仍有一定的参考价值。

种种迹象表明，这些短剧最初是由有学问的牧师创作，后经其他人（大概是那些参与表演的普通人）逐步修改而成。每个单独的露天表演的场景主题都取自《圣经》，并额外添加了些人物。闹剧、悲情、美德和罪恶贯穿所有场景主题。每场露天表演都由一个市民同业行会赞助，后者负责提供服装、道具、布景、马车、马匹、演员和音乐家等。这些剧目在约克郡和切斯特市（但不包括 N 城系列剧目）上演时，需要用到马车，马匹会将场景从一个场地移到另一个场地。

对于城镇的居民来说，每年 6 月观看神秘剧是一种难以言喻的体验，因为神秘剧的演出时间正是人们庆祝基督圣体和圣血存在的时候。对于一些较小的行会来说，赞助演出的费用可能很成问题。例如，切斯特的制帽人（针织帽制造商）曾在 1523—1524 年向市长申请免除他们要付的赞助费。他们本应负责资助一出关于"巴勒国王和巴兰先知的故事"，但是他们做不到。他们说，除非市长能够解决他们的财政问题，否则他们将无法支持表演，因为一旦他们遭遇财政问题，其他零售商就会抢走他们的生意。这表明即使是在最好的时代，制帽业也是低薪行业。也许，哪怕只是一小笔额外的钱，小型制帽行会也拿不出来。

1577 年的演出费用是由切斯特的制桶同业行会承担，后者共支付了 2 英镑 13 先令 2 便士。制桶商的钱大部分都花在了马车上。马车需要维修，人们还要在马车上搭建各种舞台背景设施。在 1577 年，搭建这样一个舞台背景需要一对车轮、一块木板、几批钉子、铁板、铰链和两套绳索。铰链和绳索暗示着舞台布景可通过滑轮升降。大部分布景工作都是由同业行会的成员完成。作为制桶工，他们有自己的一套工具和各种技能，有时会叫上其他居民参与其中。例如，他们付钱给一位不知名工匠，也许是车匠，让他升降布景。他们会请人来画服装，在布上写标语。通过画服装的方式，人们用简单、粗糙的罩袍制作出看起来更为精细的戏服，既快速又廉价。

这些费用还涵盖了 4 个独立的排练项目，其中 3 个项目的成本相当低，也许是因为不用布景，只涉及戏剧的主角。一个只有 6000 名居民的小镇若想在同一天表演 24 个剧目，那通常很少会有纯粹的观众，大部分居民都必须参与其中，钉钉子、画服装、提供饮料、列出演员名单、练习演奏乐器、制作盔甲，以及照看马匹。当演出的日子来临时，每个人都要到指定的起始地点集合，由一名骑在马背上的男孩引路。

男孩的后面跟着吹鼓手，然后是笨重的马车，上面堆满了华丽、优雅的服饰。行会会员已穿好戏服，准备扮演自己的角色。那些站在街上观看的人，用肘部轻推他们的邻居，指出她的儿子、父亲和伴侣在哪里，或是指出哪顶帽子是她做的，又或是抱怨说修复那些车轴时，他可没少出力。他们会把今年上演的剧，与他们过去看过的版本进行比较，贬低其他行会所做出的努力，刁难那些不受欢迎的人物。大街上都挤满了人，吵吵嚷嚷，热闹非凡，有人会观看所有的剧目，有人只是挑出几部剧来看。

切斯特和其他城镇一样，也用市民赞助的剧目来招待到访的贵宾。1498—1499 年，亨利七世的长子，年轻的亚瑟王子和亨利八世都曾去往切斯特，观看了在大教堂门前表演的《圣母升天记》（*The Storie of the Assumption of our Ladye*）。在学校或是贵族、皇室成员的家里，人们有更多观看堂会戏①的机会。

校长们发现，让学生表演希腊戏剧文本可以让他们更多地接触希腊语言和文学，是一种相当不错的学习方法。这一代受教育的人都有业余表演戏剧的经历，就像成百上千的城市手艺人在成为工匠之前，要进行实践一样。人们普遍认为，《拉尔夫·罗伊斯特·多伊斯特》（*Ralph Roister Doister*）是第一部纯粹的英国世俗喜剧，有时会穿插一些道德说教。这部

①指个人出资，邀集演员于年节或喜寿日在私宅或会馆、戏园为自家做专场演出。

喜剧是在 16 世纪 50 年代，由曾任伊顿公学①（Eton College）校长的尼古拉斯·尤德尔（Nicholas Udall）为学生表演而创作。后来，观看戏剧成为宫廷娱乐生活的一部分。当市民的神秘剧由于宗教的原因逐渐消失时，亨利八世将 4 位专业演员和他们的学徒养在了家里。

无论是与《圣经》有关的短剧，还是世俗的喜剧，无论是在大街上，在酒馆的庭院里，还是在大人物的大厅里，无论是超时代的，还是跨越阶级界限的，这些戏剧都有一些基本特点，其中最重要的就是表演的壮观性。人们期望看到和听到艳丽优雅的服饰、个性鲜明的人物、美妙动听的音乐、精湛高超的演技、跌宕起伏的故事和构思巧妙的道具。他们期望戏剧能留给他们更多的想象空间，让他们自得其乐。

伊丽莎白时代，有一些贵族成了由专业演员组成的剧团资助人。史料上便载有 20 多位这样的资助人，其中包括莱斯特伯爵罗伯特·达德利和比彻姆（Beauchamp）勋爵。前者的剧团曾在王宫里为女王表演，也曾为伦敦和其他地方的观众演出。后者的剧团规模则小得多，主要在南安普敦表演，似乎从未在伦敦露过面。剧团既借用资助人的名声发展，又受到资助人的保护。牛津郡、华威郡、伍斯特郡、哈特福德、彭布罗克郡和苏塞克斯郡的伯爵都曾涉足戏剧界，但无论一个贵族有多么热爱戏剧，没有人愿意天天都看戏。在圣诞节期间或是有贵宾来访时，贵族们当然希望演出这些剧目，但表演毕竟不是生活的必需品。演员们要尽可能地靠自己谋生，当他们的赞助人不需要他们的表演时，他们就会去寻找其他阶层的观众。

1576 年，第一个常设剧院在肖尔迪奇建立，主要的创建者是来自莱斯特伯爵资助的专业表演剧团的詹姆斯·伯贝奇（James Burbage）和另外 4 名演员。演员们在伦敦巡回演出时，经常用十字秘钥（The Cross Keys）、红狮子（The Red Lion）和铃铛（The Bell）等旅馆作为演出场地，以便吸引顾客，赚取门票。在伦敦以外的地方，演员们使用的场地五花八门，包

---

① 1440 年由亨利六世创办，英国最著名的贵族中学。伊顿公学素以军事化的严格管理著称，以"精英摇篮""绅士文化"闻名世界，是英国王室，政界、商界精英的培训之地。

括市场的大厅和街边的空地。南安普顿的海豚旅馆（The Dolphin Inn）是几家剧团共用的临时剧院，埃克塞特的市场大厅是另外一个。如果追随不同剧团的脚步，到演出地去看看的话，你就会发现很少有城镇居民不喜欢观看戏剧演出。除了巡演演员的那些临时剧院外，莱斯特伯爵剧团（The Earl of Leicester's Men）拥有一个固定的演出场地，即市郊外的肖尔迪奇剧院，其离首都的居民和王宫都很近。该剧团非常成功，一年后就在附近建立了第二家剧院。人们显然很喜欢看戏，尤其喜欢看新戏。写剧本的人也肩负着越来越大的压力，因为人们要求他们尽快写出新剧本。

那些下午有空，兜里有钱又喜欢看戏的人经常会去肖尔迪奇剧院。从1587 年起，他们也会去泰晤士河畔，因为那里新建了玫瑰剧院和环球剧院。爱德华·阿莱恩是海军大臣剧团（The Admiral's Men）在玫瑰剧院的头牌演员，而伯贝奇是宫内大臣剧团（Lord Chamberlain's Men）在环球剧院的台柱子。有人声称，剧院最多可以容纳 3000 人，但如果真来了 3000 人，那整家剧院一定会被挤得水泄不通。考古证据显示，玫瑰剧院最初能容纳大约 2000 人，在扩建之后，能容纳大约 2500 人，但观众必须很苗条，且不在意个人空间才行。

菲利普·亨斯洛曾是玫瑰剧院的大老板，他在日记中记录了自己的收入情况。站在院子里看戏的人仅需支付 1 便士，这笔收入会付给演员。那些在楼廊座位上坐着看戏的人需要支付 2 便士，收入的一半归亨斯洛所有，另一半归他的生意伙伴。虽然亨斯洛记录收入的方法并不算很清晰，但多少让我们对观众规模、收入多少以及是哪些戏的收入有所了解。我们很容易就能知晓一部新戏是否受欢迎，因为新戏的首场演出毫无例外会带来更多收入。

1594 年 6 月 26 日，《吉列索》（Galiaso）首演，亨斯洛在这一晚共收入 3 英镑 4 先令。第二场演出是在 7 月 12 日，收入 2 英镑 6 先令；第三场演出是在 7 月 23 日，收入为 1 英镑 11 先令。通常来说，一部新戏的收入在首演时最多，随后会逐渐减少，且减少的速度比其他戏更快。节假日的观众比工作日时要多。尽管圣诞节期间，演员们经常会搬到室内，为王公贵族表演，但 1599 年的除夕，玫瑰剧院的收入暴涨了很多。《吉列索》只演出了 9 场，最后一次上演于 10 月 25 日，亨斯洛仅收到 11 先令。

然而，有些剧目一直很受欢迎，长期吸引着观众。这些剧目通常会在沉寂一段时间后，又重新上演很长时间，包括在玫瑰剧院上演的克里斯托弗·马洛（Christopher Marlowe）的《马耳他岛的犹太人》（*The Jew of Malta*）和《浮士德博士》（*Doctor Faustus*）以及托马斯·基德（Thomas Kyd）的《西班牙悲剧》（*The Spanish Tragedy*）。如果没有瘟疫或政府限制，玫瑰剧院每周会上演 6 个不同的剧目，每隔两周会增加一个新的剧目。受欢迎的剧目会被小心地隔开。尽管潜在的观众并非无限，但戏剧市场依然巨大。在都铎时代的大部分时间里，至少有两个相互竞争的剧院，各可容纳 2000 名观众，这表明定期去看戏的伦敦人的比例还是很大的。

渴望看到新鲜东西的人群涌进剧场，剧场的中央是无顶的空间，环绕四周的是有屋顶的、设有座位的楼廊。当音乐响起，第一批演员走到舞台上时，城外的声音渐渐消失。舞台背景是固定的，没有什么道具，但演员的服饰鲜艳亮丽，引人注目。在玫瑰剧院参加演出的演员的服装价值堪比剧院本身。

1595 年，弗朗西斯·兰利（Francis Langley）在泰晤士河畔建起天鹅剧院（The Swan Theatre），并花了 300 英镑用于购置演员的舞台服装。伊丽莎白时代的观众期望看到亨利五世被装扮成穿着丝绸和天鹅绒衣服、佩戴金饰和精致环状领的模样（至于是否与历史吻合，对他们来说并不重要）。

在海军大臣剧院 1598 年的财产清单中，亨斯洛列有由金线织物制成的礼服、外套、裤子和紧身裤，还有银线织物制成的外套、短上衣、裤子和紧身裤各一件，以及一件猩红色的斗篷、带两条阔边的金系带和一些金纽扣。金线织物和银线织物只能用贵金属制成，因此我们很容易就能看出这些服装有多值钱，以及它们在舞台上所能呈现的壮观场面。在王宫外，普通人很少有机会看到这样的织物和服饰。哪怕只是去瞅一眼那些服饰，都足以成为人们去看戏的理由。

托马斯·普拉特（Thomas Platter）是一位瑞士绅士，1599 年，他居住在伦敦。普拉特提到："演员的服饰昂贵而精致。在英国有一个惯例，地位显赫的贵族或骑士去世时，会将自己最好的衣服遗赠给服侍过他们的人。不过，后者再穿这些衣服时容易遭到非议，所以他们会将这些衣服卖给演员，以换得一小笔钱。"由于禁奢法禁止他人穿戴贵族的服装，剧院购买这些衣服似乎是一种最好的选择。除了原本只限于王室成员使用的金线织物和银线织物，玫瑰剧院还拥有一件镶有貂皮皮毛的猩红色礼服。这样的礼服原本只能由上议院的议员才能穿戴。

宫廷里的时尚日新月异，并不是所有服饰都必须等到贵族主人去世时才能卖给剧院。那些原价相当于一家大型市政厅酒店的时装，很可能在过时之前只被主人穿过几次。对于像罗伯特·达德利那样的剧团资助人来说，这类衣服再好不过，极大地减少了成本，可以抵偿部分演出的费用。罗伯特·达德利还可以通过公开展示新进服饰来打广告，提升剧团在民众中的地位。戏剧是时装秀，更是展示宫廷和朝臣生活的窗口。它与20世纪30年代的好莱坞大片，以及现代名人生活秀一样魅力无穷。

时尚并不局限于戏剧中。一方面，演员身穿意大利天鹅绒制成的紧身衣和礼服，头上戴着纸板假王冠，脸上粘着假胡须，在舞台上绽放光彩；另一方面，沐浴在日光里的观众身着艳丽的服装，同样光彩照人。在封闭的剧院里，观众们可以环顾四周，比较身边人的衣着打扮；而在露天的剧院里，那些爱炫耀的人则更能充分展示自己。

这一点在本·琼森（Ben Jonson）的剧本《新客栈》（*The New Inn*）的印刷版介绍中就能得到验证。他在反驳批评他剧本的人时说道："观众为什么而来？来看戏，也被人看啊。穿着荣耀之服，可以振作他们的精神，让他们做生活舞台上的主角。"琼森选择使用"荣耀之服"几个字，正是他有趣的地方。他本可以直接指出，这是观众们最好的或最值钱的衣服，但事实上，这些衣服也可能是观众借来或租来的。

在当时，为应对特殊场合而租用华服的做法相当普遍。其他买得起这类衣服的人，也将他们最华丽的衣服作为可贮存、可流通的财富，在典当行里搬进移出。菲利普·亨斯洛的记账簿上就有很多笔这样的交易信息。

通过许多不同的代理商，亨斯洛当起了当铺老板的角色。为了满足剧团的需求，应对演出的变化，亨斯洛偶尔也会转手剧院的服装。多样性、新颖性和观赏性是剧院吸引观众的重要元素，无论多么精致，同样的衣服都无法持续使用。

时尚元素令人着迷，异域风情更是夺人眼球。《两兄弟的故事》（*The Tale of the Two Brothers*）在 1602 年首次上演，戏装管理员制作了两套恶魔服和一套女巫服，使得该剧的魅力大幅飙升。莎士比亚的《泰特斯·洛尼克斯》① （*Titus Andronicus*）的故事发生在古代，因此，剧院使用了古色古香的服装，后者被列入 1602 年的清单中。这些古色古香的服装是由伊丽莎白时代的普通衣服制成的，通过镶嵌罗马时代的服饰元素，用深红色天鹅绒和金线织物做装饰，它再现了古时华丽的着装。这不由让我想起了由伊丽莎白·泰勒（Elizabeth Taylor）主演的好莱坞大片《埃及艳后》（*Cleopatra*），影片中的服饰就是当代时尚与古埃及的服饰元素相互碰撞出的产物。

现代戏剧迷在看戏时，可能会更加关注演员说出的精彩绝伦的台词，却很难理解戏剧中的服饰给时人带来的兴奋和震撼。当观众看到一位罗马将军身着一件"剪裁精致、刺绣华美的深红色天鹅绒外套"，并知道这套衣服的价值有可能超过自己房子的价值和几年的收入时，他们很可能会觉得物有所值。要知道，那些织物平日里只有贵族才能欣赏到。

戏剧台词也非常重要，优秀的内容远胜于视觉的呈现。伊丽莎白时代的观众喜欢猎奇不假，但促使他们多次重返剧院的动力，还是那些经典的台词。《马耳他岛的犹太人》《浮士德博士》和《西班牙悲剧》是亨斯洛最卖座的几部戏，也是现代学者评选出的那一时期成就最高的戏剧。当这些戏剧上演时，剧院基本都是满座。此外，由新人威廉·莎士比亚创作的《亨利四世》（*Henry IV*）和《泰特斯·洛尼克斯》也让玫瑰剧院的观众分外着迷。

用充满戏剧性的情节描绘人类情感的图谱，是伊丽莎白时代大多数成

——————
①是莎士比亚创作的第一部悲剧，又译作《血海歼仇记》。

功戏剧的主要特色。爱德华·阿莱恩（Edward Alleyn）可能是当时最著名的演员。阿莱恩和他的劲敌理查德·伯贝奇（Richard Burbage）都以精湛的表演享誉全国。他们扮演的角色个性鲜明，都是深陷痛苦深渊而无法自拔的人物。当时的喜剧也表现不凡，即使是最暴力、悲剧性最强的莎士比亚戏剧也包含着以光明对抗黑暗的喜剧场景。

事实上，除了爱德华·阿莱恩以外，当时最著名的演员是两位喜剧演员——理查德·塔尔顿（Richard Tarlton）和前面提到过的威廉·肯普。莎士比亚曾和爱德华·阿莱恩在玫瑰剧院短暂合作过一段时间，后来他又和理查德·伯贝奇、威廉·肯普一起，在环球剧院开展了广泛的合作。理查德·伯贝奇曾经扮演过哈姆雷特和李尔王，而威廉·肯普也塑造了一系列大智若愚的喜剧人物形象。这些人物擅长装疯卖傻，好像他们想出的答案都是意外而得似的。

鉴于许多现代人很难看懂都铎时代的喜剧，我认为这完全是翻译的问题。我的朋友、家人和我在了解都铎生活的过程中，没有怎么费力就获得了相当多的都铎词汇。每当看到很多人为都铎时代的常用词语绞尽脑汁时，我都会感到很惊讶。很显然，在去环球剧院看演出时，我和朋友们笑的次数是其他观众的两倍以上。莎士比亚戏剧真是太棒了！

莎士比亚创造了数千个新词语，现在有 1700 多个仍在使用。"Moonbeam"（月光）和"Mountaineers"（登山者）就是他发明的词。当你坐在卧室里，和交往密切的朋友交谈时，使用的仍然是他的语言。他发明的词语甚至会从那些声称讨厌他作品的人的嘴里冒出来："To be as dead as a doornail"（死得非常彻底），"Up in arms"（非常愤怒），"To come upon something all of a sudden"（突然发现），或"Decide that it's a foregone conclusion"（意料之中的事）。这些短语早已成为我的日常用语。当观众们走出剧院时，他们往往也会开始使用那些词语。人们逐渐将那些词语融入日常会话中，后者也因此流传下来。

在剧场里度过一个悠闲的下午，这非常诱人。

How To Be a
Tudor

第 10 章

晚餐桌上的秘密

在进餐之前，

先调整一下味觉，

一枚橄榄，一些酸豆，

或更好的沙拉小菜，

为羊肉的登场铺垫；

如果家里有一只短腿的母鸡，

用鸡蛋做个菜就不成问题；

接下来是柠檬和佐餐酒，

关于下酒菜，

一只兔子还不错，

……

——本·琼森

《邀朋友共进晚餐》（*Inviting a Friend to Supper*）

　　都铎时代的晚餐时间通常是在下午 5 点。那时，一天的工作正要接近尾声。晚饭过后，距离就寝还有近 5 个小时，这为消化提供了充裕的时间。此外，夕阳的余晖仍在，人们可以轻松地清洗餐具，妥善安置牲畜和家禽，让它们在围栏、马厩和笼子里安稳过夜。在 1 月末，都铎人的晚餐时间会提前到下午 4 点，以适应更早到来的黄昏；而到了 8 月的农忙时节，都铎人草草吃过晚饭就要继续工作，他们需要充分利用白天的每一缕阳光。

　　还有这样一群人，他们在一年的大部分时间中，过着与晚餐无缘的生活。为了营造与世隔绝的宗教氛围，修道院不仅限定了食物、饮品的种类和数量，规定了进餐的次数，还列出一张有关节日聚餐和斋戒日的日程表。修士和修女们每天都吃午餐，但晚餐只在复活节至 9 月 13 日期间才会吃，因为那段时间的白昼很长。即便如此，修道院在星期三和星期五的晚上仍不会提供晚餐。对于晚餐日的食物，本笃会①的戒律并没有详细规定。以都铎时代早期的威斯敏斯特修道院为例，如果修士们在主斋堂中进餐，晚餐可能会包括面包、啤酒和肉汤；如果在免戒室里吃饭，

①天主教的一个隐修会，他们遵循由努西亚的圣本笃在 6 世纪时所制定的规章。该规章逐渐地在意大利和高卢等地传播开来，到了 9 世纪时，本笃规章已为西欧和北欧普遍采用。12—15 世纪，本笃会开始没落，后来实施改革，但宗教改革运动实际上使本笃会在北欧几乎绝迹，在其他地方也衰落下来。

除了面包和啤酒以外，他们的晚餐可能会有多达三磅的熟肉。一日一食是本笃会宗教思想的一部分，不过，随着宗教改革的开展，修道院体制逐渐瓦解，不吃晚餐的规定也不再流行。伊丽莎白时代的医学人士强调，定期适量的饮食习惯对于健康来说至关重要，是确保高质量学习和思考的前提。

那么对大多数人来说，好的晚餐都包括什么呢？

上餐时的小学问

兰开夏郡的劳动者会将燕麦制成清粥、奶粥或者是乳清粥等来食用。清粥的材料就是简单的水和燕麦，也可以加入盐和一小把草药，或者搅入一大块应季的黄油。奶粥由燕麦和牛奶组成，再加上一点儿蜂蜜，就成了款待客人的上佳选择。比起直接用牛奶煮粥，用制乳酪时剩下的乳清煮粥更加实惠，不过这要看季节。这些简单的燕麦粥制作起来十分方便，即便那些生活在高海拔地区的人用泥煤慢火烹煮，也能制作出很好的粥。虽然单调了点，但有这些粥也算不错了。

在气候更加温和、土壤更加丰饶的地区，有用其他种类的谷物烹制的粥，通常被称为"牛奶燕麦粥"（Frumenty）。尽管成分非常相似，但这些全粒谷物烹制的东西与其说是粥，不如说是烩饭。将小麦、黑麦或大麦放入锅中小火熬制，一点点加入肉汤，让谷物慢慢吸收膨胀。最后，你可以像兰开夏郡的燕麦粥一样，撒入一小把草药，或者用一块黄油赋予它醇厚的口感。

以牛奶为基底的谷物粥需要先将谷粒在牛奶中浸泡几个小时，然后再放到温火上煨煮。当谷物被煮透而变得松软时，就可以直接食用了。人们有时会加入奶油、黄油或鸡蛋等调和，使其口感更加黏稠。谷物如果经粗略研磨、碾碎后再烹调，可以熟得更快。季节、土壤、气候等因素都会影响它最后的味道。各地不同的习俗和烹饪技巧使这种食物的花样繁多，为农村劳动家庭提供了便宜、易得的热量。

城里人还可以选择用外卖食品来解决晚餐。即使在现代，人们也不得不仔细考虑，回家做饭所付出的时间、燃料费与直接购买食物带来的支出，孰轻孰重。半加工食品可以从面包店、熟食店和啤酒屋直接购得。早在13世纪，伦敦桥南部就有一排彻夜不休的熟食店，为探访伦敦的游客和当地人提供服务。大多数城镇都有一两名面包和馅饼做得不错的师傅，到了吃饭时间，他们的生意就异常火热。那些靠近主干道的村庄，大都设有酒馆、旅馆以及提供简单食物、酒水的饭馆。

住在大城市的工匠们大多离不开外卖食品，因为他们的住所都很小，难以放下做饭的炉灶。对于一个家境殷实的工匠家庭来说，理想的状态是男主人和他的男性学徒负责店铺内的事物，女主人和女仆负责管理家务。但对于大多数人来说，这样的状态确实只是一种理想。有些工匠拥有用于零售的房前店面，位于房后的工作坊、大厅和几间房，如果家里恰好还有一位身体健康的妻子、姐妹或是女儿，那么他们尚可对自制家常菜有所期待，但不是每个人都有这般福气。在那些缺乏基本厨具的家庭，那些被工作弄得手忙脚乱的家庭，那些被亲人疾病或死亡折磨的家庭，抑或是那些想好好休息一晚的家庭，外卖食品会派上大用场。

对于农村或城市的富人（可能占总人口的百分之五）来说，晚餐是又一顿丰盛的正餐，浓汤和肉汁、煮肉和烤肉、馅饼和蛋羹、水果、奶酪和坚果等都可依次摆上餐桌，这种上餐的顺序也是进餐的顺序。你可能很难发现这种顺序有何特别之处，因为它同现代人的进餐顺序十分接近。

事实上，都铎时代的这种传统习惯（同样也是现代的）是基于古老的医学理论而来。那时的医学深受古希腊名医盖伦[①]（Galen）的影响。盖伦认为，胃如同一口大锅，由身体各部分提供的热量驱动。在这口大锅里，食物经过分解，变成了易于吸收的溶液。随后，这种溶液被运送到肝脏，经过肝脏的第二次调制转化为血液。血液从肝脏向右心室转移，在心脏内

①希腊解剖学家、内科医生和作家。他做了许多动物解剖，开创了解剖学和实验生理学先声。盖伦的医学思想源于希波克拉底，哲学观点源于亚里士多德。他的著作范围涵盖哲学、医学、数学等。重要著作有《解剖操作论》《论医学经验》《论自然力》等。其著作对中世纪的医学有决定性影响。

部与生命精气相混合，最后被静脉吸走进行第三次调制，变成可被身体吸收的物质。当身体各部位吸收了这种充盈着活力物质，并将其转化成肌肉、筋腱、骨骼和皮肤时，整个消化过程才算最终完成。

食物是维持健康的关键，但在食物的整个消化过程中，人体可能会出现很多问题。要想避免消化不良和随之而来的疾病，不仅需要注意进食的食物种类，还要管控进食的时间和方式。优化膳食成为当时医学的核心原则，这需要对各种食物的性质有系统的了解。

在欧洲，与食物相关的知识已流传了好几个世纪，伊斯兰哲学家阿维森纳（Avicenna）和宾根的希尔德加德（Hildegard）等人撰写的书籍，以及诸多译者翻译的盖伦的著作，都将生命与四种体液平衡（Humoral Balance）联系起来。很早以前，有识字能力的人就可以在书本上查阅关于动植物属性的详尽描述，譬如它们生活在怎样的环境中，以及该如何烹调和食用等。随着时间的流逝，这些信息经过口口相传，变得广为人知，并逐渐成为社会风俗。

根据内科医师的说法，如果身体没有提供足够的热量来消化食物，胃这口天然大锅就如同一堆破铜烂铁。在寒冷的胃里，食物不会被消化，而会待在原地，直到腐烂。但在一个活人的胃中，食物会分解、软化、发生改变，这一过程大部分在食物腐烂之前就完成了。

不过，并不是每个人的新陈代谢过程都完全相同，一些人的体质较为炽热，另一些人则较为温和；一些人的体质偏干，另一些人的则偏湿。每个人都由相同的基本体液构成——血液质、粘液质、胆液质和黑胆质，但四种体液的平衡关系因人而异。一般来说，男性血液质占优势，热而湿的体液使他们强壮而刚健，而女性粘液质占优势，寒湿的体液使她们在体格和精神上都弱于男性。与年轻人相比，老年人的体质更加干燥。

此外，不同个性的人也反映出不同的体液平衡。根据这种理论，那些被内省和悲伤的情绪主导的面色暗沉的人，是因为受黑胆质（冷、燥、忧郁性的体液）所左右。我这种红头发的人，会展现出偏向胆液质的趋势，热而燥的体液赋予我易怒的脾气。个人的生活方式也会改变人体内的体液平衡。那些经常进行剧烈运动的人为体内的火焰添薪加柴，增加了自然散发的热量，使其循环系统中的血液质含量提升。庄稼汉艰苦的户外劳动生活会使其腹中燃起旺盛而猛烈的火焰，而那些终日静坐、沉迷于书本与思考的人将使自身的体液平衡倾于寒质——增加男性得抑郁症的概率，使女性变得越来越迟钝、冷漠。

这些体液的平衡差异对消化过程有着深远影响。那些腹中燃烧着炽热火焰的人，可以轻易分解和调和许多油腻而难以消化的食物，而清淡食物几乎瞬间就会被消化殆尽。至于内火燃烧缓慢而温和的人，则很难应付过量或不好消化的食物，因此，他们需要多吃容易消化的食物。

人们认为，胃的底部有一团负责燃烧食物的火焰，因此，只有将那些耗时最长、需要最高温度烹制的食物放在胃的底部，将需较少时间和热量烹制的食物置于胃的顶部，才能使得食物更好地被消化。这种理论构成了厨房上菜顺序的基础。

在任何一餐中，汤和粥都应该先被享用，因为这些汤品中包含了需要较长时间消化的牛肉、燕麦和豌豆等成分。不过，由于汤和粥都是湿性的，它们也不至于沉入胃的最底部。如果是饼干之类的东西，你就不必担心不好消化了。转化成血液所需的溶液不能完全由干的食物产生，汤和粥是理想的生成溶液的食物，应该保证每餐必喝。而面包是一种营养丰富但不易消化的食物，需要充足的热量"燃烧"，但它可以通过与粥、汤混合，促进消化，并转化为溶液。吃过面包和汤粥之后，你会觉得自己的胃已经打开，可以迎接下一种菜品了。

在大斋节或斋戒期间的星期三、星期五和星期六，下一道菜一般是鱼。都铎时代的医生承认，在面包和粥汤之后食用鱼，是基督徒和爱国者的义务，但他们往往会抱怨说，鱼肉不如畜肉健康。毕竟，形成于古希腊的医学思想比基督教的诞生还早很多。据他们所言，鱼是由纯粹的粘液质构成，过多食用鱼肉会令人阴柔化。咸水鱼比淡水鱼更受欢迎，因为它们天然的咸性在一定程度上中和了鱼肉的湿性。而畜肉完全由血液质构成，更接近人的肉体。这意味着畜肉不仅能在体内产出高质量的血液质，而且这个转化过程所需要花费的体力比鱼肉少很多，人们从这些食物中可以汲取更多养分和精华。

这种观点同样认为，那些体弱或需要补充更多力量的人，如孕妇或上战场的男人，应该摒弃斋戒日的规定，尽可能多吃畜肉。古希腊人认为猪肉是最有营养的食物，但都铎时代的医生并不同意该观点。这些医生指出，如果这些古代学者访问英国，见识了那里的气候，品尝了那里的牛肉，会更赞赏牛肉的价值。在这些医生看来，牛肉能产出身体里最纯净的血液质。如果牛肉对希腊人来说血气太过，那是因为希腊的炎热天气使希腊人体内的火焰萎靡不振。

如果足够幸运，人们能在晚餐桌上摆上好几道肉菜。相比于烤制肉品，都铎人通常会优先食用煮制肉品，因为烤肉在烤架上接受了更多热量，在胃中更容易消化，而煮熟的肉则需要更多时间才能被彻底燃烧。因此，烤牛肉总是作为主菜而不是开胃菜。吃过鱼和肉之后，你可以再吃一些更容易消化的食物。如果此时你依然有些饥饿，那你最好充分利用这些食物。如果你只是一味地用难以消化的食物填满你的肚子，那你的肠胃就会陷入超负荷——也许胃底部的食物能消化完，但胃顶部的食物依然难以消化。

当然，这时也是慢慢享受葡萄酒和啤酒的好时机。当所有固体食物堆在汤粥上方时，喝上一杯是个不错的主意，因为酒可以浸湿这些东西。如果在喝完开胃汤后立刻喝很多的酒，胃就会过冷，导致调节速度变缓，处于不健康的状态。但是当你的胃中有煮制或烤制的肉形成隔离层时，情况就截然不同了。啤酒的寒性很重，对于"胃锅"炽热的劳动者来说是很不错的选择。

如果你打算在之后品尝一些沙拉，最好喝一点葡萄酒，因为沙拉的寒性很重，而葡萄酒是暖性液体。如果你还想吃水果，喝点葡萄酒同样会起到保护作用。沙拉和水果一样，水分很充足，但其中能制造优质血液质的物质很少。块茎类蔬菜更加实在，不过总体而言，除豌豆和黄豆以外，所有的蔬菜都被认为没有什么营养。你可以用它们填饱肚子，从中获得的营养却不多。水果当然非常美味，许多人喜欢吃水果，但从健康角度考虑，需要谨慎控制水果的食用量，防止其含有的水分过度稀释血液质。如果体内湿度上升导致细菌滋生，疾病就会随之而来。有这样一条流行的谚语："离了葡萄酒的梨子就是毒药。"在葡萄酒中浸泡过的梨，与生梨完全是两种不同的东西。葡萄酒具有天然的温热和脱水的属性，将梨浸泡在葡萄酒中除水后，梨子的毒性就没有那么大了。

晚餐的最后总是以干酪收尾。虽然这种食物的燃烧速度很缓慢，但它具有收束胃袋，封存食物的功效，尤其是那些水分过大、其水汽可能会升腾至脑部的水果。时至今日，意大利人依然声称干酪对咖啡有抑制功效。

综上所述，一顿健康的晚餐的进餐顺序为汤品、煮肉、烤肉、葡萄酒、蔬菜、小馅饼、油炸馅饼、带水果和坚果的挞类食品与奶油蛋羹。最终，再以奶酪和另一杯葡萄酒结束这顿大餐。所以，多年来你一直遵循的是来自都铎王朝甚至是古希腊的饮食习惯，却可能对此毫不知情。

餐桌礼仪

由于财富和文化素养间的趋同性，都铎时代能够精心挑选食物的人，同样也是最可能接受健康饮食思想的人。一旦有了良好的教育和充足的财富，优秀的餐桌礼仪就很容易衍生出来。

在现代社会，每个人在用餐时都拥有自己的盘子或碗，且只需直接吃自己容器中的食物，但都铎时代并非如此。16世纪的餐具大多是共享的，数量远少于今天。除了部分豪门大宅中有专为客人准备的勺子和叉子之外，每个人都得自备刀具和勺子。

假设你在1485年与一个富裕家庭一起吃饭，会看见一个4英尺见方、盛干面包用的木盘（Trencher）摆在你面前，此外，还有一块单独使用的亚麻布餐巾，或铺在桌边的长餐巾（Surnap）供你和坐在你周围的人共同使用。食物在上桌之前会被仔细切成一口大小的块状，再分装成供4~6人食用的一份。每4~6人被称为一个"伙食团"（Mess），上菜时，侍从沿着餐桌的长度方向将食物分别端给各个伙食团。因此，在餐桌上，附近总有几道你容易够到的菜肴。

鉴于这样的安排，接受现代礼仪教育的我们会认为，应当先花一些时间将菜肴从上菜盘中舀到自己的盘子，再从中取食，但是都铎人并不是这么做的。

理论上来说，人们会将这些一口大小的食物直接从菜盘叉起，并送入口中，他们面前的盘子只在需要进一步切细食物时才会被用到。孩子在接受礼仪教育时会被告知，尽可能只取靠近自己的菜肴，不要为了远处的好菜而伸长手臂或站起来。此外，用餐巾擦拭嘴唇，用面包揩净勺子，尽可能保持清洁也十分重要。如果你想喝点酒，可以要一个杯子。杯子也是一种公用容器，所以在喝酒前，你得先擦净嘴唇。喝完酒后，需要及时归还杯子，不能一直占用它。

100年后，餐桌上的礼仪悄然发生了变化。到1585年时，面包餐盘已经被木制品所替代，而有钱人开始使用锡镴和银制成的个人小餐盘（博物馆中现存的陶瓷盘子，都是用来盛放伙食团公用菜肴的）。共用餐巾也遭到淘汰，供个人使用的餐巾更加流行。不过，餐桌礼仪的本质并未发生改变，人们仍使用餐刀和勺子从公共盘子中取食。专门用来取水果蜜饯的小甜食叉只在享用饭后甜点时才会被单独使用，而不直接摆在餐桌上。直到17世纪70年代，走在时尚潮流前沿的伦敦商人才将餐刀和叉子列入库存清单。

都铎人在宴请客人时，十分强调宴席的公共性。如果你取到了好吃的菜肴，或某道菜放在你的旁边，那么你理应与同席的客人共享，用勺子为他们递一些食物。如果你身处一个大家庭，那么入席的座位就决定了你在宴席上能吃到的食物。每个人都有一个指定的座位，每个伙食团得到的食物基本相同，通常有面包、汤粥和一盘煮熟的肉。

在贵族的大厅里，每天都会有上百人（大多是男人）用餐。如果把这些人分成四人一组的伙食团，那将意味着厨房得分别端出25盘汤粥和肉。但是其中的炖羊肉可能会有15盘，烤猪肉有10盘，而鸡肉、蛋羹、小牛肉和松鸡分别只有 2 盘。主人和他的家人在毗邻的客厅中用餐，所有菜肴他们都能吃上一些；家仆职官可以吃到煮牛肉、烤猪肉和炖羊肉；马夫只能吃牛肉、汤粥和面包等。用餐时，弄清楚座位非常重要。

正如德西德里乌斯所指出的那样，每个人在饭前都应该洗手，避免打嗝，不在嘴里塞满食物时说话。不过，受过教育的用餐者应当在符合礼仪要求的前提下与他人聊天，这对那些不善社交的人来说可能相当棘手。

在众多有关饮食建议的书中，我最喜欢的是亨利·巴茨（Henry Buttes）于 1599 年出版的《食材与饮食》（*Diets Drie Dinner*）。他为每种可食用的植物、鱼和肉都列出了两页纸的详细介绍，左侧页面是他从多本资料中收集的常用医学建议，包括你应该选择哪些食材，它们的食用价值如何，在错误的时间被不适合的人食用会产生什么危害，发生危害后又该如何补救，食物基于体液理论所能提供的热量和湿度，以及这些食物的季节性。

以草莓为例，他在"如何挑选"标题下写道，草莓应该是红色、饱满、散发着芳香并种植于花园中的，这些都是草莓品质的体现。草莓的药用价值在于"消除血液和胆汁中沸腾的热量和辛辣，给肝脏降温，缓解干渴，利尿，激发食欲，给味蕾以愉悦的感觉"。他在"危害"标题下指出，肠胃虚弱、患有麻痹症或肌肉疾病的人不应食用草莓，生长在树林中的野生草莓比种植的草莓寒性更大。

不过，他也指出，草莓性寒，黑胆质的人应多食用草莓。为了减轻草莓带来的不良症状，他建议用葡萄酒冲洗草莓，并与大量糖一同食用。我很乐意接受这一建议。到目前为止，巴茨先生介绍的都是些常规内容，但在之后的页面，他与我们分享了他的"餐桌妙谈"——一些适合在餐桌边闲谈的有趣事实：

人们对于古老的水蛭一无所知。相比于内科医生，他们更关注诗人。他们把水蛭称作"fraga"。据我所知，水蛭除"farre"之外没有其他名字。英国人依照他们自己的习惯为其命名，不是

简单地加减词缀，而是各地带有明显的差异。康拉德·盖斯纳①
(Conradus Gesner) 声称，他知道一个女人曾经只用草莓水洗脸，
便治好了脸上的粉刺，并且这种草莓水只是将草莓放在大盘子里，
经普通的蒸馏而得，并未在蒸馏器中进行正式的加工。

天啊！可怜的巴茨先生！我们可以想象到他在身处某个尴尬的局时，
试图维持对话的那副笨拙模样了。每介绍一种食材，他都会配上一个相似
的小故事。

麦芽酒 vs 啤酒

说到食物，我们不得不谈谈饮品。对英国人来说，饮品指的就是麦芽
酒。在都铎时代末期，啤酒和麦芽酒占据了英国人的夜晚。对都铎人来说，
不洁净的水，如泉水和溪水都是些不健康的饮品。对于那些喜欢喝麦芽酒
或啤酒的人来说，纯净的水可能过淡，湿性太强，很容易浇灭人体内的火；
麦芽酒和啤酒则是温性的，喝啤酒比喝麦芽酒更能使人感到暖和。这些成
分中和了饮品中的湿性，使它们变成有利于体液平衡的饮品。此外，它们
还包含了很多营养成分。无论是否听过医生的建议，大部分都铎人都更喜
欢喝啤酒和麦芽酒。

酿造麦芽酒是都铎人会定期进行的一项家务活，其与烘焙、挤奶、洗
衣等一同成为都铎女性普遍掌握的技能。麦芽酒由发芽的谷物和水制成，
保质期十分短暂，放置一两个礼拜后就会变酸，只能定期进行小批量生产。
一个家庭每周要喝的麦芽酒为 12 ~ 20 加仑。因此，酿酒对每个家庭来说，
都是相当重要的工作。

首先，谷物必须经过发芽处理。大多数人只能满足自己家庭的需要，
而也有人特别擅长这项工作，能为邻居提供帮助。麦芽是指刚开始发芽但

①瑞士博物学家，目录学家。他的五卷本巨著《动物史》（*Historiae Animalium*）涵盖广泛，且
配有精确的插图，被视为动物学研究的起源之作。

尚未长出叶片的谷物。发芽过程的关键在于，准确捕捉粮食将贮存的大部分淀粉转化为糖的时刻。这些糖用于喂养产生酒精的酵母菌。

在开始酿酒时，要将谷物浸泡在干净的冷水中一两天，直到谷粒开始鼓胀，随时可能胀裂。随后清空冷水，把谷物厚厚地铺在干净的室内地面上（以木制地板为最佳）。热量会在这种厚厚的谷物层中逐渐产生。你必须经常翻动谷物，以保证每一颗谷粒不会在远离热源的谷物层表面待太久，或失去水分。在接下来几天中，逐渐将谷物摊薄一些以便控制温度，但又不能太薄，使谷物受损。谷物的温度必须维持在 15 摄氏度以上，但不能超过 25 摄氏度。谷物的厚度须一致，以保证各处的发芽过程同步，因为我们很难将尚未发芽的谷粒和已发芽的谷粒分离开。用专用的麦芽铲进行充分的翻层、混合和摊平，此过程每天需进行四五轮。谷物转化为麦芽所需的时间取决于天气。如果天气寒冷，谷物需比往常堆得更厚一些；若天气炎热，则需更薄一些。此外，雨水也会改变麦芽棚内的湿度。

发芽的时间越长，谷物中的淀粉向糖转化得就越彻底。威廉·哈里森在《英国见闻》中写道："这个过程应该持续至少 21 天。"之后，所有谷粒都会长出笔尖大小的白芽。这时就需要终止谷粒的进一步生长，以免浪费宝贵的糖。接着，将麦芽摊开在温热的地方烘干。在这一阶段，你需要避免麦芽接触烟雾，以确保麦芽酒的最终味道不受影响。最后，就是烧制阶段了。

虽然荆豆枝和石楠花能烧出极好的澄净火焰，但由秸秆烧制的火焰往往被认为是最上乘的。如果你除了木头外别无选择，那么最好剥掉树皮并将其劈成小段，以使其充分地燃烧。泥煤或煤是最差的选择，其烧制出的麦芽酒口感极其糟糕。与快速而猛烈的烧制相比，缓慢而温和的加热方法更好，特别是在刚开始加热、酶容易被破坏的时候。不过，待水分含量逐渐降低时，你就可以逐步提升温度了。优质的麦芽质地坚硬，呈淡黄色。用哈里森的话说，当你掰开它时，会发现它"可以像粉笔一样写字"。

我曾尝试大批量地生产麦芽，后者发得相当好。首先，要将谷物洗净。大麦必须经过细致筛选，挑出混入其中的杂草籽和外壳。尽管挑选杂物很费劲，但非常值得，因为那些杂物显然会影响健康。接下来，我在木地板上将谷物摊成约一英尺的厚层，并就地浇水，因为我没有足够大的容器一次浸泡这么多麦子。一小时后，我和我的同事一起（我们当时正在制作一个电视节目）翻搅麦子，然后再次摊开、浇水。经过两轮翻搅之后，麦粒开始鼓胀起来。随后，我们将麦子堆成 8 英尺厚以保持热量。第七天，由于我们出门拍摄捕钓鳝鱼，麦堆无人打理，导致它们中心虽然发了芽，边缘却毫无动静。我对此十分担心，但幸运的是，我们通过紧急的补救式混合翻搅拯救了这些麦粒。

初次浇水的 14 天后，就可以烘干麦芽了。大作坊有专为烘干麦芽而建造的窑炉——低矮的砖制或石制地面，顶部呈拱形，下方可以烧火。我和都铎时代的许多人一样没合适的窑炉，所以我用烤箱烘干了麦芽。如果是烘烤小批量的麦芽，也可以用烘烤板或平底锅。麦芽的烘烤过程很漫长，与都铎家庭的许多日常家务一样，需要经历"处理几分钟，放置一段时间，再处理几分钟"这样的循环过程。最终，你可以构建一套由各类家务琐事组成的例行程序，在一项家务的间歇时间处理另一项家务。由于发芽时的疏忽，我制作的这批麦芽酒味道略淡了些，却相当可口。

酿酒最常用的谷物是麦子，但在康沃尔郡和英格兰北部，人们很少会用小麦，而多用燕麦来酿酒，有时也会用黑麦和玉米作为酿造麦芽酒的原料。酿酒的第一步是将麦芽磨成粗粉，然后煮一锅沸水，浇在置于大木桶底部的麦芽粉上。通常来说，1 蒲式耳的麦芽可以酿造 10 加仑的普通麦芽酒。在《英伦主妇》（*The English Huswife*）一书中，哲瓦斯·马克汉姆记录了"三月"（March）啤酒①的酿造秘方——1 蒲式耳麦芽粉加 8 加仑水。

通过一点点加入沸水，优秀的家庭主妇能确保水温始终略低于沸点，以便最大限度地提取麦芽中的糖。这样的水温需要维持近一个半小时。在这个阶段，大批量的麦芽粉能很好地自我保温，不需要特别料理，但供家庭用的小批量麦芽粉在冬天极易失温，因此最好加上盖子并用稻草包裹桶身。当桶中的麦芽粉变成"麦芽浆"时，就可以开始加热第二批水了。将

---

① 这种啤酒依照传统酿造于 3 月，现已成为浓啤酒的代名词。

制成的液体——"麦芽汁"滤出并倒回锅中煮沸（麦芽粉仍留在桶中），再将第二批热水浇在滤出的麦芽粉上并捣碎。此时第一批麦芽汁正在水壶、煮锅或平底锅中加热，可以往里面加入各种植物调味，比如艾菊。事实上，用于调味的植物种类繁多，不同地区的人有着各自的喜好。伦敦人喜欢月桂树干浆果磨成的粉，金雀花、荆豆花和石南花在石楠荒原很受欢迎，而接骨木是一种英国大部分地区的人都喜爱的季节性配料。

麦芽汁的二次加热杀死了酶，并对麦芽汁进行了杀菌，使其变得稳定。长时间地加热蒸发了一些水分，使得混合更加彻底。加热完成后，将麦芽汁倒入开口的木桶中冷却。优秀的酿酒人会尽量缩短这个过程，以最大限度地减少新的微生物落入其中的机会。将麦芽汁从冷却桶中慢慢滴入发酵罐中，后者装有早已备好的"母液"——酵母，即以前酿酒时留下的一批活性菌。这些活性菌是从发酵罐的顶部收集而来，那些能适应英国酿酒室温度的快速活性酵母常聚集在此。

现代知名的皮尔森式啤酒在酿造时，用的则是发酵罐底部的酵母。由于发酵过程在低温下会缓慢进行，人们在用这种酵母酿酒时，需配备一些冷藏装置。这种特殊的酿造方式会对啤酒的风味和透明度产生很大的影响，这也是现代啤酒和都铎时代麦芽酒及啤酒之间极大的区别。都铎时代的啤酒酿造者在确定发酵过程很顺利后，就会取出一部分麦芽汁放在一旁，作为下次酿造的母液，其余的麦芽汁则会被倒入擦洗干净的桶内，并拔掉塞子。第一天的发酵过程进展得最为迅速，这也是一开始不用塞子的原因。一天后，将主塞子装好，只留下一个小通风口。两天后，把这个通风口也封上。如此一来，麦芽酒就可以饮用了。

酿造一个普通家庭所需的酒是件繁重的工作，不仅需要极高的工作效率和智慧，而且需要花费很多的钱购买容器。来自克里教区牛奶场的贝叶斯（Beryes）夫人幸运地拥有一口煮锅。它能煮沸所有乳制品加工中所需的水，使加工过程更加卫生。这口锅在酿酒时也派上了大用场。一口大锅的容量为 20 ～ 30 加仑，足够她一次煮一家人饮用的酒。如果她还得为所有挤奶女工、丈夫雇佣的帮工以及做家务的仆人提供酒，那么她就需要煮两大锅水，并找到足够多的桶来装可供饮用的麦芽酒和尚在发酵状态的那部分麦芽汁。同时，她还需要几个无盖木桶，用于冷却和捣碎麦芽。这种情况很有可能发生，因为提供酒通常是雇佣协议中规定的义务。

亨伯赛德郡的农村教区留存有丰富的历史文献，仍保留着1536—1603年伊丽莎白时代末期的93份遗产清单。依照法律规定，只有成年男子和单身（包括丧偶）的成年女性才能立遗嘱，并附遗产清单。那些没有多少资产的人很少费心去立遗嘱，所以这93份遗产清单多来自家境殷实的家庭。尽管许多教区居民及其生活方式在记录中无处可查，但你仍可以从这些清单中了解一些亨伯赛德郡酿酒和饮酒的情况。在这些遗产清单中，有33份记载着酿造设备，另有14份用如"所有的家用器具"这样的词概括了所有劳动设备。

例如，约翰·奥德曼（John Awdman）就拥有一口煮锅、一个芽浆桶、一个发酵桶（因其用来冷却麦芽汁并加入母液而得名）和一些小桶。而托马斯·耶茨（Thomas Yates）拥有一口煮锅、一个用来磨碎麦芽的手推磨和"其他酿造容器"。约翰·奥德曼的家境与贝叶斯大致相同。他有2头牛、2匹母马、6头奶牛、6头小牛犊、60只羊以及几只猪和鸡。约翰·奥德曼以畜牧业为生，他很可能雇了一些帮工，酿酒和乳制品加工都是在自家进行。用过的麦芽在酿酒结束后能成为极好的动物饲料，对于像约翰·奥德曼一样的人来说，这是一笔不容忽视的财富。托马斯·耶茨的收入中有相当重要的一部分来自耕种业，其喂养的牲畜的数量和奥德曼差不多，但遗产清单中列出的10张床垫告诉我们，耶茨一家雇了更多的人。无论是长住的仆从，还是日结的帮工，所有人都要喝麦芽酒。

当你将目光转向那些资源较少（牲畜数量少、耕地面积小）的家庭时，你会发现许多人不得不用烹饪用的罐子、平底锅和水壶酿酒。使用这些小器皿的一种方法是将所有的麦芽放入芽浆桶中，煮沸尽可能多的水，制出极浓的第一批麦芽浆。第二批沸水制出的是中等浓度的麦芽浆，第三批沸水制出的麦芽浆则淡得多。最后，在加入母液前，将不同批次的麦芽浆混合起来。

　　珍诺特·兰妮尔（Jennott Ranneor）是一位寡妇，也是贝叶斯夫人的邻居。1546 年，她在世时拥有 5 头奶牛和一栋有一个或两个房间的房屋。在她的遗产清单中，家居用品包括一个大平底锅、一个发酵桶、两块木板、四个罐子和"其他酿酒容器"。这个清单中蕴含的信息很丰富。虽然没有大煮锅，但珍诺特的酿造设备不少，而那些酒罐既可能是用于贮存麦芽酒，也可能是用于盛放啤酒。许多寡妇选择酿酒谋生，因为运营一间小酒馆不需要太多设施，唯一必备的东西是一条放在门外供顾客歇息的长凳。

　　莎士比亚戏剧《无事生非》中，守夜人有一句台词："闲坐在长凳上，直到两点。"其中就涉及这样的场景：一条长凳抵在一间小酒馆的外墙边，装满麦芽酒的壶从窗口递出。许多酒馆提供外带服务，使大部分顾客甚至连长凳都不需要。当地的家庭可以直接从酒馆购买现成的麦芽酒，以免去自己的酿造之苦。这一点从前文提到的遗产清单中也可以看出：33 人有酿造设备，14 人不确定，46 人没有酿造设备。大部分可以自己酿酒的人都是农场主，拥有耕犁、制乳业和纺织业设备，或置有大桶和大煮锅。他们大多是雇主，需要为更多人供应酒，也有更多劳动力可以酿酒。

　　设备最齐全的酿酒家庭当属罗伯特·霍尔兹沃思（Robert Howldsworth）一家了。他家有一个专用的窑炉，可将谷仓里的大麦制成麦芽。窑炉旁边放着一个用来浸泡大麦的大桶，还有一套烘干过程中用来铺在窑炉表面和麦芽之下的"帕布"（Pare Cloths）。被烘干的 9 麻袋（4.5 夸特①）麦芽被储存在最好的房间旁。厨房里有一个用于研磨麦芽的小手推磨、一个用于贮存麦芽的柜子、一口煮锅、一个芽浆桶和 3 个小桶（方便同时加工几批麦芽）。

　　不过，发酵的过程并不是在厨房里完成。在酒贮藏室里，把母液加入发酵桶中，并封存起来，使之发酵。将带桶架的两个小木桶搁置一旁，以便之后从发酵桶中接取麦芽酒。这些设备所能运营的商业规模，比珍妮特·兰妮尔的要大很多。各地农村都有类似的景象，富裕的家庭酿酒，贫穷的家庭购买他们的酒。麦芽酒供应商分为两类：生意兴隆、规模宏大、

——————————
①夸特，又译作"夸脱"，英国重量单位。1 夸特相当于 12.7 千克。

设备齐全的酿酒厂通常由男性商人经营；生意惨淡、规模较小、缺乏专用设备的酿酒厂通常由女性商人经营。而在城市中，商业化的酒供应就更为重要了，因为拥有酿造空间和设施的家庭极少，人们不得不依靠酒馆满足他们的日常需要。

到目前为止，我们主要在谈论英国的传统饮品麦芽酒，但在都铎时代，麦芽酒已逐渐被啤酒所取代。啤酒是经啤酒花调味的麦芽酒。在现代英国，由于没有商家生产真正的麦芽酒，所以我可以明确地说，你从来没有品尝过真正的都铎麦芽酒。与现代啤酒相比，都铎啤酒的口感醇厚，但酒精含量并不高。各种啤酒之间差异巨大，这取决于谷物的种类和品质、发芽过程的有效性、干燥过程中窑炉内的烟气种类和分量、酿造用水的品质、酿造比例、煮沸时间、使用的调味香草、酵母的菌种、储存器具本身的气味以及发酵的强度和速度等诸多因素。

酿酒人的工作环境以及使用的设备决定了即使是同一家生产的不同批次的麦芽酒，也不太可能完全一致，更不用说不同地区的啤酒了。人们可以根据自己的喜好和当地的口碑作为选酒的参考。我自己酿出的不同的实验品也有着巨大的差异。我酿出过几乎没有完全发酵的酒，还意外地做出了啤酒醋（就像食醋那样，但用的是麦芽酒而不是葡萄酒），我也酿造出了一系列可口的酒，每一份都独一无二。产生这种巨大差异的部分原因在于，我没有稳定的酿酒环境。我酿酒的地点从博物馆、房屋，到棚子和庭院不等。不过，这在一定程度上还原了都铎人的酿酒体验。

当然，偶尔也会有一整批酒被酿坏的状况。早在都铎王朝开始之前，玛格丽·肯普（Margery Kempe）就于 15 世纪在宗教著作中记述了她所经历的灾难。她叙述了自己尝试酿酒创业却以失败告终的过程，她的酒根本没能完成发酵就全部变酸了，她认为这是上帝不允许她酿酒。这种不稳定性与麦芽酒在日常生活中的重要地位，一同促进了早期的消费者权益保障及产品质量监控体系的诞生。

从 14 世纪起，任何想出售麦芽酒或啤酒的商家，都必须经过当地一个被称为品酒师或酒类检察官的权威人士的检验和批准。这个职位在官场体制中处于最底层，由教区从成年的男性居民中选出。如果发现麦芽酒或啤酒太淡或有其他缺陷，他们将有权给酒设定较低的价格。

啤酒在英国的第一个立足点是伦敦，主要由来自低地国家的移民生产。即使到了 1574 年，伦敦依然有超过一半的啤酒厂所有者和运营者在官方记录中被归类为"外国人"。自 1390 年开始，伦敦就一直在生产啤酒，后者很快就主导了整个国家最重要的进出港船只补给市场。英国的啤酒逐渐成为其主要的出口物，返销低地国家，并以高质量享誉各国。

啤酒业的长盛不衰应归功于啤酒花。麦芽酒无论浓度多高，使用怎样的调味香草，其保质期都十分短暂，最长也不过两三个星期。一旦遇上炎热天气，麦芽酒就更加难以储存。相比之下，得益于啤酒花的防腐效果，啤酒可以保存许多个月。从商业角度来看，啤酒超长的保质期是一项决定性的优势，啤酒生产商可以借此展开大规模的生产、储存和运输，并拓宽新市场。麦芽酒只能在其产地的周边销售，而啤酒可以销售给所有马车能抵达的酒馆。此外，啤酒可以经受住海上航行，销往国外，也可以批量售给一个家庭。随着城镇的发展和远距离航海的普及，啤酒的需求量也在飞速上升。

英国最早的啤酒秘方收录于理查德·阿诺德（Richard Arnold）写于 1503 年的一本杂书里，在伦敦教区教堂名录、商人借鉴的样信和伦敦港的关税清单中，有 5 行关于酿造啤酒的简单介绍。酿造啤酒需要 10 夸特麦芽（据推测为大麦麦芽）、2 夸特小麦、2 夸特燕麦和 40 磅啤酒花。这些原料可制成的啤酒数目非常可观，足足 60 桶，每桶可装 36 加仑的酒，能满足好几个生意繁忙的酒馆，或一趟远洋航线上一整船人的需求。

伦敦人也逐渐迷上了加有啤酒花的酒，威廉·哈里森将麦芽酒讽刺为"年衰体弱的老人饮品"。他的妻子于 16 世纪 70 年代使用的酿酒配方与理查德·阿诺德 70 年前的记述有许多相似之处。首先，她制出了 8 蒲式耳的麦芽。为了省去磨坊的费用，她亲自用手推磨碾磨出了麦芽粉。之后，她又在这些麦芽粉中加入了半蒲式耳小麦粉和半蒲式耳燕麦粉。接着，她煮沸了 80 加仑的水，并将之倒入麦芽浆中。由于煮锅不够大，她分两次完成了这道工序。随后，她在煮沸麦芽汁的过程中共加入了 3.5 磅啤酒花。最后，在将母液倒入冷却的麦芽汁之前，她将其与 0.5 盎司的鸢尾草根（用作澄清剂）和八分之一盎司的月桂浆果混合在了一起。

哈里森夫人和理查德·阿诺德的酿造配方相隔许多年，主要成分和比例依然没有太大的差别。在英国其他地区，麦芽酒和啤酒相互僵持了许多年。麦芽酒主要是家庭自制，小规模生产，而啤酒在城市中更为流行，主要由有财力购置大型容器和大批量原材料的企业生产。更大的规模意味着生产商能够以更有竞争力的价格来吸引更多的酒馆和旅馆放弃自酿而购买他们的啤酒，从而占据更大的市场。这引发了一场严重的性别分化——不仅酿造啤酒、麦芽酒有了男女之分，男女喝的酒也有所不同。麦芽酒是女性的饮品，主要在家里饮用；而啤酒成了男性的专利，主要在外面喝。

如果宴席的餐桌上放着一大壶麦芽酒，那人们很可能会畅饮至深夜。商人以举办晚宴而闻名，人们直到午夜也不愿休息。对于从早上 4 点就开始忙碌的都铎人而言，这个时间算是相当晚了。在描述工匠和他们的妻子时，威廉·哈里森说："他们的社交规格略低于商人，互相拜访时，每个人都会带上一道菜，以分担晚宴的成本。"富裕家庭通过这样的晚宴，各自开启了圈内的社交生活。

对于那些房子较小，设施较简陋的家庭来说，在酒馆中狂欢是非常受欢迎的选择。1577 年，一项餐饮场所调查记录显示，全国共有 24000 个这样的饮酒场所，大约每 142 个居民共享一家。旅馆为旅客提供住宿、马匹安顿、食物，当然也会提供饮品。酒馆是一个更具有城市特点的产物，主要服务于中产阶级顾客群体，供应食物、葡萄酒、麦芽酒和啤酒。在都铎王朝初期，酒馆会自己酿造麦芽酒，并整壶地卖给等候在门外的顾客。

随着时间的推移，酒馆逐渐向现代的酒吧转变，设有供顾客饮酒的室内空间。那时，酒馆里的啤酒和麦芽酒大多从大型生产商那里成批购进。1495 年，一项议会通过的法案赋予治安当局管理麦芽酒买卖的权力，允许其关停任何不守法规、可能败坏当地风气的酒馆。1552 年以后，个人售卖啤酒和麦芽酒必须得到许可。

酒馆逐渐成为社交的中心，当局对它们的态度也越来越慎重。即使主张禁欲主义的作家也不得不承认，对于那些没有条件自己酿酒的人来说，酒馆是在这片土地上提供麦芽酒和啤酒的必要场所。值得一提的是，酒馆中频频发生的酗酒闹事、赌博或大型聚会令时人深感忧虑。

在 1516 年的贝辛斯托克①，为了防止年轻人抛下工作，将所有的钱浪费在酒馆，地方当局禁止酒馆在晚上 7 点后接待学徒，或在晚上 9 点后接待仆人。1563 年，莱斯特镇颁布法规，规定城镇中的人，无论男女，坐下来喝酒的时间不得超过一小时。1574 年，该镇又颁布法规，禁止售酒的人私自酿酒，酿酒的人私自卖酒，并强制所有酿酒商加入公会。这样一来，酿酒得到了控制，关停那些越线的酒馆也变得更容易了。

酒馆的住宿条件很差，只有酒馆外面靠墙的长凳可供人小憩。即使酒馆内有空间，也不过是摆放了一些长短板凳或一张桌子。这些酒馆不像旅馆那样是专供住宿而建，它们大多只是酒馆老板在改造自己的房子后建成的。这些转而经营酒馆的人，大多数生活都不宽裕，所以他们用来售酒的屋子都相当简陋，不加修饰的地面十分常见。酒馆里也没有吧台，酒水由老板、他的家人或仆人直接用酒壶或者酒罐从桶中取出。一些酒馆会提供喝酒的容器，但许多顾客都会自备。一盆打理得当的炉火能令整个酒馆增色不少，将顾客从他们冰冷的房子中吸引过来。

"你们把小姐的屋子当成一间酒馆，好让你们直着喉咙，唱那种鞋匠的歌儿吗？"在莎士比亚的戏剧《第十二夜》(*Twelfth Night*) 中，马伏里奥 (Malvolio) 这样怒斥托比 (Toby)、安德鲁 (Andrew) 和菲斯特 (Feste)。这三个无赖一直在唱通俗的歌曲 "我们是三个快活的人" "巴比伦住着一个人" 和 "啊！12 月 12 日"。

这确实很符合酒馆里人们的行为。在酒馆中，跳舞是一项太阳落山前的活动，但到了夜晚，酒馆就成了乐师和唱歌者的天下。乐师的出场费有时由老板承担，有时由顾客们凑钱买单。歌曲大多形式自由，热情奔放。

---

① 英格兰中南部的自治市镇，位于伦敦西南偏西的北部高地。在英格兰土地勘查记录书中把它作为皇家庄园，长期以来，它成了丝绸和羊毛织品的交易中心。

民谣歌曲作为一种文学形式，常常被受过良好教育的人士嘲笑。直到 16 世纪后半叶，随着社会文化水平的提高和印刷业的进步，创作、印刷、销售民谣的音乐产业才得以诞生。正如威廉·韦伯（William Webbe）在《论英国诗歌》（*Discourse of English Poetrie*）中所写：

> 既然这样的歌手都能参照北方吉格（Northern Jigge）、罗宾汉（Robyn Hoode）或是拉·卢波（La Lubber）等人的曲调，创作出上百首甚至更多的酒馆歌曲……那我们很快就有一大群诗人啦。每一个人都可以出一本诗集，尽管他们的歌词充满物欲，尽管他们歌颂的是酒糟鼻子和麦芽酒瓶。我希望他们酒瓶一样的脑袋，（哦，我的意思是）充满诗意的脑袋，将会光荣地戴上用大麦编织的花环，代替桂冠。

一个人若是撰写了赞美啤酒和麦芽酒的歌，并且让饮酒的人放声歌唱了，即使不会赢得任何诗人的桂冠，他也能获得巨大的商业收益。在都铎时代末期，成千上万的民谣歌谱被印制出来，流传于世，其中许多份歌谱最终被贴在酒馆的墙壁上，供顾客欣赏和吟唱。

对都铎人而言，饮酒和唱歌密不可分。在《荒谬的解剖》（*Anatomy of Absurdity*）中，诗人托马斯·纳什（Thomas Nashe）将民谣描述为"我们新发现的歌曲和十四行诗，令每个红鼻子的小提琴手停下指尖正在弹奏的音乐，令每一个愚昧的酒桌骑士在地板上、酒壶间喘息"。

流传至今的民谣内容千变万化，有庆祝英国军事胜利的庆典式歌曲，如纪念 1597 年艾塞克斯伯爵领导的卡迪斯①大捷的歌曲；有记录当地灾难的歌曲，如纪念 16 世纪 80 年代烧毁了萨福克的贝克尔斯半个城镇的大火的歌曲；还有关于结婚的喜庆歌曲以及那些发人深省的讲述死亡的歌曲等等。

所有的民谣都具有很强的韵律，且重复使用大量为人熟知的曲调。它

①卡迪斯，西班牙西南部一座滨海城市。

们采用粗犷的笔调渲染感情，以吸引大批观众，很可能包括已经喝醉的那部分人。这些民谣即使不是完全出于政治目的，也带有一些爱国主义色彩，如那首宣扬卡迪斯大捷的歌曲：

> 很久以前，
> 傲慢的西班牙人想要征服我们，
> 用火与剑挟制我们的国家。
> 他们总是准备最奢侈的物品，
> 那是西班牙所提出的强硬条款，
> 咚——咚——咚——
> 我们擂响战鼓，
> 呜——呜——呜——
> 我们吹响号角，
> 英勇的英国人到来了！
> ……

这种歌曲适合一群人一边握着麦芽酒，一边引吭高歌。而另一些歌曲更适合一位歌手与一群被逗乐的听众。下面这首歌表达了一个男人的哀叹，他娶了一位嫉妒心重的妻子：

> 当我是个单身汉，
> 到处寻欢又作乐；
> 但现在我成家了，
> 被我那妻子控制；
> 因为活在恐惧中，
> 无法自由自在了；
> 即使逃到伊斯灵顿去，
> 妻子的眼睛也盯着呐。

他怀念穿着黄色紧身裤，与女孩们打情骂俏的日子。在这首歌的最后，他以"厌倦了我的生活"收尾。

酒馆的顾客主要是男性，大部分是来自于贫穷的社会底层，富人很少去那里。借助法庭记录，历史学家阿曼达·弗拉瑟（Amanda Flather）分析了艾塞克斯酒馆的顾客构成，结果表明其中三分之一为女性，三分之二为男性；来自社会下层的农夫、仆人和工人占酒馆顾客的一半多，大约三分之一的顾客来自于收入更可观的工匠和自耕农，而专业人士和贵族成员则十分稀少。

女性往往与家庭成员或朋友一同前往酒馆，如果仅自己一人，她们更倾向于取一壶酒在家里喝。在集市度过漫长的一天后，人们喜欢到酒馆提提神，有时也将家庭庆祝活动或商业合同的签订地点选在酒馆。与朋友、邻居或家人一起去酒馆喝上一杯，度过一个安宁的夜晚，这对每个都铎人来说都是个相当不错的选择。此外，在酒馆跳跳舞，或是享受狂野的音乐，也会令人心情愉悦。热恋中的年轻男女也可能会在朋友的陪伴下在酒馆相会，但这种地方不太适合女性单独前往。

不过，政府和那些过着虔敬生活的人对酒馆的担忧与日俱增：万一酗酒者脱离控制，万一赌博盛行，万一人们放纵性行为，万一出现煽动者，万一打架斗殴事件爆发……那该如何是好？酗酒受到社会各界，包括很多热心酒馆老主顾的谴责，因为它能吞噬家庭的钱财、舒适和希望。酒鬼通常是懒散的工人，难以养活家人。这不仅给依赖他们的人带来苦难，还给他的各位教友带来额外的经济负担。

受困于酒鬼的家人们，大多混迹于社会的最底层，很少接受教育，也很难有机会直接讲述他们的困境。那些对处于困境中的人负责的政府人士早已认定，过度饮酒会使人们陷入饥饿、破产、家暴和遭受公众唾弃等种种困境之中。尽管如此，麦芽酒和酒馆依然深受欢迎，是普通的都铎人家庭生活的重要组成部分。

How To Be a
Tudor

第 11 章

爱在午夜降临前

按照《创世记》所述，这种欲念或肉欲从一开始就是由上帝赋予人类的。虽然年龄和肤色不同的人，性欲的强度会有所不同，但没有人会完全无欲，无论是男性，还是女性……

——托马斯·科根
《健康之道》（*The Haven of Health*）

夜幕降临，马厩的门插上了门闩，鸡群在窝里安定下来，人们该上床睡觉了。睡觉前，人们会念一些祷告词："愿永恒的光永远不会熄灭；求你垂怜于我，你可怜的、有罪的仆人……"基督徒以晨祷开始一天的生活，以晚祷结束，有些人敷衍地咕哝几句，有些人则会进行深刻的内省。

常见的晚祷主题是祈求一夜平安，或祈求上帝宽恕当日所犯之罪："我现在诚心跪在最仁慈的天父面前，看在耶稣基督的份上，求你赦免我所有的罪恶、疏忽和无知。"许多印制的祷告词也提及把自己交给上帝："从今晚起，我把自己的身体和灵魂，一起交到你神圣的手中。"这些祷告词与临终前、遗嘱中和葬礼上的祷告词惊人的一致。

人们把每天的睡前祷告视为思考自己命运的最佳时机；睡眠与死亡存在着很大的关联，人们心想，也许短暂的睡眠就此化为死亡长眠也未可知。所以人们祈祷第二天早上还能起床，迎接新的一天，或者享受天堂的永恒快乐。晚祷是整理精神世界的好时机，乞求宽恕，把争论和糟糕的感觉抛至一边，迎接新的开始。

睡前祷告非常个人化。即使和其他人同处一间房，人们说的祷告词也和同住者毫无关系。父母可能会引导最小的孩子进行祷告，他们的目标是让孩子尽早与上帝进行精神对话。

神圣的欢爱

与现代人一样，都铎人对性的态度既矛盾又复杂。有人认为性对健康至关重要，而另一些人则主张禁欲。女性被指需求旺盛又不加控制，但大多人还是认为男性出轨的可能性更大。独身生活很纯净，但性本身有着强大的力量，足以驱除龌龊的幻想。

关于性，基督教内部有两种对立的观点：一种源于《圣经》中对家庭的赞扬，吸纳了犹太教传统；另一种赞成节欲，是早期教会领袖对古希腊和东方宗教影响的回应。《圣经》中有耶稣参加婚礼的记载，其在很大程度上认为性和婚姻是理所当然之事。然而，圣保罗倡导独身，并且教导人们说，未婚者关心主之神事，已婚者关心人之俗事，被俗事侵蚀了他们的精神生活。

除了这些书中表达的态度外，人们还能在都铎时代遍布乡村的修道院里，见识到一个有着 500 年历史的遗产——群体性独身。当时，对修士生活的向往席卷整个欧洲。这一潮流最初受东方神秘主义影响，源自圣人离群索居的印度教传统。在这种修道院文化中，独身被视为一种精神工具，通过消除各种来自身体和社会生活的分心之事，将人的精力引导到沉思和崇拜中，使人更接近上帝。但在 16 世纪，马丁·路德①（Martin Luther）在《圣经》中没有读到这样的思想，他主张包括神职人员在内的信徒都应该结婚。他认为，婚姻是一个人过圣洁生活的恰当途径，婚内性关系和繁衍后代是人之本分，在合法家庭中养育孩子是基督徒的义务。有关性的问题是那个时代宗教大辩论的核心。对于天主教会来说，独身更受推崇，婚姻永远处于第二位。对于新教教徒来说，婚姻和婚内性行为则代表着成年人更为圣洁的生活。

然而在英国的宗教改革中，两种观点的对立依然存在，并没有出现从

---

① 16 世纪欧洲宗教改革倡导者，基督教新教路德宗创始人。路德宗是在马丁·路德发动宗教改革后在德意志形成的。因信称义、信徒人人都可成为祭司和《圣经》具有最高权威，这三大原则和天主教针锋相对。

天主教时代推崇独身到新教接受婚内性行为的明显转变。新教婚姻手册继续维护童贞和贞操的神圣性。

1568 年，埃德蒙·蒂尔尼（Edmund Tilney）的专著以这句话开头："婚姻状态（除了童贞这一最纯洁的状态）既圣洁又必要，它有很多长处。"从宗教角度看，各派对于性的态度不一，而古希腊人的观点又增加了该问题的复杂性。他们声称定期性行为对于男性健康至关重要，但又警告说纵欲过度会带来可怕后果。据称，良好的性行为可以促进消化，改善胃口，使身体轻盈灵敏。享受恰当的性行为时，思维更敏捷，悲伤、疯狂和忧郁一扫而光。而不良的性行为会严重损害身体和心灵，使人元气大伤。同时，女性是以黏液质为主的生物，对于性行为有着较大的渴望，很难克制对男性热情的冲动；而一个男人无论精力多么充沛，都能控制自己的欲望。

这些观点不仅成为辩论的主题，而且以各种形式影响着人们的思想和性行为。大多数人都结了婚，即使在 15 世纪晚期，天主教对独身价值的看法尚未受到挑战时，包括牧师、学者和各级神职人员在内，恪守独身的人也相当少——250 万人中，只有数千人独身。

的确，婚姻通常被认为是完全成年和担任公职的必要条件，未婚男女无法成为一家之主。而 50 岁的未婚男子与 50 岁的未婚女子一样，都很令人尴尬。从更实际的角度看，独身男性或女性面临着劳动和技能不足的问题，因为他们无法一人承担两种角色。暂且不论是否有孩子需要照料，男人需要女人做饭、酿酒、管理奶场、喂家禽、洗衣物、侍弄菜园等；女人需要男人耕田种地、照料牛羊或经营商业。未婚者被认为不靠谱。他们承担的责任少，关系少，作为临时成员住在别人家里。单身男性不能收学徒，也不能担任当地公职。他们缺乏性经验，常常招来异样的眼光。

性爱是婚姻的核心——如果性爱不圆满，婚姻甚至可能被宣告无效。在成功的婚姻中，夫妻间的性爱像黏合剂，可以平息争论，培养爱和耐心。埃德蒙·蒂尔尼写道："明智的人不会太在意配偶的贞操问题，而是注重俘获对方的心，使两个人的身心能够合二为一，成为情投意合的伴侣。"蒂尔尼和许多其他提出忠告的作家都说，婚姻可能遭遇困难，不得不经历许多暴风骤雨。为了维护夫妇及其子女、仆人和大家庭成员的健康、财富和幸福，婚姻需要牢固。床上的肉体享乐有助于创造出爱和尊重，婚姻生活遭遇不顺时可以借此获得前行的力量。夫妻间出现裂痕时，这样的亲密接触有助于重建一个相互扶持的氛围。

1567 年，匿名出版的《趣闻秘事》（*Tales and Quick Answers, Very Mery, and Pleasant to Rede*）中提到，一个寡妇想要一个丈夫，但"不为床第之欢"，而是希望找一个生意伙伴，在一个男性主宰的世界里保护她。然而，当朋友为她找到一个合适但无性能力的对象时，她拒绝了："我希望我的丈夫具备性能力，这样我们有所不睦时，可以凭此调和。"

整个社会都把婚姻中的性行为视为一种具有积极意义的体验，一种具有公共功能的私人行为。它能促进人际和谐以及婚姻稳定，使整个社会受益，但前提是夫妻双方都主动享受了性爱。都铎人无法想象，晚上一人在床上采取主动，而另一个人却只是仰躺床上，无动于衷。性爱是令人愉悦的事，年轻未婚者心驰神往，男女都有权期待或憧憬。在婚姻生活的这个方面，人们建议年轻夫妇不要亏欠自己的伴侣。正如《爱的艺术》（*The Art of Love*）所建议："不要选择过于年轻的男人，也不要选择年老体衰的男人。身强力壮、精力充沛的男人最合适，精力衰竭的男人对爱情所需要的那些甜蜜消遣无能为力。"

满足配偶的性需求是婚姻的一种责任。无法履行此责任时，就会上演很多婚外情的闹剧，使婚姻蒙上阴影。1557 年，《女人的骗术》（*The Deceyte of Women*）是一本匿名出版、略带歧视性的故事集，讲的都是妇女如何说谎、欺骗、背着丈夫搞外遇的故事。不过，故事里那些受骗上当的男人并没有博得什么同情，"如果我的男主人偶尔离家几天，我的女主人也从来不是一个人睡"。

从这个故事中，我们得出这样一个结论：当妻子独守空房、寂寞难当时，总要找一个人来代行其事。在这本书以及类似的故事集中，许多故事都是描写年轻妻子和老男人通奸，也许暗指她们丈夫的性无能。妻有淫行者容易成为别人的笑柄，因为丈夫在婚床上的虚弱无力，被认为是妻子出轨的主要原因。在这些故事中，古希腊关于黏液质女性渴求男性的观点被展现得淋漓尽致。

在医学上，人们曾用四种体液来解释性。当时的人们认为，男性精液在体内分泌是消化过程中的一个自然结果。当食物在体内进行第三次混合调制①时，一部分不必要的血液被存储起来，在睾丸中转化为精液。有些人认为，在女性体内第三次混合的血液会进入子宫，滋养可能怀上的胎儿。若未受孕，则每月自然排出体外。也有些人认为，第二次混合的血液承担了上述功能，而第三次混合的几滴珍贵的血液形成了女性精液。在各种说法中，性欲都与食欲密切相关，特别是与红肉、糖、葡萄酒等被认为营养最丰富的食物有关。体液平衡明显倾向于多血质或血液占优势的人，后者很可能性欲最高。

这种观点主要关注年轻人，特别是那些有着棕色头发和红润肤色的年轻人。季节也可能对性欲产生影响。在一年中最寒冷的几个月里，人们穿得暖和，身体自然关闭皮肤毛孔以保持热量。这种状态有助于消化，而如果消化好，产生的血液更多，供给睾丸的能量也就更多，使得睾丸热切地想为产生的精子寻求一个出口。有人建议那些希望给欲火降温的人少吃点，避开红肉，也不要穿太多，适当冻一冻。另外，经常祈祷也能助人过清心寡欲的生活。

医生对性解剖学的看法大致分成两派：一部分人坚持认为，女人的子宫只不过是男人种子着床的土壤，培育成长中的胎儿，但本身没有独特的作用；另一部分人则认为孕育新生命需要男人的种子和女人的种子相结合。两派均指出，男性性器官包括阴茎和睾丸，而"摩擦"可以促进睾丸内的血液转化成精液。当男人的欲望被勾起时，阴茎会勃起，都铎人一般认为，8 ~ 9 英寸的阴茎是健康的尺寸。

在 1587 年出版的《英国人的财富》（*The Englishman's Treasurie*）中，托马斯·维卡里（Thomas Vicary）描述的"双层"和"可移动"的包皮，据说有助于精液凝集，"由睾丸射出精子，因为这一动作会给他带来更多

①关于体液的相关内容，详见第 9 章。

愉悦"。包皮增加了这种快感，确保迅速、充分的射精。对于都铎人而言，包皮环切术令人厌恶。

人们关于身体结构的认知，也会改变性行为。也许最重要的，是当时许多人关于左、右睾丸产生不同精子的观点。人们相信右侧睾丸直接从心脏接收血液，更可能产生雄性精子，而血液供应较弱的左侧睾丸更可能产生雌性精子。想怀男孩的夫妇认为，如果在性交期间用一条带子扎住左侧睾丸，防止雌性精子进入女性阴道，就能增加生男孩的机会。

对于女性身体结构的错误认知，导致有些人将性交中的女性角色理解为基本被动。女性享受这种行为，只是为了在她的子宫内准备好雄性种子着床的地方。对那些认为女人有种子的人来说，女性生殖器是模仿了男性生殖器的形状，阴道形状与男性的阴茎相同，两只睾丸隐蔽在子宫口附近，就好像是男性的阴茎被托进了身体里，而不是下垂在身体外面一样。据观察，男性的种子温热、白色、浓稠，而女性的种子更稀薄、更寒凉、更缺少活力。

教会着重强调性以繁衍为目的，鼓励虔诚的信徒和品行端正的人进行以受孕为目标的性行为。如果受孕需要女性有性高潮，那么投入时间、专注于肉欲享受的夫妻，都能感觉到他们正遵循上帝的意旨行事。

性体位也受到当时医学理论的影响。正如人们相信右侧睾丸因接受更纯净的血液而产生雄性种子，子宫的右侧被认为更容易接受雄性的种子。性交中保持适当的体位，种子便自然落到子宫右侧。这被视为决定胎儿性别的一个关键性因素。

如果一对夫妻采取站立的体位性交，种子就会直接落到子宫底部，并随着男人抽出阴茎而流出来。因此，站位性交被认为应受道德谴责，但也因此在搞婚外情的人中流行开来。他们认为这样可以防止意外怀孕。令人沮丧的是，站位性交无法致孕的错误观点，在今天的年轻人中仍广泛传播。此外，当时错误的医学观点——导致受孕的性行为必定是双方自愿，造成了一个极其负面的后果：强奸罪无法成立。

虽然有些人因敏感而保持沉默，但在通俗文化和精英文化中，性语言都占有重要地位。1545 年，克里斯托弗·朗顿（Christopher Langton）在《人体解剖学指南》（*Guide to Human Anatomy*）中指出，他根本就不打算提及生殖器官，因为他不想激怒"奔放的年轻人"。其他为出版而写作的作者也对生殖器官的话题十分谨慎，仅使用了一系列委婉语，但从诽谤案件中我们可以清楚地看到，口语受到的限制小得多——贵族男性间传播的以私人手稿形式写出的诗歌，常常公开充斥着性。

在 1598 年以前，托马斯·纳什的一部手写原稿就在受过教育的绅士中流传多年。虽然它描述的是一次嫖妓经历，但这是一个双方享受激情的故事，充满了生动的描绘。还有安·塞姆斯（Ann Symes）讲的那番话，虽然文学性不强，但描述一样详细。1586 年，她在教堂里站起来，揭发了教区牧师里斯比（Lisbye）先生的丑行：

> （他）与我发生了可耻的肉体关系，多次占有我的身体。有两次是在特雷尔斯的一所房子里，厨房里还有一位厨师。他给侍女钱，好让侍女在他占有我身体的时候看好门。还有一次是他趁主教离开，在有黑狮子标志的地方占有了我。他在占有我身体时，像是流氓恶棍一样地玩弄我。

安·塞姆斯在众人面前描述她的性生活，比托马斯·纳什更加公开，但她的描述远没有表现出她有多么享受性爱。她对性交过程的描述，暗示着男性的强势和女性的被动——他"占有"和"玩弄"了她。故事展现的是弱势女性的屈服，面对男性的欲望，他们无法掌控自己。无论双方的关系究竟如何，此番关于性的言论，揭示了女性所肩负的社会压力——这不是什么受到赞许的性经历，因为其主要目的不是生殖，故而道德标准也就失去了作用。

相比男性，如果女性沉溺于性行为的事被曝光，后果要严重得多。女性在社会上背负污名的时间持续得更长，程度也更严重，法庭实施的惩处主要集中在女性身上。从安·塞姆斯公开讲述自己的经历的举动中，我们可以看到某种自我辩护的成分。如果社会普遍相信男女双方均享受了性爱带来的快感，那么他们自然会认为女人的不当性行为比男人更加恶劣。描述自己不端行为的男人，会吹嘘自己的高超技巧和旺盛性欲，而女人只能极力为自己开脱，并尽量淡化事件中的自愿成分。

街头充斥着各种对不道德性行为者的侮辱性词语，这些词语在舞台上被公开使用，如"婊子"和"娼妓"都指妓女；"坏女人""贱女人"和"轻佻的女人"一般指出轨的女人，但未必涉及金钱交易；"乌龟"指拥有不忠的妻子的丈夫；"鸨母"指为妓女拉客的人；"流氓"指没有品行的男人。人们用调侃式的词语"嗅内衣"来指代放荡的男人，用"红尘女子"这样的委婉词汇来指妓女；而"床上运动""耕种维纳斯之地"以及前面出现过的短语"好玩的游戏"等此类描述，展示了一种更积极的性爱观。这种性爱观涵盖了男女对性爱的共同热情。

人们在众多不同的场合，以各种各样的方式谈论性。笑话和流行歌谣中使用了一系列俚语和委婉语，其中有许多词汇至今仍在使用。例如，代表"阴道"的词有"私处""馅饼""角落""容器""花""梅花""洞"和"池塘"；代表"阴茎"的词语有"把手""用具""公鸡""棒子"或"喇叭"。除了用"婊子""娼妓""红尘女子"指称妓女外，她们还会被叫做"鹅""马鲛鱼"和"娼妇"。而"握拳"一词既可以指挥拳打人，也可以指手淫。这些词语甚至被用来谈论尊贵的人和庄重的事。例如，1554年的一首庆祝玛丽女皇宣布怀孕的民谣《欢乐之歌》（*The Ballad of Joy*），其中就有一句"那朵高贵的花儿，被耕种到春天"。

然而，并不是每个人都赞同广泛使用各种或明或暗的语言谈论性。1570年，托马斯·布赖斯（Thomas Brice）就写了一首民谣谴责这种情况。他借助了和他批评的对象同样的媒介——廉价的、流行的民谣印刷本："在每个商店里大卖的、那些含有淫秽语言的书籍，究竟意味着什么呢？"

在当时大量的廉价印刷品中，确实充斥着各种不良的东西。以民谣《酿酒商给制桶匠戴绿帽子记》（*How a Bruer Meant to Make a Cooper Cuckold*）为例。制桶匠提早回家，正好撞上酿酒商和他的妻子乱搞。妻子将情夫藏在一个倒置的桶下面，谎称有一只猪被困在那里。她尽力伪装噪音，阻止她的丈夫往桶下看。紧接着的几句歌词都是关于不同类型的猪被困的问题。所有一切都暗指猪是一种性欲旺盛、沉湎于淫猥的动物。最后，酿酒商被发现，制桶匠与酿酒商协商出一个用钱解决的方案："用了我的酒桶，你就付钱吧。"整首民谣含沙射影，唱起来令人忍俊不禁。

被广泛传唱的民谣《沃特金斯麦芽酒》（*Watkins Ale*）意图更加直白，它在许多其他文学作品中都曾被提到：

> 这一天，有一个少女
> 想要出去玩，
> 她一边走，一边说：
> 我怕死去时，还是个处女身。
> ……
> 小姐，我一定不会让你大失所望，
> 就让我来给你灌沃特金斯麦芽酒。
> 好先生，她问道，求求你告诉我：
> 沃特金斯麦芽酒？它到底是什么？
> 它远比蜜糖更香甜，
> 比葡萄更芬芳迷人。
> ……
> 他把这个少女带到一旁，
> 引她到无人看见的地方，
> 给她讲许多美丽的故事，
> 给她好好灌了一通沃特金斯麦芽酒。

这首民谣的持久魅力相当一部分源于"沃特金斯麦芽酒"逐渐展露的实质——这一佳酿最终使那位少女在9个月后成为母亲。对现代人不具有太多吸引力的，是民谣《钉住篮子》（*Pinning the Basket*）。这首民谣描述了不情愿的妻子被迫与丈夫做爱。"篮子"是又一个指代阴道的词语，至于"钉住"一词就不需要解释了：

> 篮子，女士！
>
> 长舌妇，还不快快把篮子给他！
>
> 瞧，你已钉住了篮子。
>
> 呜哩哇，哇啦哇啦，呜哩哇！
>
> 先生，你现在是运动初学者吗？
>
> 你这个恶棍，她说，你知道的，
>
> 我这个篮子不需要任何人来钉！
>
> ……
>
> 他有堡垒协助，
>
> 让她束手就擒，
>
> 他得以自由地飞翔，
>
> 她浑身瘫软，无力反抗。
>
> 呜哩哇，哇啦哇啦，呜哩哇！
>
> 背上抹油膏，
>
> 家庭主妇很快就范，
>
> 篮子顺利钉住了。

这首民谣的曲调一般是用在军事主题上的，强调在性爱中丈夫对妻子的强势与控制。

然而，整个社会对婚姻中性行为的赞赏以及各种关于性的歌曲、笑话、故事和诗歌，并没有转化成无节制的性行为。在整个都铎时代，英国非法性行为的发生率都很低。指控一个人卖淫嫖娼是非常严重的侮辱，很多人因此被控诽谤，走上法庭。那些被教会和法庭指控通奸和有其他性犯罪的人，将被迫在大庭广众之下遭受羞辱。

在举行宗教仪式期间（连续数周），他们要跪在整个教区的人面前。

除了遭受体罚，他们身上只准穿内衣，手里还得拿着点燃的蜡烛。

非法性行为之所以面临如此严厉的惩罚，是因为它在两方面都违反了都铎时代的社会思潮，一是宗教，二是世俗生活。教会谴责所有婚外性行为，有关性的想法和幻想都被打上"不洁"的标记。

在1560年出版的《反卖淫嫖娼布道》（*Homilies against Whoredom*）中，托马斯·贝肯（Thomas Becon）劝诫人们转向祷告和禁食，以清除头脑中亵渎上帝的想法。它提及《圣经》中多个惩处性放纵者的例子，也说到《圣经》中对贞洁的种种赞美。他还说靠个人力量不足以防范性犯罪，所以基督徒有责任守卫家人和邻居的道德。

在教会眼中，所有涉及性的不端行为都是一种邪恶，这些邪恶没有程度之分，不存在一个更好，另一个更糟的情况。而道德败坏会按照违法的频率进行分级，浪子回头和屡教不改分属不同的范畴。人们认为一旦某人越过纯洁的界限（婚内性行为被视为纯洁），很快会有第二次、第三次乃至更多。当时的人把有外遇的女人称为妓女，他们认为既然这些女人已经出轨，自然也可以为了金钱与其他人发生性关系。

失控的性生活

从实际生活角度来看，非法性行为不仅带来了性病的传播，还导致大量非婚生子女出现。政府更关心后者，因为没有合法父亲的孩子会消耗很多公共资源。在都铎时代的社会结构中，资源主要集中在男性手中。这意味着如果没有男人的经济支持，妇女不太可能独立抚养一个孩子长大。

她们需要得到教区的支持。教区费率（地方税）与教区内需要援助的贫困人口数量密切相关，这促使缴费的教徒非常希望避免私生子的出生。因此，教会及邻里都会主动向负责的社区主管反映社区内的非法性行为。一个良好的社区，需要教育其成员什么是符合道德的性义务，监督并惩罚那些未能达到规定纯洁标准的人员。社会对个人性生活的管理就是在防止非法性行为的发生。

卖淫现象主要出现在城市里。在乡村，也有妇女自愿或迫于生计而出卖肉体，以换取货物或现钱，但如果她们这样做，恐怕连最卑微的生活都难以维持。顾客太少，邻里众多，使得卖淫在英国的乡村只是偶犯，而无法成为能持续赚钱的经济活动。通奸和少女闪婚的情况倒时有发生。

都铎时代的城市，譬如伦敦，其人口众多，流动性大，不断吸引着各地年轻人。后者远离家人，形单影只，湮没在茫茫人海中。和许多人一样，朱迪思·泰勒（Judith Taylor）从埃塞克斯郡来到伦敦寻找机会。1575 年，她瘸了一条腿，没了工作，无家可归，晚上只能睡在肖尔迪奇市场的一个摊位旁边。她告诉监狱的监管人员，她是在绝望中才跟托马斯·史密斯（Thomas Smith）混在一起的。伦敦人口的高流动性使人更容易掩藏自己的踪迹，至少可以逃脱一些耻辱。为爱丽丝·帕特里奇（Alice Partridge）联系客人的鸨母就曾指使她改换姓名。

伦敦也是最能找到富有顾客的地方。1598 年，爱丽丝被送到布鲁克（Brooke）先生那儿，一同被送去的还有一位名叫芭芭拉·艾伦（Barbara Allen）的女子。在那次交易中，芭芭拉赚到了 30 先令。皮条客拿走了其中的一半，留给芭芭拉的钱仍然比一些女仆一年赚的还多（不过女仆除了赚得现钱，还能有免费食宿）。

布鲁克先生是科巴姆大人（Lord Cobham）的兄弟，有钱有势。跟上这样的人，前景可谓一片光明。爱丽丝因为表现不佳而被尊贵的玛格丽特·霍比（Margaret Hoby）夫人解雇，随后，她在母亲的陪伴下主动联系了鸨母。所以，这种生活方式也许不是爱丽丝的第一选择，但朱迪思·泰勒不一样，她并不是因为绝望才走上这条路的。

政府会定期打击卖淫嫖娼。根据理查德·阿诺德（Richard Arnold）出版于 1503 年的《纪事》（*A Chronicle*），在 1474 年，市长"对维纳斯（Venus）身边的仆人进行了严厉惩处，使他们变得更守规矩，积极配合政府调查"。在整个都铎时代，伦敦有自己惯常的公共仪式来处理卖淫事件，包括一边令犯事者穿着独特的服装游街，一边发表演讲声讨他们的罪行。

在 1474 年的打击行动中，伦敦政府当局抓捕了至少 60 人，其中许多人在羞辱仪式结束后被逐出伦敦，而 1529 年对 5 名妇女的处罚情况，有更为详尽的描述：

> 上述人员从康特被运送到新门，等待游街示众，人们将窗框和盆子敲得叮当作响。她们手里还得拿着灰浆桶和白色的杆子，代表将要遭到报应的鸨母和妓女，然后再被运送到奇皮的斯坦德，押解人员将在那里发出相关公告。
>
> 之后，她们要被运送到康希尔，在公告的有效期内，人们可以向她们投掷石块。最后，她们被运送到艾尔盖特，从那里被驱逐出伦敦，永远不能回来。

她们戴着条纹头罩游街，跟在后面的人敲着锅，以吸引路旁的人驻足观看。每到一处，她们必须戴着颈手枷示众。市民受到怂恿，朝她们乱扔东西，通常是扔石头，同时有人大声宣读她们的一条条罪状。最后，鲜血淋漓、饱受侮辱的她们被扔出城市，无家可归。

1575 年，朱迪思·泰勒在被指控卖淫的时候，条纹头罩已经销声匿迹，颈手枷也被鞭子取代，但游街的习俗被保留下来。犯事者被绑在一辆马车后面穿街走巷。

不过，并非所有卖淫者都会受到这种惩罚。在都铎时代前期，温彻斯特主教管辖的南华克开设了一些不受伦敦官方管辖的合法妓院，租金和许可费成为主教管区的收入。1546 年，恰逢一场瘟疫爆发，人们对性病特别是梅毒的担忧加重，妓院最终被关闭。后来，有钱有势的顾客为受青睐的妓院提供了一定程度的保护，被准许经营的场所主要为律师、绅士和少数神职人员提供服务，满足社会较富裕阶层的需求。在这些地方从业的妇女穿着讲究，模仿上层人士的社交礼仪。

1598 年监狱记录簿中的一份报告描述了西宾斯（Hibbens）夫人经营的一家妓院，"她总是待在自己的房子里，准备好所需的物件，包括各种各样的女性衣服——多种颜色的丝质礼服、丝质长袍和其他面料的长袍、两三码长的天鹅绒衬裙以及荷兰麻布制成的罩衫。当顾客希望与一位'贵妇人'幽会时，西宾斯夫人会派她的一个女孩去，并让这个女孩的穿着打扮符合'贵妇人'身份"。

伊丽莎白·柯克曼（Elizabeth Kirkeman）描述了自己16世纪70年代在吉尔伯特·伊斯特（Gilbert East）经营的妓院中度过的日子。她提到，在约见"绅士和富裕人士"时，她要穿上丝质礼服和天鹅绒灯笼裤。在没有富裕人士光顾时，这家妓院也接受普通顾客。柯克曼说："没有其他顾客时，许多学徒也去那儿。"在被捕时，她不是在这家妓院伺候富裕顾客，而是在另一家简陋的小妓院接待普通顾客，包括"男佣、黑人和其他人员"，没有一个人可以保护她不受政府当局查处。当然，更得不到庇护的是那些街头妓女。

都铎时代没有同性恋的概念，只有贞洁和淫荡之分。所有婚外情都被视为"放荡"，很少有人单独关注对同性产生性欲的现象。我们可从当时的布道中了解，所多玛和蛾摩拉城①（Sodom and Gomorrah）的罪恶包含各种非法性行为，包括普通的性放纵、乱伦、强奸、同性恋和通奸等。

在《反卖淫嫖娼布道》中，托马斯·贝肯将这两个城市的罪恶描述为"淫乱和不洁"。1570年，民谣《所多玛和蛾摩拉城可怕可悲的毁灭》（*The Horrible and Woeful Destruction of Sodome and Gomorra*）着重反映了全体市民的性罪恶："他确实惩戒了所有犯罪之人，其中既有老人，也有年轻人，既有男人，也有他们的妻子。"只有洛特（Lot）和他的家人获救，因为洛特是一个贞洁之人，然而在民谣中，甚至连洛特的女儿也试图诱使他犯罪：

> 肆意妄为的女孩们如此热衷于
> 男欢女爱的游戏，
> 如果有什么可以平息她们的欲望之火，
> 有什么可以滋养她们青春之火的话，

---

①罪恶之地和罪恶之都，是《旧约》中位于中东的两座古老的城市，因为不道德的性行为被上帝所摧毁。

她们渴望爬上父亲的床，

好让她们罪恶的肉体得到片刻的欢愉

……

这显然属于乱伦。在《讽刺诗之四》（Satire 4）中，约翰·多恩描述了一位堕落的朝臣，"他喜欢妓女……男孩和……山羊"。这又是一个乱伦的例子。

除了道德和健康问题，非法异性恋犯罪可能产生的实际问题，即怀孕和孩子的抚育难题将使官方更关注未婚妇女的失当行为，之后则是已婚妇女的不端行为。无论已婚妇女是怎么怀上孩子的，责任都来自于她的丈夫，教区不用承担养育该孩子的责任。而同性恋不可能带来非婚生子，导致婚姻破裂的可能性也小得多。对很多人来说，其产生的社会危害显然更小。女同性恋确实属于这一类，在通俗读物或严肃作品中几乎都不见关注，法庭也不闻不问。然而，在讨论男同性恋行为时，这种颇为实际的看法却行不通。人们会普遍爆发出厌恶和反感，就好像男同性恋行为会威胁社会的自然秩序。人们相信，这种行为会招致上帝对所有英国人的愤怒，正如发生在所多玛和蛾摩拉城的噩梦一样。

在成为英格兰和威尔士教会领袖后，亨利八世将法律视为履行道德责任和让这个国家的人民更虔诚的工具。自那以后，两名男子间的性行为不仅仅是不道德的，更是成为一种犯罪，法定的惩罚是死刑。

不过，那时检举男同性恋的案例很少见。当时对于何为鸡奸，仍然没有准确的表述，而且由于很难界定鸡奸行为，人们常常把它与异教、天主教甚至狼人联系起来，在教会布道时被大肆渲染。因此，那些男同性恋，还有他们的朋友、同事和邻居，可能看不出被众人谴责的行为与他们的日常生活有何关联。当然，也有可能是顾虑到被发现后的严重后果，很多人选择了缄口不言。

在都铎时代，剑桥大学出现的唯一的同性恋案例与 1589 年三一学院的研究员罗伯特·赫顿（Robert Hutton）有关。即使在宗教改革之后，学者也必须按要求保持独身，并住在男性专属的住处。所以在这里，人们可能更倾向于开始一段同性恋关系。赫顿的学生瓦尔特·拉塞尔斯（Walter Lassells）宣称，赫顿"对马丁·特纳（Martin Turner）、亨利·沃顿（Henry Wharton）和我本人的身体犯了非常变态的罪恶"。赫顿反诉他们诽谤，并从 3 名学生那获得一大笔赔偿。此前，瓦尔特·拉塞尔斯曾指控罗伯特·赫顿与他的女仆安·豪斯（Ann House）"关系暧昧"。

无论背后的真相如何，政府当局显然没有认真对待对同性恋行为的指控。1541 年，在因白银盗窃案而接受调查时，伊顿公学校长尼古拉斯·尤德尔被指控与一名学生发生性关系。其因盗窃被解雇并遭到短暂监禁，但法院并没有进一步追究性侵一事。后来尤德尔重返教职。

库克（Cooke）先生也是一名校长，他因"对自己的学生做出兽行"，而在 1594 年身陷麻烦。此案在教会法庭上听证时，他没有露面，事情就这样过去了。与此同时，约翰·多恩和约翰·马斯顿（John Marston）都曾在著述中提及伦敦的男性卖淫现象。多恩在《讽刺诗之一》（*Satire 1*）中写道：

> 但是欲望和爱的极致，
> 即是享受丰满的、诱人的
> 妓女或男妓的赤身裸体。

在《维拉利亚的灾难》（*Scourge of Villanie*）中，约翰·马斯顿谴责了"男性炖菜"——男性妓院，法院却在这个问题上再一次采取睁一只眼，闭一只眼的态度。男性会因为道德败坏、游荡、拉皮条和开妓院被起诉，但不会因为同性恋而受到惩罚。我们也很少能在诽谤案件中见到有关同性恋的指控。俚语中有大量描写性的词汇，但几乎没有与同性恋相关的词或短语。同性恋行为，无论是男同还是女同，在历史记录中几乎都是空白。

良好性行为（婚内）与不良性行为（婚外）的界限看似清晰，实际上仍存在着若干不确定区域。比如，有时人们会把异性肛交和鸡奸归为一类，另一些人则认为异性肛交也适用于婚内肛交。口交也有可能会引起人们的不安。而人们对于良好性行为的严格定义，是合法的性、纯洁的性、以生殖为目标的性。口交和肛交显然都不符合这个标准。此外，许多模仿动物性行为的肛交都被说成是"野兽似的"（Bestial），而"bestiality"这个词不仅有"兽性"之意，同时也指人与动物之间的性行为。

当然，夫妻之间私下可能不太会担心这些事情，但更多公共领域的不确定性随着"我们结婚了吗？"这个问题而产生。即使在今天，我们也有两个可以被视为结婚了的时刻：一是宗教婚礼仪式结束，牧师宣布结为夫妻时；二是夫妻双方在结婚登记处登记时。

在都铎时代，这个问题的争议更大。都铎时代早期，教会很大程度上忽略了婚姻契约。从中世纪晚期开始，主持婚礼才逐渐成为教会的特权。当一对都铎男女举行结婚仪式时，教会会将他们带到教堂里。如果新娘／新郎说出"我嫁给你／我娶你"，婚姻就是合法的，有约束力的。结婚仪式最好能有人见证，但这不是法律的要求。如果不想婚姻被取消，夫妻必须圆房。如果一方说"我将会嫁给你／我将会娶你"，那么就只是订婚，而不是结婚。订婚可以被视为有条件的契约，如果双方已经发生性关系，可被视为是有约束力的契约。由于订婚无需在教堂举行，或是不需要有神职人员参与，也不需要任何书面记录，所以引起了很多混乱、索赔和反索赔。

1570年，爱丽丝·奇斯曼（Alice Cheeseman）的婚事便显示了这种含混和紧张。在对外宣布婚事并筹备教堂婚礼之前，爱丽丝和奇斯曼先生似乎已彼此私定终身，并有了性关系。她的朋友和邻居们听说这件事后，都吓了一跳。该案的证人理查德·科斯特（Richard Coste）证实说：

> 教区的许多负责人都劝她离开他，因为教区居民厌恶爱丽丝。他们无法对婚前就与未婚夫发生性关系的女人产生好感……据说，她的朋友曾劝她放弃奇斯曼先生，但她拒绝了。她认为，当她和丈夫发生关系时，就已经向上帝和世界做过承诺了。

很显然，这里有两种关于婚姻构成的不同看法。大多数教区成员认为，两人举行过公开仪式后才算完婚，她和奇斯曼的性行为构成了犯罪。而爱丽丝和她的丈夫都认为，他们已经合法完婚，从爱丽丝讲到"和丈夫发生关系"的话中我们就可以看出。

都铎时代各阶层的婚姻，在前期大多有一个求婚阶段。双方交换礼物，并由夫妇俩、他们的父母和其他亲朋好友仔细敲定所有财务细节。年轻男性送礼最丰厚，年轻女性也会稍微回赠礼物。赠送小额钱币特别常见。在各类法庭案例中，这些钱币被描述为爱的"象征"，而非经济援助。

手套也是常见的礼物，代表了纪念和感情，人们在婚礼、葬礼以及恋爱期间都会送手套。不过，手套虽然很不错，但更适合恋爱初期双方关系尚不明确的时候赠送。送戒指是双方更为亲密的表现。戒指和手套一样，在多种社交场合都可以作为礼物，但手套可以在朋友圈中随便送，而戒指只能送给那些最亲密的人，譬如直系亲属、某个特别的好友，以及作为爱人之间的定情信物。赠送和接受这类礼物，经常被用来表明对于婚姻的态度。拒绝或退还这类礼物，足以表明双方感情不顺。

每一对即将成婚的夫妻，都要考虑成家后如何过日子的问题，父母、师长、亲戚和朋友也会经常参与讨论。有时这些协议只需夫妇俩商定，但大多数人会寻求身边人的支持。协议达成后，夫妻二人会私下做出承诺，之后再在证人面前当众承诺。最理想的情况是，这一切在教堂的公开仪式上实现，随后完婚。

不过，从教堂婚礼仪式到第一个孩子出生之间的间隔来看，许多人显然尝试了婚前性行为。约克郡似乎对新婚夫妇特别宽容，只要他们宣布订婚就可发生性关系。如果双方已经做出坚定的结婚承诺，并即将签订婚约，许多教区也接受婚前性行为。约克郡的新娘有三分之一在举行教堂婚礼时就已怀孕。这样的习俗使得承诺结婚基本等同于结婚本身，悔婚的一方会面临极大的社会压力。

与英国其他郡比起来，威尔士蒙茅斯郡的富人可谓与众不同。他们对某些类型的婚外异性恋关系相当宽容。比如，在埃塞克斯郡幸存下来的大量遗嘱中，很少有人提到对非婚生子女的遗赠。当地的洗礼记录显示，私生子的出生数量虽小，却从未中断。私生子往往得不到父亲的照料，拥有私生子会损害立遗嘱者的名誉，给其造成很大的压力。人们会选择隐匿私生子的存在，或置之不理，假装那些有失检点的行为从未发生过。

不过，蒙茅斯郡的瓦特金·托马斯（Watkyn Thomas）是个例外。他于1576年去世，他的遗嘱并没有显示上述倾向："将我在哥德雷的两块宅基地留给我的非婚生子约翰·瓦特金（John Watkyn），他由爱丽丝·菲尔波特（Alice Philpott）所生；留给我的妻子安妮·琼斯（Anne Jones）10英镑；留给我的非婚生子威廉·瓦特金（William Watkyn）10英镑，他由凯瑟琳·桑德斯（Katherine Saunders）所生。"他将其余的财物分给了亲戚和仆人。瓦特金·托马斯的性生活显然没有局限于自己的婚床，他也并不为公开承认这一事实感到羞耻。两个非婚生儿子都随他姓。

纽波特的托马斯·琼斯（Thomas Jones）也是如此。他的长子托马斯·摩根（Thomas Morgan）是合法嫡生，但艾米（Amye）、伊拉斯谟（Erasmus）和托马斯（Thomas）似乎都是非婚生子女。1577年，托马斯·琼斯去世，那时艾米已经结婚并有了五个孩子，而托马斯·琼斯的其他几个儿子都还没成年。由此看来，他的孩子似乎是多年来一系列外遇的结果。他把自己的遗产分给了他的几个儿子以及艾米的孩子。

1594年，约翰·莫里斯（John Morice）至少有五个非婚生女儿：伊丽莎白（Elizabeth）、爱丽丝（Alice）、埃莉诺（Elenor）、凯瑟琳（Katherine）和安妮（Anne）。他将这几个孩子全都交给他的妻子格温莲·詹金（Gwenllian Jankin）照料。他的遗嘱措辞含糊不清，但他的第六个女儿玛丽（Marye）可能是年龄最小的一个——她嫁给了约翰·比恩（John Beane）。约翰·莫里斯十分重视他的女儿，给她们都分配了财产。之后，他将其余的产业交给伊丽莎白，并委托她偿清债务，处理遗留问题。

查尔斯·萨默塞特（Charles Somerset）爵士把私生女克里斯汀（Christian）许配给了他的教子查尔斯·沃恩（Charles Vaughan），在1598年给他们留下了一处带院子的房产，并为他们的四个孩子留下了大量的现金遗产。萨默塞特将更多的遗产留给了自己的几个合法嫡生子。

这些富人都有着相当高的社会地位，所以才会在给自己的私生子遗赠财物时那么自信，那么心安理得，许多埃塞克斯郡的遗嘱主人也是一样。通过那些遗嘱，我们从中看到了时人对婚姻、性和家庭的不同态度。

伊丽莎白时代，蒙茅斯郡有大约十分之一的遗嘱提到了非婚生子女。威尔士的传统对蒙茅斯郡的精英群体产生了影响。在威尔士的法律中，关于婚姻和财产继承的规定与英格兰不同，尽管此时都铎王朝已经引入英格兰法律，但原先的传统观念仍然根深蒂固。在威尔士，情妇的社会地位比英格兰的情妇要高。富人可以与社会地位较低的女性保持长期的稳定关系，将之安置在别院，同时娶地位较高的女子，让其打理家里的事务。教会不赞成此举，但更"现代的"观念很快开始盛行，非法同居关系被默认。孩子一旦生出，就会获得父亲的承认和经济支持。

1536年，威尔士改用英格兰继承法，或许是此举引发了许多蒙茅斯人手写遗嘱。威尔士法律赋予所有得到承认的孩子继承权，而英格兰法律体系只给予婚生子女继承权。这些遗嘱证明威尔士男性遵循传统，兑现了对爱丽丝·菲尔波特和凯瑟琳·桑德斯等女人或明或暗的承诺。这些女人是他们无法娶，或者不愿娶的女人。

最后，无论你上了哪一张床，该睡觉啦！向右侧卧的睡姿最健康哟！

致 谢

　　探索都铎世界不是我一个人独自的活动，而是与朋友、同事和家人共同完成的一项冒险，我欠他们很多。首先，我要感谢我的丈夫，是他第一个向我介绍了"体验式历史"的研究方法，并从那时候开始参与我的研究。还有我的女儿，从五个星期大的时候，就被指派了任务，她最终展开了自己的羽翼，找到了自己的兴趣。

　　我还要感谢安迪·蒙罗（Andy Munro）、绍纳·卢瑟福（Shona Rutherford）和琼·加利克（Joan Garlick），是他们让我第一次接触到了都铎时代的食品和舞蹈。多年来，埃莉诺·洛博士（Dr Eleanor Lowe）、杰基·沃伦（Jackie Warren）、卡尔·罗宾逊（Karl Robinson）、娜塔利·斯图尔特（Natalie Stewart）和乔恩·埃米特（Jon Emmett）在理论和实验上对我都特别有帮助。这本书背后的许多思想和灵感都来自于他们。

　　休·比米什（Hugh Beamish）、保罗·哈格里夫斯（Paul Hargreaves）、凯丝·亚当斯（Kath Adams）、西格丽德·霍姆伍德（Sigrid Holmwood）、保罗·宾斯（Paul Binns）、凯茜·弗劳尔·邦德（Cathy Flower Bond）、汉娜·米勒（Hannah Miller）、莎拉·朱尼珀（Sarah Juniper）和詹尼弗·沃勒尔（Jennifer Worrall）都给我指出了新的、有趣的方向，我对他们表示深深的谢意。

我也要感谢我电视界的同事们，他们与我一起体验都铎式的生活，特别是彼得·吉恩（Peter Ginn）、斯图尔特·埃利奥特（Stuart Elliott）、蒂姆·霍奇（Tim Hodge）、乔治娜·斯图尔特（Georgina Stewart）、朱利亚·克拉克（Giulia Clark）、汤姆·皮尔比姆（Tom Pilbeam）、莎拉·雷克（Sarah Laker）、费利西亚·高德（Felicia Gold）、汤姆·平福尔德（Tom Pinfold）和维尔·富克斯（Will Fewkes）。

我还要感谢詹妮·特拉玛尼（Jenny Tiramani）、马克·赖伦斯（Mark Rylance）以及所有的服装、道具、其他工作人员以及环球剧场的演员们，是他们带着极大的热忱，向我们揭开了伊丽莎白时代剧院的神秘面纱，还顺便教会我如何去热爱剧院和莎士比亚戏剧。

我也非常感谢维多利亚与艾伯特博物馆和伦敦博物馆的工作人员。他们允许我使用他们的纺织收藏品，我们就此进行过深入的讨论。白金汉郡、艾塞克斯郡、柴郡和德文郡档案局办公室的工作人员非常慷慨地奉献出了他们的时间和专业知识。

另外几家博物馆也允许我使用他们的建筑、场地和收藏品，来实验和实践都铎王朝生活的各个方面，并提供他们自己的想法和解释。我还要感谢以下单位和部门：西苏塞克斯郡的威尔德＆唐兰露天博物馆、南威尔士的圣费根威尔士民俗博物馆、德比郡的哈顿庄园、朴次茅斯玛丽·罗斯号信托基金会、白金汉郡奇尔特恩露天博物馆、英国国民托管组织、英国遗产保护机构和诺丁汉郡的拉福德国家公园。

我还要感谢企鹅出版公司出色的编辑们，如果没有他们的工作，这本书会充满更多的错误（当然，所有这些错误都是我自己的，不是他们的）。

最后，我要感谢众多与我并肩工作的历史重现者、博物馆的工作人员、志愿者和学生们，是他们的热情，他们甘于奉献的精神和开放的思想，在过去的 25 年中带给我如此多的乐趣。

译者记

在英国历史上，都铎王朝虽不是最动乱的时期，但是自 1485 年 8 月亨利·都铎在法国的援助下杀死理查三世，夺取王位，建立都铎王朝到伊丽莎白一世离世的 120 余年间，共经历了六代君主，可谓英国君主专制历史上的黄金时代——英国从封建主义走向资本主义，轰轰烈烈的宗教改革使英国脱离了罗马教廷的控制。因而，这一时期在英国历史长河中也留下了浓妆重抹的一笔。亨利七世的神秘身世背景、亨利八世的杀妻偏执狂倾向、玛丽一世的血腥统治、伊丽莎白一世的终身未嫁以及简·格雷（Jane Grey）郡主的短命继位都具有传奇色彩，充满了戏剧性，更是人们在茶余饭后津津乐道的谈资。

对于现代出版的"主流历史"，即所谓的"正史类"书籍，读者大体上是认可的，因为它们大多基于史料，有史可查，有证可考；另外，读者可以从整体上把握历史的进程。而"非主流历史"书籍则属于另类，它们往往以独特的观察视角、幽默风趣的语言、不拘一格的笔法写就，多多少少带有作者强烈的主观成分。也有人认为，像易中天教授的《品三国》和阎崇年先生的《明亡清兴六十年》这样的书，集知识性与趣味性于一体，是介于主流历史与非主流历史间的"正说历史"。我们将本书归于另类历史书，主要考虑到它有以下几大特点（也是本书的几大看点）：

首先，本书采用的研究方法——亲历历史法与文献法相互结合，卓尔不群。那么，什么是亲历历史法呢？美国前总统克林顿（Clinton）的夫人希拉里（Hillary）写过一本自传体的书，记述了她和丈夫八年的白宫生活以及国内外的重大事件。克林顿夫妇二人堪称"亲历历史"的主角，这我们很好理解，但是本书的作者露丝·古德曼又是怎样亲历历史的呢？难道她穿越回都铎王朝了吗？这显然不可能。

　　古德曼是研究英国社会生活和家庭生活的历史学家。她在充分研究都铎时代历史的基础上，在自己重新创造的都铎世界中进行实验或实践，探索真实的都铎世界，不仅使人有身临其境的感觉，而且验证和纠正了一些史书上不正确的论述。例如，为了验证都铎人靠更换贴身衣服而不洗澡来消除体臭的办法是否真实时，古德曼进行了三个月的尝试。而为了研究都铎时代人们睡觉时的用床情形，古德曼睡过那个时期几乎所有种类的床或"床垫"，包括在秸秆床和地上睡觉的体验。她和同事们进行的一项长达6个月的实验，证明了德西德里乌斯·伊拉斯谟的观念是错误的。后者认为英国人极不讲究，对地上铺撒的灯芯草不管不顾，以致"上面都是痰、呕吐物、人尿、狗屎、啤酒渍、鱼碎和其他难以形容的恶心东西"。

　　尽管在灯芯草这件事情上，古德曼有试图挽回英国人面子的嫌疑，但她谈及了哪些草的秸秆最柔软，哪些秸秆在干燥时会散发出鲜草般的清香；按照都铎时代的方法制作面包时，哪些是需要磨得很细的优质面粉；温热的新鲜液体酵母，需要大火烘烤才能好吃；哪些弓箭是需要臂力过人的大力士才能拉开的……所有这一切都是作者"亲历"之后才来言说，既还原了历史原貌，又为骨干的史实增添了血肉。

　　其次，本书的另外一大特点是观察的视角比较独特，另辟蹊径。作者古德曼将聚光灯对准的大多是都铎平民，描绘了他们从破晓到就寝的普通生活，话题涉猎广泛，从衣食住行到工作、教育、娱乐。从表面上看，这些话题都各自为政，互不相干，但将这些碎片化的普通生活场景放入都铎王朝的大历史背景下时，我们就不难发现作者的良苦用心：以小见大。那些描画精细的单个拼图，共同构筑的是都铎王朝历史的大图景。

譬如，穿衣戴帽属于个人喜好，在普通人看来是稀松平常的事情，但在古德曼看来，它们深受法令法规、阶层特权和经济条件等因素的限制。来自底层的男性劳动者尤为受限，如果他们穿戴了特定社会阶层的人才允许穿的某些面料和颜色的服饰，他们就违反了法律。通过对比数个家庭的日常账簿，古德曼也同样发现，贫苦家庭大多只有粗质面包果腹，稍好一些的家庭会食用切特面包和家常面包，但不会有优质的白面包。

这些日常小事看似简单，却反映出英国君主专制统治下的现实：等级制度森严，皇室成员和贵族在各方面都享有特权，而真正的劳动者吃不饱，穿不暖，过着水深火热的生活。当古德曼说，普通女性和宫廷女性的别针用量是四五个与上千个的差别时，我们认为她并不是想简单地罗列数字而已，而是"别有用心"。

14～16世纪，英国奢靡之风盛行，统治者为此颁布了一系列抑奢法令。但古德曼在法庭卷宗、当票、遗产清单等物证中发现，农民、乡绅、约曼和富裕市民僭越法律着装和利用服装进行诈骗的现象随处可见，她想揭示的是抑奢法失败的主要原因。抑奢法制定的一个目的就是想维护身份等级秩序，但这些法令已不适应16世纪等级结构的急剧变化；抑奢法制定的另外一个目的就是想通过禁止人们购买进口布料来限制大量资金外流，但是16世纪的英国社会经济发生了巨大的变化，奢侈之风显然已无法阻挡。这反倒刺激了国内纺织业的发展。到伊丽莎白一世即位时，重商主义已逐渐过渡到了重工主义，英国进入资本主义阶段。

本书的第三大特点就是古德曼的笔法，别出机杼。古德曼既没有采用编年史，也没有采用纪年史的传统写法，而是从普通百姓一天生活中所涉及的日常活动入手，以轻松的笔触，通俗的语言，再现了都铎人丰富多彩的生活细节，将一幅反映都铎社会生活面貌的画卷徐徐展现在我们的眼前，与中国宋朝画家张择端的《清明上河图》有着异曲同工之妙。

古德曼犹如一位当代的福尔摩斯，以敏锐、细致的观察力，从一些不起眼的物证线索里寻找都铎人生活的蛛丝马迹，向我们揭示了他们的私密生活。譬如，她在罗伯特·达德利的日常账簿中发现了他多次参与赌博，一年中输掉了几百英镑，甚至向下人借钱的记录。她甚至在维多利亚和阿尔伯特博物馆珍藏的一套黑色丝绸衣服上发现了裁缝"偷"顾客布料的秘密。这是我们无论如何都想不到的。

我们在读本书时，能够深深体会到古德曼的字里行间充满了女性特有的细腻情感和对生活的热爱。古德曼流畅优美的文笔，所引用的几十首韵律诗和顺口溜（引文多为中世纪英语，给译者造成不少的困扰，但读来古香古色，韵味十足），一改史书的学究气，带来一股清新之风。特别是当我们读到古德曼详细描述了她是如何按照都铎人的方法酿造啤酒、烤制面包、蒸馏玫瑰精油、缝制环状领以及制作奶酪时，我们不免产生了想亲自动手做这些东西的冲动。正所谓"兴之所至，心之所安"，古德曼并未把这些事情当工作来做，所以，她迷在其中，"乐亦在其中矣"。

打开这本书，我们会置身于一座剧场，灯火辉煌的舞台上是古德曼精心布置的都铎生活场景，演员就是已经逝去的都铎人。古德曼好像对着舞台吹了口仙气一般，一切又在我们眼前灵动起来：形形色色的都铎人，不论贫穷富有，不论年龄大小，不论身处何处，都有了血肉之躯，有了灵魂，有了喜怒哀乐的情感。他们在歌，他们在舞；他们在把犁，他们在撒种；他们在烧火，他们在做饭……他们在演绎着自己的生活，他们在书写着自己的历史。

总而言之，这是一部活的历史。

嘉兴学院　杨泓　缪明珠　王淞华
写于 2017 年 10 月 15 日 金庸图书馆

揭开查尔斯·狄更斯笔下英国工业革命时期的真面目

一部由黎明到黄昏的日常生活指南
从衣食住行窥探维多利亚人的秘密

体验式历史学家露丝·古德曼以自己为向导，通过讲述维多利亚时代男女从黎明到黄昏的日常琐事，带我们领略了 19 世纪维多利亚人新奇而充满异域风情的生活，时间跨度长达 60 年。

古德曼以时间为序，不仅为我们展示了维多利亚人使用的洗具、服饰和化妆品，而且为我们介绍了此时的饮食文化、高新技术和日常工作等。更重要的是，她将理论与个人实践相结合，论证了维多利亚时代在个人卫生、厨房科学和性等方面极大的观念革新，推翻了长久以来对维多利亚人的误解——他们一度被认为是不讲卫生、过分拘谨或沉闷无聊的群体。

翻开本书，你将了解到栩栩如生的历史细节。

[英] 露丝·古德曼 著
亓贰 译
定价：59.80 元

也许你会有兴趣了解柯南·道尔、简·奥斯汀、勃朗特三姐妹、乔治·艾略特、威廉·萨克雷、沃尔特·司各特、乔治·拜伦等人生活的时代

"iHappy书友会" 会员申请表

姓　名（以身份证为准）：＿＿＿＿＿＿＿　性　别：＿＿＿＿＿＿＿＿＿＿
年　龄：＿＿＿＿＿＿＿＿＿＿＿＿＿　职　业：＿＿＿＿＿＿＿＿＿＿
手机号码：＿＿＿＿＿＿＿＿＿＿＿＿　E－mail：＿＿＿＿＿＿＿＿＿
邮寄地址：＿＿＿＿＿＿＿＿＿＿＿＿　邮政编码：＿＿＿＿＿＿＿＿＿
微信账号：＿＿＿＿＿＿＿＿＿＿＿＿（选填）

请严格按上述格式将相关信息发邮件至中资海派"iHappy书友会"会员服务部。
　　　邮　箱：szmiss@126.com
　微信联系方式：请扫描二维码或查找zzhpszpublishing关注"中资海派图书"

　　中资海派公众号　　　中资海派淘宝店

优惠订购	订 阅 人			部 门			单位名称	
	地　　址					邮　编		
	电　　话					传　真		
	电子邮箱				公司网址			
	订购书目							
	付款方式	邮局汇款	深圳市中资海派文化传播有限公司 中国深圳银湖路中国脑库A栋四楼　　　　　邮编：518029					
		银行电汇或转账	户　名：深圳市中资海派文化传播有限公司 开户行：工商银行深圳八卦岭支行 账　号：4000 0273 1920 0685 669 交通银行卡户名：桂林　卡　号：622260 1310006 765820					
	附注	1、请将订阅单连同汇款单影印件传真或邮寄，以凭办理。 2、订阅单请用正楷填写清楚，以便以最快方式送达。 3、咨询热线：0755－25970306转158、168　传　真：0755－25970309转825 E-mail：szmiss@126.com						

　→利用本订购单订购一律享受九折特价优惠。

　→团购30本以上享受八五折优惠。